21 世纪高职高专财经类规划教材

21SHIJI GAOZHIGAOZHUAN CAIJINGLEI GUIHUA JIAOCAI

商业银行
经营管理

Shangyeyinhang
jingyingguanli

韩宗英 ◎ 编著

人民邮电出版社

北 京

21SHIJI GAOZHIGAOZHUAN CAIJINGLEI GUIHUA JIAOCAI

图书在版编目（CIP）数据

商业银行经营管理 / 韩宗英编著. -- 北京：人民
邮电出版社，2017.7
21世纪高职高专财经类规划教材
ISBN 978-7-115-45762-2

Ⅰ. ①商… Ⅱ. ①韩… Ⅲ. ①商业银行－经营管理－
高等职业教育－教材 Ⅳ. ①F830.33

中国版本图书馆CIP数据核字（2017）第110381号

内 容 提 要

本书将商业银行的主要工作融合到资产业务、负债业务、中间业务三大模块中。在本书的构架中，既从不同角度讲解知识，又将知识结合于实际工作中，且每一章都穿插有大量的案例。理论力争系统性、通俗性，实践力求实用性、操作性。

本书提供教学PPT以及示例文件，资料索取方式可参见书末的"配套资料索取示意图"，或通过QQ（602983359）与本书编辑联系。

本书适合财经类高职高专学生使用，也可作为金融本科类在校学生以及金融从业人员的参考书籍。

◆ 编　著　韩宗英
　　责任编辑　万国清
　　责任印制　周昇亮

◆ 人民邮电出版社出版发行　　北京市丰台区成寿寺路 11 号
　　邮编　100164　电子邮件　315@ptpress.com.cn
　　网址　http://www.ptpress.com.cn
　　北京天宇星印刷厂印刷

◆ 开本：787×1092　1/16
　　印张：16.5　　　　　　　　2017 年 7 月第 1 版
　　字数：396 千字　　　　　　2024 年 7 月北京第 11 次印刷

定价：45.00 元

读者服务热线：(010)81055256　印装质量热线：(010)81055316
反盗版热线：(010)81055315
广告经营许可证：京东市监广登字 20170147 号

前　言

金融是经济的核心，商业银行作为现代金融体系的主体，对国民经济活动的影响日益深刻。随着金融业全球化进程的加快，商业银行的经营模式、管理理论和管理方法均发生了巨大的变化。

"商业银行经营管理"是高等院校金融类专业的核心课程，也是高职高专金融专业的一门重要的专业课程，所以各高等院校都非常重视它的教学。

尽管目前各种版本的教材已经很多，但它们大多理论性较强，实战演练较少或没有，不适应现代化的教学需求，导致教学效果受到一定的影响。

为了提高教师的教学质量和学生的学习质量，针对商业银行这一特殊的服务行业在实际工作中出现的各种问题，作者根据几十年的金融教学实践以及对金融机构的大量调研，将商业银行经营管理理论重新梳理，各章从通俗易懂的案例导入，全面、系统、深入地阐述了商业银行经营管理的有关概念、内容和方法，详细而全面地介绍了商业银行的业务及其操作程序，同时还介绍了商业银行的经营创新方面的内容。

本书在编写中力求突出以下特点。

（1）规范性和现实性相结合。本书紧紧围绕商业银行的资产负债业务和中间业务、表外业务的经营管理等加以介绍，既体现了商业银行经营管理学科的规范性，又重视近年来商业银行业务的创新。

（2）系统性与实用性相结合。本书以商业银行资产负债业务为主线，依次介绍了资本金业务、资产业务（贷款业务、证券业务）、负债业务、中间业务及表外业务，并对商业银行资产的证券化进行了专门介绍，特别是对商业银行的资产负债表进行了详细的分析，具有较强的系统性、适应性和实用性。

（3）理论性和可操作性相结合。商业银行经营管理的内容极其丰富，本书在编写过程中力求避免以空洞的理论进行说教的弊端，注重经营管理方法的介绍和案例分析，力争使读者学会和掌握其操作程序与方法，从而最终服务于我国银行经营管理的实践。

本书提供 PPT、模拟试卷等资料，索取方式可参见书末的"配套资料索取示意图"，也可通过 QQ（602983359）或微信 15652315123 与本书编辑联系。

本书由辽宁金融职业学院的韩宗英教授编著。在本书的编写过程中，作者参阅了大量的教科书、金融论著和学术论文，吸收了大量有价值的观点，在此特向原作者致谢。由于编者水平所限，尽管力求严密和周详，但书中疏漏和错误之处依然难免，敬请广大读者不吝批评、指正。

编　者
2017 年 3 月

目　录

第一章　概论 ……………………………… 1

第一节　商业银行的产生和发展 ……… 2
　　一、商业银行的产生 …………………… 2
　　二、现代商业银行的发展趋势 ………… 4
第二节　商业银行的性质和职能 ……… 8
　　一、商业银行的性质 …………………… 8
　　二、商业银行的职能 …………………… 8
　　三、商业银行的经营原则 …………… 10
第三节　商业银行的组织形式 ……… 11
　　一、商业银行外部组织形式 ………… 11
　　二、商业银行内部组织结构 ………… 14
本章小结 ……………………………… 19

第二章　商业银行的资本金管理 …… 20

第一节　资本金的构成及需要量
　　　　的确定 ……………………… 21
　　一、商业银行资本金的概念及特点 … 21
　　二、商业银行资本金的构成 ………… 21
　　三、商业银行资本充足度 …………… 23
　　四、商业银行资本金的功能 ………… 24
第二节　资本充足性的国际标准 …… 26
　　一、《巴塞尔协议Ⅰ》（旧巴塞尔协议）
　　　　的内容及其局限性 …………… 26
　　二、《巴塞尔协议Ⅱ》的基本内容
　　　　及其特点 ……………………… 31
　　三、《巴塞尔协议Ⅲ》的基本内容
　　　　及其特点 ……………………… 34
　　四、《巴塞尔协议》对世界银行业
　　　　的影响 ………………………… 35
第三节　资本金的筹集方式与选择 … 36
　　一、从银行外部筹措资本 …………… 36
　　二、从银行内部筹措资本 …………… 38
　　三、商业银行资本筹集方式的选择 … 38
本章小结 ……………………………… 41

第三章　现金资产管理 ……………… 42

第一节　现金资产概述 ……………… 43
　　一、现金资产的含义 ………………… 43
　　二、商业银行的资产负债结构 ……… 43
　　三、商业银行现金资产的构成 ……… 44
第二节　商业银行现金头寸的预测 … 45
　　一、资金头寸及其构成 ……………… 45
　　二、资金头寸的预测 ………………… 46
第三节　商业银行现金资产的管理 … 50
　　一、现金资产管理的意义 …………… 50
　　二、现金资产管理的原则 …………… 50
　　三、现金资产管理的方法 …………… 51
本章小结 ……………………………… 58

第四章　商业银行资产业务（一）
　　　　——贷款业务 ……………… 59

第一节　信贷业务部门岗位职责与
　　　　贷款流程 ………………… 60
　　一、授信业务的组织架构 …………… 61
　　二、信贷部门岗位职责 ……………… 62
　　三、授信业务受理条件 ……………… 63
　　四、贷款流程 ………………………… 64
第二节　贷款合同的签订和担保 …… 72
　　一、贷款合同的内容 ………………… 72
　　二、授信合同的填写、审核及签订 … 74
　　三、担保合同的种类 ………………… 76
　　四、授信担保 ………………………… 76
第三节　保证贷款、抵押贷款和
　　　　质押贷款 ………………… 79
　　一、保证与保证贷款 ………………… 79
　　二、抵押与抵押贷款 ………………… 80
　　三、质押与质押贷款 ………………… 85
本章小结 ……………………………… 90

第五章 商业银行资产业务（二）

    ——商业银行债券投资业务 ……… 91

第一节 商业银行债券投资业务概述 … 92

一、商业银行债券投资的功能 ……… 92

二、债券投资品种 ………………… 93

三、债券投资的风险及其防范 ……… 94

第二节 商业银行的债券投资分析 … 96

一、影响债券价格的因素 …………… 97

二、证券投资收益率 ………………… 99

第三节 银行债券投资策略 ……… 104

一、商业银行债券投资策略的含义 … 104

二、商业银行债券投资策略 ……… 104

本章小结 ……………………… 110

第六章 商业银行负债业务 ……… 111

第一节 商业银行负债业务概述 … 111

一、商业银行负债的概念及构成 … 112

二、商业银行负债的作用 ………… 112

三、商业银行负债业务经营管理的目标… 113

四、负债成本的内容 ……………… 114

第二节 存款负债业务 …………… 115

一、传统意义上的存款业务 ……… 116

二、创新的存款业务 ……………… 122

第三节 商业银行非存款负债 …… 124

一、非存款负债的构成 …………… 124

二、选择非存款性负债需要考虑

    的因素 ……………………… 129

三、借入负债的经营策略及管理 … 130

本章小结 ……………………… 131

第七章 商业银行财务报表 ……… 132

第一节 资产负债表 ……………… 133

一、资产负债表的内容 …………… 133

二、资产负债表分析 ……………… 136

第二节 银行损益表、现金流量表 … 139

一、银行损益表的内容 …………… 140

二、银行损益表分析 ……………… 140

三、银行现金流量表的内容 ……… 144

四、银行现金流量表的计算 ……… 145

第三节 其他报表 ………………… 148

一、股东权益变动表 ……………… 148

二、财务报表附注 ………………… 151

本章小结 ……………………… 151

第八章 商业银行中间业务与

    表外业务 ……………… 152

第一节 商业银行中间业务和表外

    业务概述 ……………… 153

一、中间业务和表外业务的含义 … 153

二、表外业务与中间业务的联系与区别… 154

三、国际银行业中间业务的发展趋势… 155

第二节 商业银行中间业务 ……… 156

一、结算类中间业务 ……………… 156

二、代理类中间业务 ……………… 160

三、基金托管业务 ………………… 162

四、信托与租赁业务 ……………… 162

五、咨询顾问类业务 ……………… 164

第三节 商业银行的主要表外业务 … 165

一、担保类表外业务 ……………… 165

二、承诺类表外业务 ……………… 168

三、交易类表外业务 ……………… 170

本章小结 ……………………… 173

第九章 商业银行的国际业务 …… 174

第一节 国际业务概述 …………… 174

一、商业银行开展国际业务的必要性

    和合理性 ……………… 175

二、商业银行国际业务的组织结构 … 177

三、国际业务客户的准入条件 …… 178

第二节 国际结算业务 …………… 180

一、汇款结算业务 ………………… 181

二、托收结算业务 ………………… 182

三、信用证结算业务 ……………… 183

四、担保业务 ……………………… 184

第三节 国际贸易融资与外汇买卖 … 186

一、商业银行国际贸易融资 ……… 186

二、外汇买卖业务 ………………… 190

本章小结 ……………………… 198

第十章　商业银行信用风险管理 ……… 199

第一节　商业银行信用风险分析 ……… 200
一、信用风险形成的原因 …………… 200
二、信用风险分析 ……………………… 201

第二节　客户风险评价 ……………… 208
一、客户信用评级指标体系 ………… 208
二、客户信用评级的方法 …………… 215

第三节　客户风险的评估 …………… 216
一、商业银行风险的估计方法 ……… 216
二、商业银行风险防范 ……………… 219

本章小结 ……………………………… 224

第十一章　商业银行市场营销 ……… 226

第一节　商业银行市场营销战略 …… 227
一、市场细分 …………………………… 228

二、目标市场的选择 ………………… 229
三、市场定位 …………………………… 232

第二节　商业银行市场营销策略 …… 233
一、金融产品策略 …………………… 233
二、价格策略 …………………………… 235
三、渠道策略 …………………………… 236
四、促销策略 …………………………… 238

第三节　营销策划 …………………… 243
一、营销策划的含义 ………………… 243
二、营销策划的原则 ………………… 243
三、营销策划的步骤 ………………… 244
四、营销策划书的基本内容及格式 … 244

本章小结 ……………………………… 252

参考文献 ……………………………… 253

配套资料索取示意图 ………………… 254

第一章 概　　论

【学习目标】

了解商业银行的产生和发展；掌握商业银行的性质和功能；熟知商业银行的组织形式与结构；掌握商业银行的一般程序。

引　例

阿姆斯特丹银行的产生

1600 年，莎士比亚的《威尼斯商人》出版。安东尼奥是《威尼斯商人》中的一个富商，他的朋友巴萨尼奥向富家女鲍西娅求婚，为了充门面向安东尼奥借 3000 元钱，可是安东尼奥和别人合伙投资了几艘船出海，身边已无余钱，只能向犹太人夏洛克借。安东尼奥认为自己有这么多船到时候肯定还得起，便答应如果还不出就把身上一磅肉割下来。结果很不巧，船竟然都沉了。最后靠着大家的力量化险为夷。莎士比亚的书出版于 1600 年，那正是一个海外贸易、重商主义主宰全球的"大航海时代"的开始。

1602 年，荷兰联合东印度公司成立，数年之后另一家名为"荷兰联合西印度"的公司也成立并上市了。顾名思义，前者到东方去经商，后者往西方做贸易。问题是，当时从南非到日本都有贸易，公司每年向海外派出 50 支商船队，所积累起来的金银货币，任何时刻都迫切地需要一个储存和流转的场所。另外，由于交易用的货币主要是黄金和金币，随着成交量的不断攀升，人们就不得不雇人扛着大量的黄金满街跑，几乎就是"满城尽扛黄金箱"，这样既不安全，又不方便。很可能这些金币今天交给了你，明天你交给了他，后天他又交给了我，转了一圈发现此前扛来扛去都白费劲了。于是大家就公推一些德高望重、人人都信得过的人代为保存黄金，同时发行一些"信用凭证"供大家使用，这些凭证可以证明自己确实拥有这些黄金，只要大家都信这个，交易就能够进行下去，这便是"信用"的本意。

1609 年，阿姆斯特丹银行建立，它支持着出海的商人们日益膨胀的野心，也充实着荷兰这个国家称霸一时的经济命脉，这是世界上第一个取消金银兑换业务而发行纸币的银行。

启发思考：

（1）为什么商业银行会首先在荷兰产生？

（2）分析荷兰银行的产生对荷兰经济崛起的特殊意义。

答：

（1）在当时混乱的金属货币流通中，它提供了一种少有的安全和便利。

（2）这种安全和便利使得阿姆斯特丹迅速成长为欧洲储蓄和兑换中心，为荷兰的对外贸易扩张提供了极大的便利。

商业银行是市场经济的产物，它是为适应市场经济的发展和社会化大生产的需要而形成的一种金融组织。商业银行经过几百年的发展演变，已经成为世界各国经济活动中最主要的资金集散机构，其对经济活动的影响力居于各国各类金融机构之首。

第一节　商业银行的产生和发展

阿姆斯特丹银行一经开办，即受到了市场的热烈欢迎，其他地方纷纷效仿，到 1697 年欧洲已有 25 家公有银行。

银行是由货币经营业演变而来的，而历史上的货币经营业又是在货币兑换业的基础上逐渐形成的，可以说，货币经营业是银行的先驱。货币经营业与银行的主要区别在于有无信用活动，银行是专门经营货币信用业务的金融机构。商业银行的产生有两种途径：一是从旧式的高利贷银行转变而来；二是以股份公司形式组建的。

一、商业银行的产生

1. 威尼斯人发明的"长凳"银行

在文艺复兴时期的意大利，威尼斯和热那亚曾经是沟通欧亚的贸易要冲，四面八方的生意人云集，那是一个国际贸易日趋繁荣的阶段，人们不断地进行着货物的运输交易，比如从英国运到威尼斯来加工羊毛。

但是货币的不统一以及长途携带大量金属铸币产生的麻烦和风险阻碍了贸易的发展，于是一些人从中看到了赚钱的机会，他们为商人们提供一种独特的服务：货币兑换和保管。当时，在意大利从事货币鉴别和兑换的场所条件简陋，办事处只有一条长凳，所以商人称它为 Banco（长凳）。英语中的 Bank 一词原意为"存取钱财的柜子"，就来源于意大利语 Banco，后来泛指银行。

2. 英国金匠的准备金制度

17 世纪的英国，一些平民通过经商致富，为了安全起见，他们把钱存放在国王的铸币厂里。那个时候还没有纸币，任何人都可以把金块拿到铸币厂里，铸造成金币，所以铸币厂允许顾客存放黄金。但是铸币厂属于国王的，如果国王想动用铸币厂里的黄金，根本无法阻止。

1638 年，英国国王查理一世（Charles I）时期，英国与苏格兰贵族之间爆发了战争，为了筹措军费，征用了铸币厂里平民的黄金，美其名曰贷款给国王。1649 年，爆发著名的英国资产阶级革命，国王查理一世被克伦威尔砍头。虽然，被征用的黄金最终都还给了原来的主人，但是商人们感到，铸币厂也不安全。于是，他们把钱存到了金匠（goldsmith）那里，金匠为存钱的人开立了凭证，以后拿着这张凭证，就可以取出黄金。很快，商人们就发现，需要用钱的时候，根本不需要取出黄金，只要把黄金凭证交给对方就可以了。

后来，金匠们又逐渐发现，自己开立的凭证具有货币的效力。由于他们抵抗不了诱惑，就开始开立"假凭证"。因为只要所有客户不是同一天来取黄金，"假凭证"就等同于"真凭证"。这就是现代银行中"准备金制度"的起源，也是"货币创造"机制的起源。

3. 现代股份制商业银行的产生

现代商业银行的最初形式是资本主义商业银行，它是资本主义生产方式的产物。随着生产力的发展、生产技术的进步及社会劳动分工的扩大，资本主义生产关系开始萌芽。一些手工场主同城市富商、银行家一起形成新的阶级：资产阶级。由于之前的银行贷款具有高利贷的性质，平均年利率在 20%～30%，严重阻碍着社会闲置资本向产业资本的转化。另外，早期银行的贷款对象主要是政府等一批特权阶层而非工商业，新兴的资产阶级工商业无法得到足够的信用支持，而资本主义生产方式产生与发展的一个重要前提是要有大量的为组织资本主义生产所必需的货币资本。因此，新兴的资产阶级迫切需要建立和发展现代资本主义银行。

资本主义商业银行的产生，基本上通过以下两种途径。

一是旧的高利贷性质的银行逐渐适应新的经济条件，演变为资本主义银行。在西欧，由金匠业演化而来的旧式银行，主要是通过这一途径缓慢地转化为资本主义银行。

另一途径就是新兴的资产阶级按照资本主义原则组织的股份制银行，这一途径是主要的。

这一建立资本主义银行的历史过程，在最早建立资本主义制度的英国表现得尤其明显。图 1.1 所示为现代商业银行产生的两条途径。

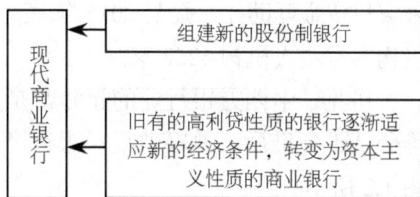

图 1.1　现代商业银行产生的两条途径

4. 我国银行的产生

为了摆脱外国银行的支配，清政府于 1897 年在上海成立了中国通商银行，这标志着中国现代银行的产生。这家银行虽以商办的面目出现的，但实际上是受控于官僚、买办。1904 年，我国又组建了官商合办的户部银行，1908 年改为大清银行，1912 年更名为中国银行；此外，1907 年设立了交通银行，其性质也是官商合办。与此同时，一大批股份制或私人独资兴办的较典型的民族资本商业银行也开始建立。在国民党统治时期，由国民党政府直接控制四行（中央银行、中国银行、交通银行和中国农民银行）、两局（中央信托局和邮政储金汇业局）、一库（中央合作金库）。

截至 2015 年底，我国银行业金融机构包括：3 家政策性银行（国家开发银行、农业发展银行、进出口银行）、5 家大型商业银行（国有控股）（中国工商银行、中国农业银行、中国银行、中国建设银行、交通银行）、12 家全国性中小型股份制商业银行（招商银行、浦发银行、中信银行、中国光大银行、华夏银行、中国民生银行、广发银行、兴业银行、平安银行、恒丰银行、浙商银行、渤海银行）、133 家城市商业银行、5 家民营银行、859 家农村商业银行、71 家农村合作银行、1373 家农村信用社、1 家邮政储蓄银行、4 家金融资产管理公司、40 家外资法人金融机构、1 家中德住房储蓄银行、68 家信托公司、224 家企业集团财务公司、47 家金融租赁公司、5 家货币经纪公司、25 家汽车金融公司、12 家消费金融公司、1311 家村镇银行、14 家贷款公司以及 48 家农村资金互助社。截至 2015 年底，我国银行业金融机构共有法人机构 4262 家。

可见，中西方银行业的起源都是多元的，但是很难分清谁先谁后、孰轻孰重。银行产生的基本思路如图 1.2 所示。

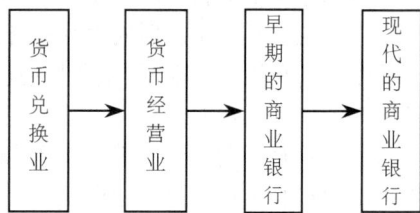

货币兑换业 → 货币经营业 → 早期的商业银行 → 现代的商业银行

图 1.2　银行产生的基本思路

问与答

问：货币经营业务（兑换、保管和汇兑）的特点是什么？
答：其业务只涉及货币流通的技术性处理；所收存货币保证有 100% 的现金准备；客户需交付保管费。
问：铸币兑换业演变为银行业的特征有哪些？
答：保管凭条演变为银行券；100% 全额准备制演变为部分准备；保管业务演变为存款业务。
问：货币经营业与银行的区别有哪些？
答：经营对象不同，货币经营业经营的是货币，银行业是货币资本；业务性质不同，货币经营业从事的是与商品和货币流通有关的技术性业务，银行业主要经营信用业务；收益来源不同，货币经营业的收益来自业务手续费，银行业的利润来自利息。

二、现代商业银行的发展趋势

我们正处在一个变革的时代，一个充满机遇与挑战的时代。20 世纪以来，世界经济已经进入以知识经济与网络经济为双重特征的新时代，随着生产和市场的社会化和国际化程度的提高，作为经济架构中最活跃的要素，商业银行的业务和体制也发生了深刻而巨大的变革。

（一）金融体制自由化

金融体制自由化主要是金融监管当局采取一系列较为宽松的法律和政策措施，促进金融市场、商业银行业务经营自由化，提高监督管理的灵活性。

1. 金融市场自由化

主要是放宽有关税收限制或取消外汇管制，允许资金在国内及在各国间自由流动。

2. 商业银行业务经营自由化

主要体现为商业银行业务的多样化和一系列金融新业务的产生，出现了许多新的金融资产形式、金融市场和支付转账媒介。

（二）金融服务网络化

1. 金融服务日益利用网络进行

科技手段的发展及在银行的应用，使商业银行的交易系统、清算系统、服务网络日新月异，银行经营的商品（货币）由现金转向电子货币，传统的银行服务产品（存款、贷款和结算）的内涵和外延都有了惊人的发展和革命。随着电子化手段的发展，电子商务作为20世纪的新兴事物，在21世纪将产生革命性的结果，国际互联网已经成为全球最大、用户最多、影响最大的互联系统。与网络繁荣相适应并支撑网络繁荣的，是金融电子化及网络银行的快速发展，21世纪，网络银行以其拥有的广泛信息资源、独特运作方式，为金融业带来革命性变革，网上购物、网上交易、网上支付、网上消费、网上理财、网上储蓄、网上信贷、网上结算、网上保险等成为银行市场竞争的热点。

名人名言

30年后的天下，谁的？

今天互联网刚好走过20年，未来的30年，是人类最关键、最需要重视、最需要把握的30年。

未来30年，是新技术将融合到传统行业的方方面面，是人类社会天翻地覆的30年。不管你是什么人，不管你身处哪里，每个人都会是这场大变革的一部分。不过，未来30年一定不会只是"互联网公司"的天下，未来30年是"用好互联网技术"公司的天下，是"用好互联网技术"国家的天下，是"用好互联网技术"年轻人的天下。我们只有将互联网技术和互联网资源普惠化，才能使互联网成为造福人类的巨大福祉。

所以未来的互联网没有边界，就像电没有边界一样。你不能说这个行业可以用电，那个行业不能用电。电是没有边界的，今天没有人会拒绝用电，未来没有人会拒绝互联网，没有一个人可以离开网络而存在。

冲击传统商业的不是电子商务，电子商务只是把握了互联网的技术、互联网的思想，知道未来的经济将完全基于互联网，而创造出一套适应未来商业的商业模式而已。未来30年互联网将会冲击很多行业，很多就业机会会失去。

电是欧洲发明的，但是真正的成功却不是在欧洲，而是美国抓住了机遇普及应用，成为能源时代的强国。汽车发明以后，英国通过了一项红旗法案，规定一辆汽车要由三个人开，其中一个人步行在车前，举着红旗，而汽车不能跑到红旗前面。因为没有看清未来，没有抓住这个机遇。英国汽车行业的研发陷入停滞。类似的红旗法案今天在世界各国依然存在。

过去是知识驱动，未来是智慧驱动；过去把人变成机器，未来把机器变成人。

——世界互联网大会马云演讲

2. 银行客户网络化

金融服务网络化的另一重要方面是银行客户的网络化，这一变革对银行业务及其发展具有革命性作用。21世纪，银行业务扩张能力将取决于客户网络的发展能力。

（1）银行的客户规模将不断扩张，且更注重于将1～2家银行作为自己的长期合作伙伴，从而使银行客户具有网络化倾向。

（2）规模较大的企业或企业集团对银行服务的资金规模、服务品种要求较高，要求银行所有分支机构作为整个网络为其提供全面服务，从而使银行对客户的服务网络化。

（3）银行发展过程中将逐渐形成行业性和区域性关系客户，客户群逐渐网络化。

（4）银行产品营销的网络化将银行的客户群网络化。

（三）金融服务人性化

随着金融电子化和网络银行的发展，银行业务摆脱了客户与柜台人员面对面的业务办理方式，而代之以电子屏幕和银行产品营销网络，金融服务将更加人性化。

1. 对客户的人性化服务

客户将不再面对银行营业机构的员工整体，而是直接面对一个人，这个人可能是银行的客户经理，一人进厂，全面服务；也可能是银行为企业提供的财务顾问，为企业提供全面的投资、理财顾问服务；也可能是职业投资经理，为企业提供投资代理、委托服务。目前商业银行的客户经理、项目经理将是未来银行服务人性化的雏形。

2. 金融产品的人性化

随着社会资金、资源由国家、政府、企业向个人主体转移，金融产品将更多向个人倾斜，个人金融产品将异军突起，针对个人投资者的特色产品将大量涌现，金融产品个性化、多元化、居民化将成为未来社会的竞争焦点。

问与答

问： 网络银行与人性化服务是否排斥？为什么？

答： 不排斥。这是因为，市场的规模化和专业化使一般企业和投资者专业知识、投资规模、时间和精力不足，网络银行与人性化在技术上可以相互促进，使其与客户的沟通效率和速度大大提高。通过人性化服务，可促进银行与客户的相互了解，建立长期合作关系，并使这些客户对银行形成长期依赖。

（四）银行机构集中化

银行的规模化经营以及科技手段的运用导致银行业发生银行机构集中化的革命。

1. 银行机构日益大型化

在未来的金融市场竞争中，随着竞争的加剧，各银行为增强竞争实力，提高抗风险能力，降低经营成本，必然向大型化、规模化扩展，以满足客户对金融产品和服务提出的新的需求，提高技术创新和使用新技术的能力，为股东带来更丰厚的利润；银行机构将日益通过兼并、重组、扩张等手段实现规模化和集中化。

2. 银行机构向国际化集中

随着经济国际化和全球化的深入，银行业务的国际化和全球化将为银行的发展带来革命性的变革，银行服务将向全功能转化，以国际大银行为中心的兼并、重组将使银行机构向国际化集中。

银行机构规模化、集中化的途径有三种：一是通过兼并、重组的方式；20世纪以来，银行业兼并、重组的步伐加快，对全球银行业的规模格局、竞争格局、发展格局产生巨大影响。二是通过不同国家、不同类型的商业银行的业务合作，来实现优势互补，规模发展。三是通过不同类型的金融机构的业务合作与兼容，实现市场的共同开发。

大通与摩根合并

2000年9月13日，大通曼哈顿公司正式宣布与摩根公司达成了兼并协议。大通按照9月12日的收盘价，以3.7股去交换摩根的1股，交易价值高达360亿美元。

大通与摩根合并，堪称珠联璧合，两公司合并实现了商业银行业务和投资银行业务的契合。新公司成立后，J．P摩根大通公司成为全美第三大银行集团。大通与J．P摩根两强合并，有利于稳定收入来源、分散风险。两行在除商业银行业务以外的其他核心业务领域，如投资银行业务和风险投资业务方面也可以相辅相成。

（五）银行业务全能化

20世纪80年代以来，随着各国金融监管当局对银行业限制的逐步取消，商业银行业务的全能化得到较大的发展，取消了银行、证券、保险业之间的限制，允许金融机构同时经营银行、证券、保险等多种业务，形成"金融百货公司"或"金融超级市场"，金融业由"分业经营、分业管理"的专业化模式向"综合经营、综合管理"的全能化模式发展。

（六）金融竞争多元化

现代商业银行的竞争，除了传统的银行同业竞争、国内竞争、服务质量和价格竞争以外，还面临全球范围内日趋激烈的银行业与非银行业、国内金融与国外金融、网上金融与一般金融等的多元化竞争，银行活动跨越了国界、行业，日益多元化。其面临的金融风险也不仅是信用风险，还扩大到利率风险、通货膨胀风险、通货紧缩风险、汇率风险、金融衍生工具风险、政治风险等，经营管理风险日益扩大。

新闻摘要

首批五家民营银行试点全部开业

截至2015年5月末，第一批试点的5家民营银行，即深圳前海微众银行、上海华瑞银行、温州民商银行、天津金城银行、浙江网商银行已全部开业，总体运行平稳，社会各界给予了积极评价，应该说试点工作是比较顺利的。这些试点的民营银行主要具有以下几个特点：一是有专致于办银行的良好动机，立足长远发展和稳健经营。二是有差异化的市场定位和业务特色。三是有较为完善的公司治理和风险管理机制。四是有较强的风险承担能力。发起人股东具有良好的社会声誉、诚信记录和纳税记录，较长的发展期和稳定的经营表现，以及较强的经营管理能力和资金实力，财务状况、资产状况良好。发起人股东明确承担银行的发展责任并支持银行持续补充资本。五是发起人股东都是境内纯民营企业。六是有先进的现代科技支持和全新的经营模式。（原标题：首批五家民营银行已全部开业总体运行平稳）

问与答

问： 国家为什么允许私人资本进入银行？

答：（1）私人资本进入银行业有助于解决当地尤其是中小型企业融资的困境。

（2）私人资本进入银行业有助于打破银行业的垄断局面，促进金融改革，以实现信贷市场多层次化。

（3）私人资本进入银行业有助于减少闲置资金，提高资金的使用效率。

第二节　商业银行的性质和职能

商业银行发展至今，与其当时因发放基于商业行为的自偿性贷款从而获得"商业银行"的称谓相比，已相去甚远。今天的商业银行已被赋予更广泛、更深刻的内涵。

最初使用"商业银行"这个概念，是因为这类银行在发展初期，只承做"商业银行"短期放贷业务。放款期限一般不超过一年，放款对象一般为商人和进出口贸易商。人们将这种主要以吸收短期存款、发放短期商业贷款为基本业务的银行，称为商业银行。而现在所说的商业银行，实质上指的是以获取利润为经营目标，以多种金融资产和金融负债为经营对象，具有综合性服务功能的金融企业。

📖 知识点滴

各国商业银行称谓

Commercial Bank（美），Clearing Bank（英），Credit Bank（德），General Bank（日），Trading Bank（澳）

一、商业银行的性质

商业银行就是具有信用创造功能的、以经营存放款为主要业务、以获得利润为主要经营目标的综合性金融机构。商业银行具有以下几个特征。

（1）商业银行与一般工商企业一样，是以盈利为目的的企业。它也具有从事业务经营所需要的自有资本，依法经营，照章纳税，自负盈亏，以追求利润最大化为经营目标。

（2）商业银行又是不同于一般工商企业的特殊企业。其特殊性具体表现于经营对象的差异。工商企业经营的是具有一定使用价值的商品，从事商品生产和流通；而商业银行是以金融资产和金融负债为经营对象，经营的是特殊商品——货币和货币资本。经营内容包括货币收付、借贷和各种与货币运动有关的或与之相联系的金融服务。从社会再生产进程看，商业银行的经营，是工商企业经营的条件。与一般工商企业不同，商业银行是特殊的金融企业。

（3）商业银行与专业银行相比又有所不同。商业银行的业务更综合，功能更全面，经营一切金融零售业务（门市服务）和批发业务（大额信贷业务），为客户提供所有的金融服务。而专业银行只集中经营指定范围内的业务和提供专门服务。随着西方各国金融管制的放松，专业银行的业务经营范围也在不断扩大，但与商业银行相比，仍相距甚远；商业银行在业务经营上具有优势。

二、商业银行的职能

商业银行的职能是由它的特点所决定的，主要有以下4个基本职能。

1. 充当信用中介

信用中介是商业银行最基本、最能反映其经营活动特征的职能。这一职能的实质，是通过银行的负债业务，把社会上的各种闲散货币集中到银行里来，再通过资产业务，把它投向经济各部门；商业银行是作为货币资本的贷出者与借入者的中介人或代表，来实现资本的融通，并从吸收资金的成本与发放贷款利息收入、投资收益的差额中获取利益收入，形成银行利润。商业银行成为买卖"资本商品"的"大商人"。

商业银行通过信用中介的职能实现资本盈余和短缺之间的融通，并不改变货币资本的所有权，改变的只是货币资本的使用权。

2. 充当支付中介

支付中介职能是由货币兑换演变发展而来的。支付中介是指商业银行利用活期存款账户，为企业和客户办理各种同货币收支有关的业务，包括货币兑换、货币结算、货币收付、货币及金融资产保管等。在这里，商业银行是以企业和客户的货币保管者、出纳或支付代理人的身份出现的。商业银行支付中介职能的发挥，一方面有利于商业银行获得稳定而又廉价的资金来源；另一方面又为客户提供良好的支付服务，可以节约流通费用，加速资本周转。

3. 信用创造

信用创造是商业银行的特殊功能，它是在信用中介和支付中介功能的基础上产生的。信用创造是指商业银行利用其吸收活期存款的有利条件，通过发放贷款、从事投资业务而衍生出更多的存款，从而扩大货币供应量。

商业银行的信用创造包括两层意思：一是指信用工具的创造，如银行券或存款货币；二是指信用量的创造。信用工具的创造是信用量创造的前提，信用量的创造是信用工具创造的基础。

必须指出的是，整个信用创造过程是中央银行和商业银行共同创造完成的。中央银行运用创造货币的权力调控货币供应量，而具体经济过程中的货币派生是在商业银行体系内形成的。

📙 **知识点滴**

甲银行吸收存款提取部分比例准备金（法定准备率 10%、超额准备率 5%、现金漏损率 5%）后向 A 客户发放贷款，形成客户在甲银行的贷款，A 客户用存款进行转账支付，使乙银行 B 客户的存款增加，乙银行继续前面的过程。银行体系可以派生出数倍的存款货币。存款派生过程见表 1.1。

表 1.1　存款派生过程

银行名称	存款（万元）	法定准备率（%）	超额准备率（%）	现金漏损率（%）	贷款（万元）
甲行	100	10	5	5	80
乙行	80	8	4	4	64
丙行	64	6.4	3.2	3.2	51.2
…	…	…	…	…	…
合计	500	50	25	25	400

4. 金融服务职能

随着经济的发展，工商企业的业务经营环境日益复杂化，银行业务竞争也日益剧烈化，由于银行联系面广，信息比较灵通，特别是电子计算机在银行业务中的广泛应用，使其具备了为客户提供信息服务的条件，咨询服务、对企业"决策支援"等服务应运而生，工商企业生产和流通专业化的发展，又要求把许多原来的属于企业自身的货币业务转交给银行代为办理，如发放工资、代理支付其他费用等。

个人消费也由原来的单纯钱物交易发展为转账结算。现代化的社会生活，从多方面对商业银行提出了金融服务的要求。

在激烈的业务竞争下，各商业银行也不断开拓服务领域，通过金融服务业务的发展，进一步促进资产负债业务的扩大，并把资产负债业务与金融服务结合起来，开拓新的业务领域。在现代经济生活中，金融服务已成为商业银行的重要职能。

此外，商业银行通过其信用中介活动，调剂社会各部门的资金短缺，同时在央行货币政策和国家宏观政策的指引下，实现经济结构、消费结构、投资结构、产业结构等方面的调整。不仅如此，商业银行还通过其在国际市场上的融资活动调节本国的国际收支状况。

商业银行因其广泛的职能，使得它对整个社会经济活动的影响十分显著，在整个金融体系乃至国民经济中位居特殊而重要的地位。随着市场经济的发展和全球经济的一体化发展，商业银行已经凸现了职能多元化的发展趋势。

三、商业银行的经营原则

商业银行是金融市场上影响最大、数量最多、涉及面最广的金融机构。商业银行的经营一般应当遵守下列原则。

1. 盈利性、安全性、流动性原则

商业银行经营的安全性、流动性和盈利性之间往往是相互矛盾的。从盈利性角度看，商业银行的资产可以分为盈利资产和非盈利资产，资金用于盈利资产的比重越高，商业银行收取的利息就越多，盈利规模也就越大。而从流动性角度看，非盈利资产（如现金资产）随时可以应付存款的提现需要，具有极强的流动性，因而现金资产的库存额越高，商业银行的流动性越强，商业银行体系应付提现的能力也就越强。从安全性角度来看，一般情况下，具有较高收益率的资产，其风险总是较大的。为了降低风险，确保资金的安全，商业银行就不得不把资金投向收益率较低的资产。不难看出，盈利性原则要求提高盈利资产的运用率，而流动性原则却要求降低盈利资产的运用率；资金的盈利性要求选择有较高收益的资产，而资金的安全性却要求选择有较低收益的资产。这样，就使得商业银行的安全性、流动性和盈利性之间产生了尖锐的矛盾。图 1.3 所示为商业银行的经营原则。

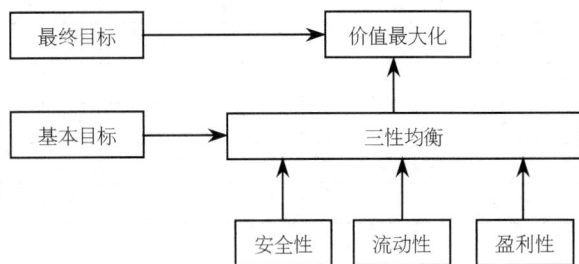

图 1.3　商业银行的经营原则

2. 依法独立自主经营的原则

这是商业银行作为企业法人的具体体现，也是市场经济机制运行的必然要求。商业银行依法开展业务，不受任何单位和个人的干涉（表 1.2 所示为商业银行业务简表）。作为独立的市场主体，有权依法处理其一切经营管理事务，自主参与民事活动，并以其全部法人财产独立承担民事责任。

表 1.2　商业银行业务简表

商业银行业务收入	商业银行业务支出
贷款利息收入	存款付息
投资收入（股息、债息以及卖出有价证券的价格净差额）	贷款与投资损失（贷款的坏账、投资于有价证券的资本损失等）
劳务收入（各种手续费、佣金等）	借入款付息
	工资、办公费、税金等

3. 保护存款人利益原则

存款是商业银行的主要资金来源，存款人是商业银行的基本客户。商业银行作为债务人，是否充分尊重存款人的利益，严格履行自己的债务，切实承担保护存款人利益的责任，直接关系到银行自身的经营。

4. 自愿、平等、诚实信用原则

商业银行与客户之间是平等主体之间的民事法律关系。因此，商业银行与客户之间的业务往来，应以平等、自愿为基础，公平交易，不得强迫，不得附加不合理的条件，双方均应善意、全面地履行各自的义务。

第三节　商业银行的组织形式

受国际、国内政治、经济、法律等多方面因素的影响，世界各国商业银行的组织形式可以分为单一银行制、总分行制、控股公司制及连锁银行制。

一、商业银行外部组织形式

（一）单一银行制

单一银行制也称独家银行制，是指银行业务分别由各自独立的商业银行经营，不设或有关章程不允许设立分支机构的一种商业银行组织形态（如图 1.4 所示）。这种银行制度在美国非常普遍，是美国最古老的银行形式之一。

美国是各州独立性较强的联邦制国家，经济发展不平衡，为了适应经济均衡发展的需要，反对金融权力集中，各州都立法禁止或限制银行开设分支机构，特别是跨州设立分支机构。近年来，开设分支行的限制有所放松，但也只有 40% 的州准许银行在本州范围内开设分支，有 1/3 的州允许银行在同一城市开设分支行，而南部和中西部的一些州则不允许银行开设分支行。

1. 单一银行制的优点

（1）可以限制银行业的兼并和垄断，有利于自由竞争。

图 1.4　单一银行制组织形式

（2）单一银行制下，一般银行规模都比较小，组织比较严密，管理层次少，有利于中央银行管理和控制。

（3）单一银行制还可根据实际需要遍设各地，各银行独立性和自主性很大，经营较灵活，对本地资金吸收比较容易。

（4）单一银行制特别有利于资金在本地的运用，可防止本地资金的大规模转移，有利于本地经济的发展。

2．单一银行制的缺点

（1）在单一银行制下，由于银行一般规模较小，单位成本高，不能进行有效率的经营，特别是不能形成规模经济效益。

（2）由于单一银行制在经营的区域范围上受到较大的限制，资金一般容易集中于某一地区或某一行业，不太可能做到风险分散化。

（3）单一银行制下，由于没有设立于各地的分行，故对客户的汇款等要求较难提供周到而全面的服务。

（4）商业银行不设分支机构，与现代经济的横向发展和商品交换范围的不断扩大存在着矛盾，同时，在电子计算机等高新技术的大量应用条件下其业务发展和金融创新受到限制。

（二）总分行制

总分支行制也称分支行制，是指按照同一章程，在同一个董事会管理下，在大都市中设立总行，然后在本市、国内、国外普遍设立分支行的制度。这种银行制度源于英国的股份银行。按总行的职能不同，分行制又可以进一步划分为总行制和总管理处制。总行制银行是指总行除管理控制各分支行外，本身也对外营业。总管理处制是指总行只负责控制各分支行处，不对外营业，总行所在地另设对外营业的分支行或营业部（图 1.5 所示为总分行制组织形式）。

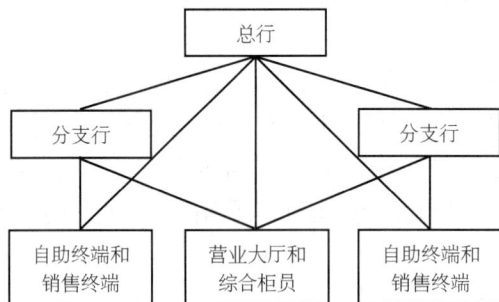

图 1.5　总分行制组织形式

1. 总分支行制的优点

（1）分支机构多，分布广，业务分散，因而易于吸收存款，调剂资金，充分有效地利用资本；同时由于放款分散、风险分散，可以降低放款的平均风险，提高银行的安全性。

（2）银行规模较大，易于采用现代化设备，提供多种便利的金融服务，取得规模效益。

（3）实行分支行制度，由于银行总数少，便于金融当局的宏观管理。

（4）在分支行制下，银行分支机构多，且分散于各地，可便于客户的汇款要求，汇兑成本也可保持在最低水平。

2. 总分支行制的缺点

（1）实行这种制度往往容易导致银行业的垄断，而银行业的过分集中是不利于效率的提高的；同时，银行规模过大，内部层次、机构较多，管理困难。

（2）分支行往往要将各地的资金吸收后转到大城市发放，这会牺牲地方产业的发展；

（3）当银行经营不善而出现危机时，往往会产生连锁反应，造成较大的危害。

目前，世界上大多数国家都实行分支行制，我国也是如此。

（三）集团银行制

集团银行制又称控股公司制，是指由某个集团（包括大银行）设立控股公司，再由该公司控制或收购若干独立的银行而成立的一种银行制度。集团控股模式的最初产生是为了解决商业银行业务发展中的实际问题，即规避跨地区设立分支机构的法律障碍，美国花旗银行就是一家银行性持股公司，目前控制了300多家银行，中国的中信集团、光大集团也属于这种形式（图1.6所示为控股公司制组织形式）。

控股公司制可分为以下两种类型。

（1）非银行性控股公司。它是通过企业集团控制某一银行的主要股份组织起来的。该种类型的控股公司在持有一家银行股票的同时，还可以持有多家非银行企业的股票。

（2）银行性控股公司。它是指大银行直接控制一个控股公司，并持有若干小银行的股份。

（四）连锁银行制

连锁银行制又称为联合银行制，是指由某一个人或某一个集团购买若干家独立银行的多数股票，从而控制这些银行的组织形式。这些银行在法律上是独立的，也没有股权公司的形式存在，但实际上它们通过连锁董事会等形式，将其所有权集中于同一家大银行或同一集团之手，其业务和经营策略均由一个人或一个决策集团控制（图1.7所示为连锁银行制组织形式）。

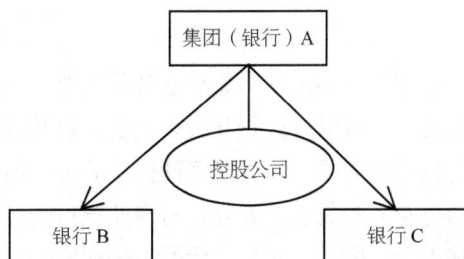

图1.6　控股公司制组织形式

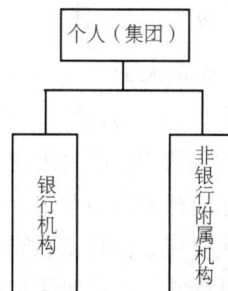

图1.7　连锁银行制组织形式

连锁银行制与控股公司制作用相同，都是为了弥补单一银行制的不足、规避对设立分支行的限制而实行的，其中主要的差别在于连锁银行制模式中没有集团公司的形式存在，即不必成立控股公司。但连锁银行与控股公司相比，由于受个人或某一集团的控制，因而不易获得银行所需要的大量资本，在资本扩张、业务发展等方面的独立性和自主性较差。

二、商业银行内部组织结构

一国商业银行内部机构的设置，要受该国商业银行的制度形式、经营环境等各种因素的制约。即使在一个国家采取同一制度形式的商业银行由于经营规模、经营条件等方面存在的差异，各国商业银行内部机构的设置也会有所不同。但是，就总体来说，商业银行内部组织机构一般分为三大机构，即决策机构、监督机构和执行机构。下面以股份制商业银行为例介绍其内部职能机构的设置（图1.8所示为商业银行的内部组织结构）。

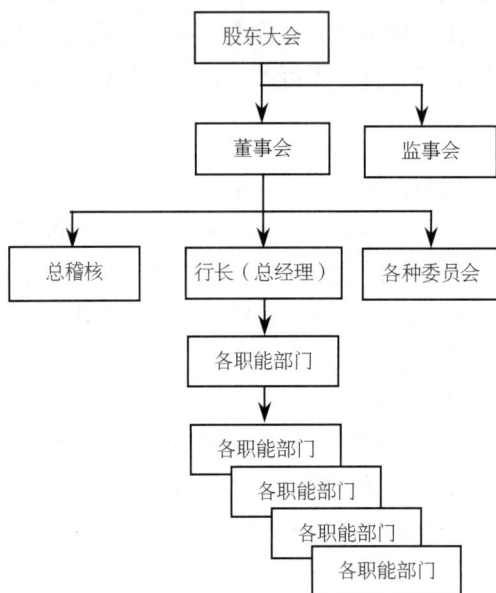

图1.8　商业银行的内部组织结构

（一）决策机构

商业银行的决策机构包括股东大会和董事会。股东大会是商业银行最高权力和决策机构，由全体普通股东组成。商业银行的任何重大决策都需经过股东大会通过才有效。它的权力是通过法定的投票表决程序选择和罢免董事、赞成或否决决策事项，从而间接地影响商业银行的经营管理，实现其控制权。

1. 股东大会

股东大会一般由董事会组织召开，董事长是股东大会的主席。如果部分股东要求召开股东大会，须经董事会研究决定。如果监事会认为有必要，可以直接召开股东大会。召开股东大会时，股东有权听取商业银行的一切业务报告，有权对商业银行的经营管理提出质询。但是每个股东的表决权是由其持有的股份决定的，因此，持有多数股份的大股东对商业银行的经营决策有决定性影响，而一般股东对经营决策的影响并不大，所以，股东大会的表决权实际上是操纵在少数几个大股东手里。

2. 董事会

董事会由股东大会选举产生，并代表股东执行股东大会的决议。董事会的职责一是确定商业银行的经营目标和经营政策，二是选聘商业银行的高级管理人员，三是设立各种委员会如执行委员会、审计委员会、贷款委员会、稽核委员会等，以贯彻董事会的决议，监督银行的业务经营活动。

（二）监督机构

商业银行的监督机构包括股东大会选举的监事会和董事会下设的稽核委员会。监事会由股东大会选举产生，执行对董事会、行长及整个商业银行管理的监督权。监事会的职责是检查执行机构的业务经营和内部管理，并对董事会制定的经营方针和决策、制度及其执行情况进行监督检查，并督促限期改正。

（三）执行机构

商业银行的执行机构包括行长、副行长及各职能部门。行长是商业银行的执行总管，是商业银行内部的首脑。行长一般由具有经营管理商业银行的专门知识和组织才能、忠于职守、善于决策的人士担任。行长的职责是执行董事会的决议；组织商业银行的各种经营活动；组织经营管理班子，提名副行长及各职能部门的经理等高级职员的人选，并报董事会批准；定期向董事会报告经营情况；招聘和解雇有关员工，并对员工实行奖惩等。

商业银行的职能部门可以分为两个层次。

1. 业务部门

业务部门负责分支行层次业务经营的拓展，以最大限度地满足不同层次、不同类型客户的不同需求，有不断细化的趋势。

（1）零售银行业务部。主要负责零售银行业务的拓展，服务的客户对象包括大众客户、高端客户及特殊类型的客户。

（2）公司银行业务部。主要负责公司类型的客户，满足其投融资、结算等方面的需求。

（3）银行同业业务部。主要负责与商业银行、证券公司、保险公司、信托公司等之间的业务。

（4）国际银行业务部。主要开展国际投融资、进出口融资以及外币相关业务。

（5）电子银行业务部。主要负责自助金融服务、电话银行业务、手机银行业务及网上银行业务。

（6）银行柜台营业部。主要负责在银行柜台处理的现金业务和非现金业务。

2. 业务支持与保障部门

业务支持与保障部门主要负责各种业务品种的开发和管理，为业务部门、市场拓展部门和一线柜台提供支持手段。现代商业银行从节省成本和提高服务效率的角度出发，往往将支持保障部门体系中的部分功能外包出去，交由专业性公司执行。

（1）支行管理部（或支行服务部）。主要负责统筹银行分布在各部门对支行的常规性管理和服务，从而可以将银行其他业务管理部门从常规性管理事务中解放出来从事更加富有创造性的工作。

（2）放款部（或营业部、交收部）。独立于信贷审批部门和会计部门，负责放款出账等操作，一般清算、核算和出纳管理职能也放在这个部门。

（3）工作研究部。主要是对工作制度、业务流程和操作规范进行研究、评估和改进。银行市场研发部附带有这方面的职能；但实际上这方面的工作量相当大，由一个专门部门进行工作研究以配合银行的系统再造、业务流程重组已显得非常必要。

（4）押汇中心。实际上已发展成负责国际业务单证处理的操作部门。银行国际业务部门兼有押汇中心的操作职能和业务拓展部门的拓展职能，这只能是一种过渡时期的选择。

（5）风险管理部。国外银行的风险管理部主要负责为银行经营中可能遇到的各种风险设置风险控制指标、风险控制量化参数和风险控制对策，与银行的风险管理部职能有较大差异。银行风险管理部实际上履行的是国外商业银行中票据及抵押品管理部和信贷复核部的职能，它只是尽到了一部分信贷风险管理的职能。

（6）会计部。负责全行所有会计业务管理，但不负责核算、清算和稽核等事务，这些事务分别归入放款部或稽审部门。

（7）计划财务部。负责全行总体业务数据、财务数据的分析、财务预算、内部费用管理、资金管理和考核等工作。下属有管理会计组，负责对业务从收益性、风险性以及结构情况等方面进行分析。

（8）信贷管理部。对贷款既作实质性审查，也作形式性审查。

（9）人力资源管理部。负责全行人力资源发展规划和机构管理，制定人事组织管理规划及规章制度。

（10）法律事务部。除法律事务外，还负责部分贷后保全工作。有些银行法律事务职能是放在其他部门，如办公室、公共关系部或放款部等。

（11）总务部。国外一般将总务、后勤、保卫等部门职能集成到一起。

案例 1.1

中国商业银行业发展大事记

1949 年以前的中国银行业。1897 年 4 月 26 日，中国最早的银行在上海成立。1908—1936 年期间，全中国银行数目最多的时候达到 330 家。中国当时正处于半封建、半殖民地的社会制度下，受外资银行的挤压，民族银行业没有得到进一步发展。抗日战争爆发后，国内经济状况和社会环境急剧恶化，民族银行业迅速衰退，几乎处于停滞的状态。

1949—1979 年，为新中国银行业发展的第一个时期。这个时期的银行体系我们称为"大一统"的金融体制。1948 年 12 月，在石家庄成立中国人民银行，开始发行人民币。之后政府对旧的民族资本银行进行全面的公私合营，成立大一统的中国金融体系，这个体系运行了 30 年。它的特征可以归纳为：①全中国只有一家银行——中国人民银行；②银行集管理职能与经营职能于一身；③银行按照国家的信贷计划向社会各界提供资金，是国家财政的会计和出纳。

1979 年以后的中国银行体制。国家开始尝试市场经济运行体系，在全国范围内开展经济体制改革，在这个大背景下，1978 年恢复中国农业银行。

1. 中国中央银行体系确立

（1）1979 年中国银行分设。

（2）1983 年中国银行独立对外经营业务。

（3）1984年我国实现了"拨改贷"，工、农、中、建行转变为国家专业银行，人民银行定位央行，打破了一家国有银行一统天下的局面。

① 中国建设银行业务归属人民银行管理。

② 中国工商银行正式组建。

③ 中国人民银行行使中央银行职能。

2. 中国3家政策性银行成立

（1）1994年3家政策性银行成立，体制上实现了政策性金融与商业金融的分离，标志着国家专业银行开始了商业化的进程。

① 成立中国农业发展银行。

② 成立中国进出口银行。

③ 成立国家开发银行。

（2）1995年《商业银行法》颁布，正式确立了国家专业银行的国有独资商业银行地位。

3. 1996年中国股份制商业银行出现

（1）第一家股份制银行交通银行成立。

（2）中信银行、华夏银行、浦东发展银行、中国民生银行、深圳发展银行、招商银行、兴业银行、广东发展银行相继成立。

（3）2003年深圳发展银行在深圳证券交易所挂牌上市。

（4）民生银行、浦东发展银行、招商银行在沪深两证交所相继上市。

4. 中国加入世贸组织的时间表拟定后，过渡期为5年，2006年为中国内地金融行业向国际市场全面开放的最后期限。

（1）2003年开始国有四大银行的体制改革，通过"国有银行股份制改造"，实现股份多元化、经营市场化，提高资本实力、盈利能力，最终实现市场竞争力的提高，以应对国际银行的威胁，成为过渡期中国金融体制改革的主要目标。

（2）中国银行、中国建设银行2004年启动；中国工商银行2005年启动；中国农业银行2006年启动。

启发思考：

分析中国现代银行体系的特点。

答：中国现代银行体系的特点有以下几个。

（1）中央银行（通常被称为货币当局或监管当局）是核心。中央银行不针对个人和机构办理业务，只与金融机构往来，监督和检查银行业金融机构的经营管理行为。中央银行作为现代金融体系的核心，主要职责是制定和执行货币政策，维护金融稳定，为银行和政府等部门服务。按照《中国人民银行法》的要求，中国人民银行具体业务是制定和执行货币政策，包括发行货币；负责现金流动的管理；管理金融市场；负责组织资金清算，维护清算系统的稳定；为金融机构提供再贷款，负责对金融机构执行再贷款政策情况的检查；代表国家从事国际金融活动等。

（2）商业银行是主体，直接向个人和机构提供金融服务。目前，中国有4家国有银行（中国工商银行、中国建设银行、中国银行和中国农业银行）。2004年以来，中国工商银行、中国建设银行和中国银行通过吸收国外战略投资者入股或在海内外上市的形式扩大股本，银行股权结构已经发生了明显的变化。但是，国有银行的控股权掌握在中央政府手中，中央政府会继续保持对国有银行的绝对控制权，持股比例不低于51%。4家国有银行总资产占国内银行业金融机构总资产的近60%，是国家保证金融体系稳定运行的基础。其余若干家股份制商业银行，如中信银行、招商银行、民生银行、浦东发展银行等，总资产占比较小，这些银行的经营管理完全按照市场化运作。

（3）政策性银行专门从事一些不以盈利为目的的政策性金融服务。如专门为粮油购销企业提供粮油收购贷款的农业发展银行，为促进国家大型项目、基础设施建设而设立的国家开发银行等。

（4）提供特定服务的银行类金融机构。如邮政储蓄银行是主要从事储蓄和汇兑业务，不能办理企业存款和各种贷款的金融机构。

（5）非银行类金融机构。如资产管理公司和财务公司。前者主要是指专门处置不良贷款的金融机构，如四大国有银行在股份制改造前，为了剥离不良资产，先后成立的四大资产管理公司（中国长城资产管理公司、中国信达资产管理公司、中国华融资产管理公司和中国东方资产管理公司）。后者主要是一些大型企业成立的、从事资金融通的内部金融机构。

补充阅读

我国政府对银行业的监管

按照 1995 年 3 月 18 日通过的《中华人民共和国中国人民银行法》规定，我国中央银行金融监督管理的主要内容包括：① 金融机构的设置及业务范围的审批；② 稽核检查金融机构的业务经营状况。

（1）中国人民银行对我国银行业的监管方式如图 1.9 所示。

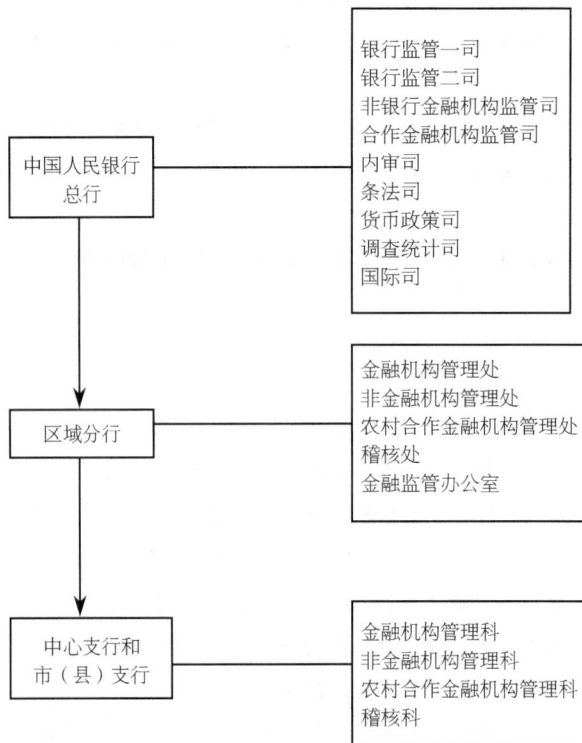

图 1.9　中国人民银行对我国银行业的监管方式

（2）中国银行业监督管理委员会对银行业的监管方式如图 1.10 所示。

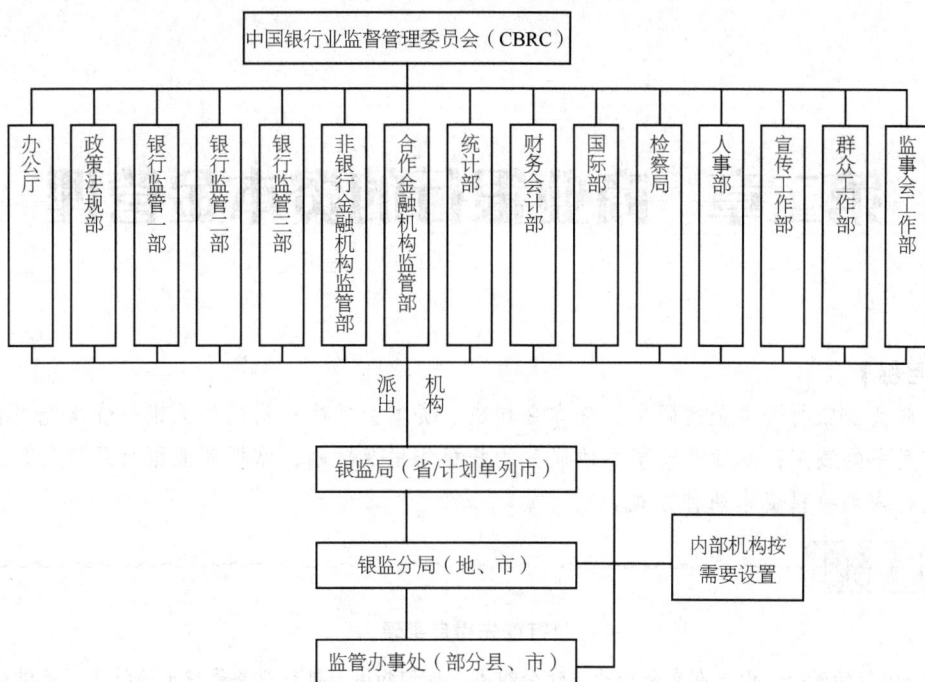

图 1.10　中国银行业监督管理委员会对银行业的监管方式

本章小结

商业银行是市场经济的产物，资本主义商业银行的产生，基本上通过两种途径：一是旧的高利贷性质的银行逐渐适应新的经济条件，演变为资本主义银行。是新兴的资产阶级按照资本主义原则组织的股份制银行。

商业银行是具有信用创造功能的、以经营存放款为主要业务、以获得利润为主要经营目标的综合性金融机构。它具有充当信用中介、充当支付中介、信用创造、金融服务的职能。

商业银行的经营应当遵守下列原则：盈利性、安全性、流动性原则；依法独立自主经营的原则；保护存款人利益原则；自愿、平等、诚实信用原则。

世界各国商业银行的组织形式可以分为单一银行制、分支银行制、集团银行制及连锁银行制。

第二章 商业银行的资本金管理

【学习目标】

了解商业银行资本金的概念、资本金构成、资本金功能；明确商业银行资本充足含义、资本充足率的测定；熟知《巴塞尔协议》的积极作用及缺陷；掌握商业银行从银行外部筹措和从银行内部筹措资本两种方式。

引 例

打铁先得自身硬

商业银行的资金，由自有资金和外来资金组成。我们知道，银行业务最突出的特点，是借鸡生蛋，以钱挣钱。因此，自银行开张那天起，做的就是负债经营的买卖。当然，银行并非皮包公司，不能空手套白狼，总得有一部分压箱底的钱。这部分资金由银行成立时发行股票取得，是银行股东认购的股份资本，即银行的自有资金，也被称为资本金或资本净值。如果银行经营有方，生意兴隆，股东会按银行规程，再投些钱进去，加上银行利润中抽取的部分，比如公积金、未分配利润，几项加起来，银行自有资金越滚越大。

常言道，打铁先得自身硬。商业银行资信有多高，实力有多大，一个重要的判断指标，是看自有资金在全部资金中的比率。这一比率被称做实际资本率。按照世界权威机构——国际清算银行巴塞尔委员会的要求，具有良好资信的商业银行，实际资本率至少要在4%以上。此外，该委员会还设计了"风险资本率"，也就是把银行资产进行风险评估，然后计算自有资金和评估后资产的比率。国际清算银行规定，开展国际业务的商业银行，风险资本率应该保持在8%以上。上述两个比率不达标的银行，一般被认为存在一定的债务风险。

启发思考：

商业银行资本金的功能有哪些？《巴塞尔协议中》为什么确定商业银行的资本比例？

答：商业银行的资本金具有以下三大功能。

（1）保护存款人利益。资本金为存款人提供了一个承受损失的缓冲器。

（2）满足银行经营。与一般企业一样，银行从事经营活动也必须具有一定的资金前提。首先，银行开业必须拥有一定的资本，满足各国法律规定的最低注册资本要求；其次，银行必须拥有营业所需的固定资产，这些固定资产只能用资本金购买。

（3）满足银行管理。各国金融管理当局为了控制商业银行，维护金融体系的稳定，一般都对银行的资本作了较为详细的规定。

商业银行适度的资本比例能够提高商业银行抵御金融风险的能力，确保银行持有足够储备金，不依靠政府救助独自应对今后可能发生的金融危机。

第一节 资本金的构成及需要量的确定

在现代商业银行的监管框架下，资本能力的大小决定了银行的规模增长能力、风险抵御能力和市场竞争能力。资本管理已成为当今国际先进银行经营管理的核心内容之一。

资本作为商业银行防范风险的最后一道防线，决定了商业银行在经营过程中与其他企业一样，必须有资本。要视资本的多寡决定商业银行规模的大小，明确地讲就是要视资本抵御风险的能力决定商业银行经营产品的种类、范围和总量。

一、商业银行资本金的概念及特点

任何以盈利为目的的企业，在业务发展初创时期以及创立之后进行业务经营都需要筹集并投入一定量的资本金，并在以后的业务经营过程中不断地加以补充。

商业银行资本金就是指银行投资者为了正常的经营活动及获取利润而投入的货币资金和保留在银行的利润。

1. 商业银行资本比例增加，银行的安全性也随之提高。

从本质上看，属于商业银行的自有资金才是资本，它代表着投资者对商业银行的所有权，同时也代表着投资者对所欠债务的偿还能力。但是，在实际运作中，一些债务也被当作银行资本，如商业银行持有的长期债券、资本票据等。这里是从所有者权益来理解资本的定义的。

商业银行的资本金包括两部分：一是商业银行在开业注册登记时所载明、界定银行经营规模的资金，二是商业银行在业务经营过程中通过各种方式不断补充的资金。

商业银行的资本金的特性有两个：一是商业银行的资本金是商业银行业务活动的基础性资金，可以自由支配使用，二是在正常的业务经营过程中商业银行的资本金无须偿还。

2. 商业银行资本金与一般企业资本金的区别如表 2.1 所示。

表 2.1 商业银行资本金与一般企业资本金的区别

项 目	商业银行	一般企业
资本金所包含的内容	所有者权益、债务资本（呆账准备金、坏账准备金）在资产负债表中的资产方，以"－"号来表示	所有者权益（产权资本、自有资金）＝资产总值−负债总值
资本金在全部资产中所占比例不同	资本金占其全部资产的比例为 10%～20%	自有资金在 34% 左右
固定资产的形成能力与其资本金的数量关联性	与资本金的关联性较大。固定资产是形成较好的业务经营能力的必要物质条件，这些设施的资金占用时间较长，只能依赖于自有的资本金	与资本金的关联性不大。固定资产既可以由其资本金形成，也可以由各种借入资金，包括商业银行的贷款来形成

二、商业银行资本金的构成

资本是商业银行的自有资金，它代表着所有者对银行的所有权。从会计的角度来看，可以把资本定义为：总资产与总负债的账面价值之差，即净值。但在实际业务中，人们更关注资本的市场价值，即资产的市场价值与负债的市场价值之差，因为资本的市场价值反映了银行用来抵御风险的实际资本额，存款人据此可以判断银行的存款是否有足够的可出售的资产作为担保，从而选择最佳的银行存款。

商业银行的资本由核心资本和附属资本两大部分组成。

1. 核心资本

核心资本也称一级资本，是商业银行资本中最稳定、质量最高的部分，银行可以永久性占用，是银行资本的核心，从而获得了"核心"资本的名称。核心资本至少应占全部资金的 50%。

（1）永久性的股东权益

① 投入资本：指投资者实际投入银行经营活动的各种财产物资。股份制银行的投入资本称为股本。投入资本按照投资形式不同可分为货币投资、实物资产投资和无形资产投资。按照投入的主体不同，分为国家资本金、法人资本金、个人资本金和外商资本金。

② 资本公积：包括资本（或股本）溢价、法定资产重估增值部分和接受捐赠的资产等形式所增加的资本。一般来说，资本公积也是投资者投入的资本。但是从法律意义上看，投入资本与资本公积有着明显的区别。前者是法定资本，不得随意抽回；后者是附加资本（或增收资本），由于某些原因（转增资本、投资减值、股权投资差额摊销）可能减少。

（2）公开储备

① 盈余公积：商业银行按照规定从税后利润中提取的，是商业银行自我发展的一种积累，包括法定盈余公积金（达到注册资本金的 50%）和任意盈余公积金。

② 未分配利润：商业银行实现的利润中尚未分配的部分，未分配利润同盈余公积一样，都是通过银行经营活动而形成的资本。

问与答

问：根据表 2.2 某银行的资产负债表分析该银行核心资本数量是否适当。

答：核心资本＝普通股＋非累积优先股＋资本公积＋未分配利润

＝212＋1＋603＋331＝1147（万元）

附属资本＝长期债券＋贷款损失准备金＝1035＋511＝1546（万元）

核心资本金占比＝1147 / 2693＝43%

附属资本金的数额大于总资本金数额的 50%，该银行应该增加核心资本数量。

表 2.2 某银行的资产负债表 （单位：万元）

资　　产		负债及所有者权益	
现金	1643	负债	
存放中央银行款项	66	1. 活期存款	4214
存放同业	278	2. 储蓄存款	914
证券投资	2803	3. 定期存款	11366
		4. 其他短期债务	3029
承兑	70	5. 长期债券	1035
贷款总值	15 887	债务合计	20558
减：损失准备金	511	所有者权益	

资　　产		负债及所有者权益	
房产、设备总值	365	1.　普通股	212
		2.　非累积优先股	1
		3.　资本公积	603
		4.　未分配利润	331
其他资产	1104	所有者权益总计	1147
资产总计	21 705	负债及所有者权益总计	21 705

2. 附属资本

银行附属资本，是指附属于银行的所有资本。附属资本也称为补充资本或二级资本。它是商业银行的债务型资本。商业银行按财务规定提留的各项准备金是附属资本的重要组成部分，当发生损失时，商业银行可用它来进行补偿。

附属资本无法改变其相对固定的利息支出以及其他支出，如果数量过大，占比过高，会影响商业银行的对外形象。《巴塞尔协议》规定银行附属资本占全部资本的比例，最多不超过50%。

（1）贷款呆账准备金，是指商业银行在从事放款业务过程中，按规定以贷款余额的一定比例提取的，用于补偿可能发生的贷款呆账而设的准备金。

（2）坏账准备金，按照年末应收账款余额的3‰提取，用于核销商业银行的应收账款损失。

（3）投资风险准备金，按照规定，我国商业银行每年可按上年末投资余额的3‰提取。如达到上年末投资余额的1%时可实行差额提取。

（4）长期债券，属于金融债券的一种，是由商业银行发行并还本付息的资本性债券，用来弥补商业银行的资本金不足。商业银行资本金构成如图2.1所示。

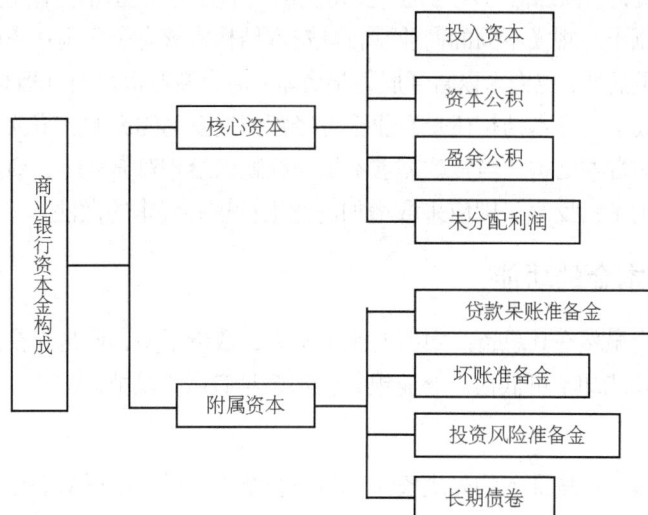

图2.1　商业银行资本金构成

三、商业银行资本充足度

在商业银行的经营实践中，商业银行通常应使其资本水平保持在满足以下三个方面需要的最低限度：一是为防御正常经营风险而持有的最低放款损失准备；二是为使大额未保险存款人确信其存款得到安全保护而需要的最低资本量；三是为支持银行业务扩张所必需的最低资本量。

商业银行资本充足度包括数量充足与结构合理两个方面的内容。

1. 资本数量充足

资本数量充足是指商业银行资本数量必须超过金融管理当局所规定的能够保障正常营业并足以维持充分信誉的最低限度。资本不足是商业银行过分重视盈利，忽视安全经营的结果，说明该银行承担了过重的风险，破产或倒闭的潜在可能性很大。不过，商业银行的资本也不是越多越好。因为商业银行的资本越多，其用于支付普通股股息、优先股股息或债券债息的费用便越大，因而资本成本越高，相应加重了商业银行的经营负担。同时，过高的资本说明银行经营管理水平很差，缺乏存款等筹资渠道，或者没有把握住良好的投资机会，承担着沉重的机会成本。因此，对商业银行来讲，资本充足的确切含义是资本适度，而不是多多益善。

📖 知识点滴

我国对设立商业银行的最低资本要求是：设立分支机构的全国性商业银行，最低实收资本为20亿元人民币；不立分支机构的全国性商业银行，为20亿元人民币；区域性商业银行最低实收资本为8亿元人民币；合作银行最低实收资本为5亿元人民币等。金融管理部门通过规定和调节各种业务的资本比率，就可以对其业务活动实施控制。

2. 资本结构合理

资本结构的合理性是指各种资本在资本总额中占有合理的比重，以尽可能降低商业银行的经营成本与经营风险，增强经营管理与进一步筹资的灵活性。《巴塞尔协议》要求核心资本在总资本中要达到50%以上。规模不同的商业银行其资本结构应该有所区别：小商业银行为吸引投资者及增强其经营灵活性，应力求以普通股筹措资本；而大商业银行则可相对扩大资本性债券，以降低资本的使用成本。资本结构还受商业银行经营情况变动的影响。贷款需求和存款供给是否充足，会大大影响资本结构。当贷款需求不足而存款供给相对充分时，商业银行增资的方式应以增加附属资本为主；反之，则应采取增加商业银行核心资本的做法。

四、商业银行资本金的功能

商业银行资本金虽然在其总资产中占的比重不大，数量不多，但是它在商业银行的业务经营与管理活动中的功能却不可低估。商业银行资本金具有以下功能。

1. 营业功能

资本金是商业银行市场准入的先决条件。与一般企业一样，银行从事经营活动也必须具有一定的前提。首先，银行开业必须拥有一定的资本，满足各国法律规定的最低注册资本的要求；其次，银行必须拥有营业所需的固定资产，这些固定资产只能用资本金购买，因为商业银行在获准开业之前，是不能依靠外来资金购置营业设备、准备开业经营的条件的。商业银行的自有资本为银行注册、组织营业以及尚未吸收存款前的经营提供了启动资金。更为重要的是，商业银行的资本充足性始终是政府和金融监管当局在审批银行开业资格、对银行业实施监管的重要指标。商业银行只有达到或超过一定的资本限额时才能获准开业，并且要在开业后的业务经营与管理过程中，随着资产业务的发展而不断补充银行资本，达到金融监管当局规定的最低资本充足率要求。

资本金高低不同，风险各异

美国有两家银行，分别是高资本金银行（简称甲银行）和低资本金银行（简称乙银行），表 2.3 是 1999 年的资产负债简表。

表 2.3　资产负债简表　　　　　　　　　　（单位：万美元）

项　　目	甲　银　行	乙　银　行
资产		
准备金	1 000	1 000
贷款	9 000	9 000
负债		
存款	9 000	9 600
资本金	1 000	400

这两家银行在 20 世纪 80 年代均卷入了不动产市场的热潮中，但是到了 90 年代，它们发现，自己的 500 万美元的不动产贷款已经一文不值了。当这些坏账从账上划掉时，资产总值减少了 500 万美元，从而，作为资产总值与负债总值之差的资本金也少了 500 万美元。表 2.4 所示为资产负债变化情况表。

表 2.4　资产负债变化情况表　　　　　　　（单位：万美元）

项　　目	甲　银　行	乙　银　行
资产		
准备金	1 000	1 000
贷款	8 500	8 500
负债		
存款	9 000	9 600
资本金	500	100

启发思考：

据此分析哪家银行经营状况较好。

答：从表 2.4 可以看出，甲银行可以应付这 500 万美元的资本金损失，因为它最初拥有 1000 万美元的资本金对这 500 万美元的损失产生了缓冲作用，使得它仍然有 500 万美元的净值。而乙银行却陷入了困境，其资产的价值在负债以下，为-100 万美元，已经资不抵债，面临倒闭了。所以甲银行经营状况较好。

2. 保护功能

资本金是保护存款人利益、承担银行经营风险的保障。商业银行大部分的经营资金来自存款，可以说商业银行是用别人的钱去赚钱的。如果银行的资产遭受了损失，资产收不回来了，存款人的利益必然会受到影响。而资本给存款人提供了一个承受损失的缓冲器，当银行的资产遭受损失时，首先由银行的收益去抵补，若收益不足以弥补，再动用银行的资本金，只要银行的损失不超过收益和资本之和，存款人的利益就不会受损害。所以说商业银行的资本金是保护存款人和债权人利益的重要保障。拥有数额较大的资本金表明商业银行有能力承担较大的风险，不会轻易发生流动性危机和支付困难，即使在破产或倒闭时也能给予存款人和债权人较高的补偿。显然，资本金有助于树立公众对商业银行的信心：一方面，它向债权人显示了自己的实力；另一方面，也使商业银行向借款人表明，在任何时候商业银行都能够满足他们对贷款的需求。

3. 管理功能

资本金是吸纳商业银行经营亏损、促进银行业务经营与发展的保证。商业银行的资本金可以有效地抵御外来风险的侵袭，弥补业务经营中的亏损，为商业银行避免破产提供了缓冲的余地。作为商业银行的重要资金来源，资本金还是商业银行进一步扩大经营规模、拓展业务范围、增加银行投资、调节银行扩张与可持续增长的资金保证。而且各国金融监管机构为了保持金融稳定，实施对商业银行有效的控制，一般都对商业银行的资本金做出具体规定或提出具体要求。例如，金融当局规定了银行开业所必需的最低资本额、设立分支机构的最低资本额、银行兼并时的资本规模以及银行的资本充足比率等。通过对银行资本的这些规定，使银行的业务活动受到了约束，实现了金融监管机构对商业银行的监督与管理。

第二节 资本充足性的国际标准

由于影响商业银行资本金需要量的因素很多，因而资本充足度的测算是一项复杂而系统的工作。如何确定商业银行的适度资本充足性，各国都有自己的不同做法，各国的金融管理部门也有一定的衡量标准。

进入 20 世纪 80 年代以后，国际银行业发生了巨大的变革。跨国银行的扩张和金融资本的国际化，以及广泛兴起的金融创新，使得金融自由化、全球化趋势不断发展，银行业在国际范围内的竞争日趋激烈，银行业经营的风险也不断加大。为此，在世界范围内确定一个统一的银行资本充足性标准，有效监管各国的银行业，维护商业银行的稳健经营，防范银行经营风险就显得十分必要。

一、《巴塞尔协议Ⅰ》（旧巴塞尔协议）的内容及其局限性

《巴塞尔协议Ⅰ》是国际清算银行（BIS）的巴塞尔银行业条例和监督委员会的常设委员会——巴塞尔委员会于 1988 年 7 月在瑞士的巴塞尔通过的"关于统一国际银行的资本计算和资本标准的协议"的简称，其目的是通过规定资本充足率保证商业银行的安全和国际银行业竞争的公平。

（一）《巴塞尔协议Ⅰ》的内容

《巴塞尔协议Ⅰ》主要包含了三个方面的内容：资本金的构成、风险加权制、标准比率目标，如图 2.2 所示。

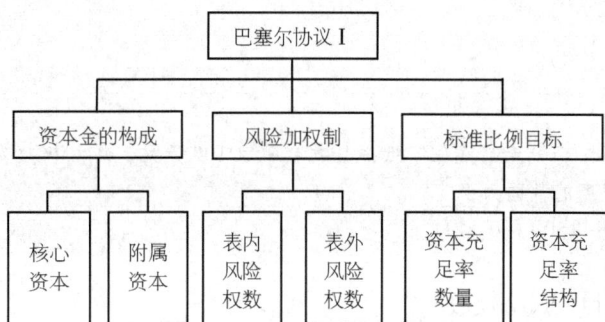

图 2.2　巴塞尔协议 I 框架

1. 资本金的构成

银行的资本金并非是同质的，有些种类的资本金承受着相当大的风险，一旦情况发生突然变化，这些资本的价值有可能会大幅下降。因此，《巴塞尔协议 I》将商业银行的资本金划分为两级。

（1）第一层为"核心资本"（即一级资本金），是由股本和税后利润中提取的公开储备所构成，这部分至少占全部资本的 50%以上。

（2）第二层为"附属资本"（即二级资本金），包括未公开储备、资产重估准备金、普通准备金或呆账准备金、带有债务性质的资本金工具和长期债券等。

核心资本是所有者权益，真正代表银行的实力；附属资本是对核心资本的补充，总数不能超过核心资本金数量。

2. 风险加权制

《巴塞尔协议 I》根据不同资产的风险程度确定相应的风险权重（如表 2.5 所示），计算加权风险资产总额。

（1）确定资产负债表内的资产风险权数

① 将不用资产的风险权数确定为五个档次，分别为 0、10%、20%、50%和 100%。

② 在计算风险资产时，对于表内项目，以其账面价值直接乘以对应权数即可得出风险资产数额。

表 2.5　资产负债表内项目风险权重

风险权重	项　　目
0	现金；以本国货币定值的对中央银行和中央政府的债权；对经济发展合作组织（OECD）国家的中央银行和中央政府的其他债权；以现金或以 OECD 国家的中央政府债券作抵押或由其中央政府作担保的债权
0、10%、20%、50% 由各国自定	对国内公共部门实体的债权和由这些实体担保的贷款
20%	对多边发展银行的债权及由这些银行担保或以其所发行的证券作抵押的债权；对 OECD 成员国银行的债权或由其担保的贷款；对期限在 1 年以内的非 0ECD 成员国银行的债权或由其担保的贷款；对非本国的 0ECD 成员国公共部门实体的债权或由这些实体担保的贷款；托收中的现金款项
50%	完全以居住为用途的、为借款人所拥有产权的住宅作抵押的贷款
100%	对私人部门的债权；对期限在 1 年以上的非 OECD 成员国银行的债权；对非 OECD 成员国中央政府的债权；对公共部门拥有的商业公司的债权；房地产、设备和其他固定资产；不动产和其他投资；其他银行发行的资本金工具；所有其他资产

（2）确定表外项目的风险权数

确定了 0、20%、50% 和 100% 4 个档次的信用转换系数，以此再与资产负债表内与该项业务对应项目的风险权数相乘，作为表外项目的风险权数。表 2.6 所示为资产负债表外项目风险权重。

计算公式：

表外风险资产=表外资产（本金）×信用转换系数×表内相同性质资产风险权数

表 2.6　资产负债表外项目风险权重

信用转换系数	项　目
0	短期（1 年以内）的、随时能取消的信贷额度
20%	短期（1 年以内）的、与贸易有关的，并且有自行清偿能力的债权，如担保信用证、有货物抵押的跟单信用证等
50%	期限在 1 年以上的、与贸易有关的或有项目，如投资保证书、认股权证、履约保证书、即期信用证和证券发行便利等承诺或信贷额度
100%	直接信用的替代工具，如担保、银行承兑、回购协议；有追索权的资产销售；远期存款的购买

> **问与答**
>
> 问：根据表 2.7 和表 2.8 资料，计算 A 行的资本充足率，并判断是否符合巴塞尔协议的规定。
>
> 答：表内风险权数资产：$160×0+400×0+240×20\%+200×50\%+1400×100\%=1548$（万元）
>
> 表外风险权数资产：$220×100\%×20\%+280×50\%×100\%=184$（万元）
>
> 资本充足率=资本总额/风险资产总额=$200/（1548+184）×100\%=11.5\%$
>
> 因为 11.5%>8%，A 银行实现了资本充足率，符合《巴塞尔协议》规定。
>
> A 银行的资产负债表显示：资本总额为 200 万元，总资产为 2400 万元，表内各项目、表外各项目及对应的风险权数如表 2.7 和表 2.8 所示。

表 2.7　A 银行表内项目及风险权数

项　目	金　额	对应的风险权数（%）
现金	160	0
短期政府债券	400	0
国内银行存款	240	20
家庭住宅抵押贷款	200	50
企业贷款	1400	100
合计	2400	

表 2.8　A 银行表外项目及转换系数、对应的风险权数

项　目	金额（万元）	转换系数（%）	风险权数（%）
用于支持政府发行债券的备用信用证	220	100	20
对企业的长期信贷承诺	280	50	100
表外项目合计	500		

3. 商业银行的资本充足率

银行资本金越充裕，抵御风险的能力就越强，但是资本金相对银行总资产的占比越大，资本金收益率会下降。为了解决这个矛盾，巴塞尔委员会提出了"资本充足率"概念，用于衡量国际银行持有资本金的数量是否达到要求。

商业银行资本充足率不得低于 8%,该 8%的指标是一家银行能够正常对外营业并足以维持公众信誉的最低限度。资本充足率的管理包括数量管理和结构管理两部分内容。

（1）资本充足率的数量管理

总风险资本比率＝资本总额／风险资产总额×100%

＝核心资本+附属资本／∑(资产×风险权数)×100%≥8%

（2）资本充足率的结构管理

商业银行附属资本不得高于核心资本。商业银行还应该制定资本充足率的内部管理方法，合理调整资本金结构，以符合银行总体经营目标的需要。

① 核心资本比率＝(核心资本/风险资产)×100%

＝核心资本/∑(资产×风险权数)×100%≥4%

② 附属资本比率＝附属资本/风险资产×100%<核心资本

案例 2.2

银行资本充足率的计算

假设你是某商业银行的一名工作人员，正在自检所在行的资本金充足率是否符合《巴塞尔协议Ⅰ》的相关要求。通过资产负债表显示的资料如下：

资本总额为 150 万元人民币，总资产为 1800 万元人民币，该行资产负债表内项目及对应的风险权数如表 2.9 和表 2.10 所示。

表 2.9　某商业银行资产负债表内项目及对应的风险权数　　（单位：万元）

项　目	金　额	对应的风险权数
现　金	80	0

项　目	金　额	对应的风险权数
短期政府债券	330	0
国内银行存款	100	20%
家庭住宅抵押贷款	90	50%
企业贷款	1200	100%
合计	1800	

表 2.10　该银行资产负债表外项目及转换系数、对应的风险权数　　（单位：万元）

项　目	金额	转换系数（%）	风险权数（%）
用于支持政府发行债券的备用信用证	200	100	20
对企业的长期信贷承诺	250	50	100
表外项目合计	450		

启发思考：

你能否通过上述资料判断所在银行的资本充足率是否符合《巴塞尔协议Ⅰ》的规定？

答：

（1）求出该商业银行的表内风险权重资产

表内风险权重资产＝80×0＋330×0＋100×20%＋90×50%＋1200×100%＝1265（万元）

（2）求出该商业银行的表外风险权重资产

表外风险权重资产＝200×100%×20%＋250×50%×100%＝165（万元）

（3）求出该商业银行的风险资产总额

风险资产总额＝表内风险权重资产＋表外风险权重资产＝1265＋165＝1430（万元）

（4）求出该商业银行的资本充足率

资本充足率＝资本总额／风险资产总额×100%

＝150/1430×100%

＝10.5%

因为 10.5%＞8%，可见，该商业银行达到了资本充足率要求，符合《巴塞尔协议Ⅰ》的规定。

问与答

问：1987 年达成的《巴塞尔协议Ⅰ》，其目的是什么？

答：目的主要有两个：一是制定统一的资本充足率标准，以消除国际银行间的不平衡竞争；二是通过制定统一的商业银行资本与风险资产的比率及一定的计算方法和标准，为国际银行业的监管提供一个有利的工具，以保证各国金融体系的稳定与安全，进而保障国际金融业健康、有序、稳定地发展。

（二）《巴塞尔协议Ⅰ》的特点和不足

1.《巴塞尔协议Ⅰ》主要有三大特点

（1）确立了全球统一的银行风险管理标准。

（2）突出强调了资本充足率标准的意义。通过强调资本充足率，促使全球银行经营从注重规模转向资本、资产质量等因素。

（3）强调国家风险对银行信用风险作用。明确规定不同国家授信风险权重比例存在差异。

2.《巴塞尔协议Ⅰ》的不足

（1）忽视了市场风险和操作风险。

《巴塞尔协议Ⅰ》只考虑了信用风险，而事实上银行要承担许多非信用风险性质的风险，包括市场风险、操作风险等。

> **知识点滴**
>
> 　　商业银行市场风险是指因市场价格和商品价格的不利变动而使银行表内和表外业务发生损失的市场风险存在于银行的交易和非交易业务中。如因利率、汇率、股票价格的不利变动的商业银行市场风险或因商品价格的不利变动的商业银行市场风险。
>
> 　　商业银行操作风险是指由不完善或有问题的内部程序、系统（系统失灵、系统漏洞），有问题的人员（操作失误、违法行为）或外部事件（自然灾害、抢劫、外部欺诈）所造成损失的风险和经营环境的变化（政策、监管）等。

（2）对银行资产风险权数的具体确定方法缺乏细化。

《巴塞尔协议Ⅰ》在确定银行风险权数时的一个重要依据是，是否为 OECD 的正式成员国或者是否为已与国际货币基金组织达成特别放款安排的国家，也即以此来确定一国银行资产的国家转移风险的级别，如此人为地造成了一种不公平的事实。

① 只要是 OECD 成员国的商业银行，不论其经营状况如何，都可以享受较低的风险权数

② 非 OECD 成员国中的商业银行，不论其经营状况如何，都必须给予较高的风险权数。

（3）忽视了全面风险管理的问题。

《巴塞尔协议Ⅰ》规定的资本充足率是防范风险的唯一方法和尺度较为片面，事实上有了适量的资本金，并不能保证商业银行绝对不会遭受重大损失甚至破产倒闭的危险。如 1993 年巴林银行的资本充足率远远超过 8%，1995 年 1 月还被监管部门认为是安全的金融机构，但到了 1995 年 2 月，巴林银行就倒闭了。

二、《巴塞尔协议Ⅱ》的基本内容及其特点

从巴林银行、大和银行的倒闭到东南亚的金融危机，人们看到，金融业存在的问题不仅仅是信用风险或市场风险等单一风险的问题，而是由信用风险、市场风险外加操作风险互相交织、共同作用造成的。

1997 年 9 月，巴塞尔委员会针对旧巴塞尔资本协定（《巴塞尔协议Ⅰ》）做了大幅修改，以期将国际上的风险控管制度实行标准化，提升国际金融服务的风险控管能力。新协议即《巴塞尔协议Ⅱ》将风险扩大到信用风险、市场风险、操作风险和利率风险，并提出"三个支柱"，要求资本监管更为准确地反映银行经营的风险状况，进一步提高金融体系的安全性和稳健性。

（一）《巴塞尔协议Ⅱ》的主要内容

1. 第一大支柱——最低资本要求

该部分涉及与信用风险、市场风险以及操作风险有关的最低总资本要求的计算问题。

（1）资本的定义（不变）。

（2）风险加权资产计算方法有较大改变。

银行资本充足率=总资本/信用风险加权资产+(市场风险资本+操作风险资本)×12.5

① 信用风险的计量方法：

信用风险是指受信方拒绝或无力按时全额支付所欠债务时，给信用提供方带来的潜在损失。信用风险的计量方法有标准法和内部评级法。

A. 标准法是指对于交易的各种风险，都是在外部信用机构评级的基础上确定风险权重。权重层级分为 0、20%、50%、100%和150% 5 个等级。标准法的一项重大创新是将逾期贷款的风险权重规定为 150%。

B. 内部评级法有初级法和高级法之分。初级内部评级法允许银行使用自己内部模型测算与每个借款人相关的违约概率，其他数值由监管部门提供；高级内部评级法允许银行测算其他必须的数值。

② 市场风险的计量方法：

市场风险是指因市场价格（利率、汇率、股票、商品等）的不利变动而使银行表内和表外业务发生损失的风险。市场风险的计量方法有标准法和内部模型法。

A. 标准法是指银行在计算市场风险时通过计算资产组合面临的利率风险、汇率风险、股权风险以及商品风险而得出，例如，汇率风险和股权风险的资本要求是 8%，商品风险是 15%。

B. 内部模型法是指允许银行使用内部的风险管理部门开发的风险计量模型。只有经过了银行监管当局的审批，银行才可以使用这一方法。

③ 操作风险的计量方法：

操作风险是指由不完善或有问题的内部程序、人员及系统或外部事件而造成损失的风险。在量化操作风险时，提出了基本指标法、标准法、内部计量法三个处理方案。

A. 基本指标法是指资本要求可依据某一单一指标（如总收入）乘以一个百分比。

B. 标准法是指将银行业务划分为投资银行业务、商业银行业务和其他业务，各乘以一个百分比。

C. 内部计量法是通过自下而上的方法即使用银行的内部数据，计算自身的风险资本和自上而下的方法即由监管机构根据行业标准得出的统一的资本配置额，以此进行风险资本的测算，计算损失概率。

问与答

问：对比《巴塞尔协议Ⅰ》和《巴塞尔协议Ⅱ》计算风险资产方法的不同。

答：《巴塞尔协议Ⅰ》资产(包括对政府、银行、企业的债权)的风险权重，主要根据债务人所在国是不是经合组织（OECD）成员国来区分的，《巴塞尔协议Ⅱ》是根据外部评级的结果来确定风险权重的。

2. 第二大支柱——监督检查程序

监督检查的目的是，不仅要保证银行有充足的资本来应对业务中的所有风险，而且还鼓励银行开发并使用更好的风险管理技术来监测和管理风险。

（1）银行定期针对当前面临的风险开展内部资本充足评估。

不同的商业银行可以根据自己不同的情况采取不同的内部风险控制方法，这样一来，监管机构把监控的重点从单一的外部监管方法转变为以商业银行的自我监管和监管机构的外部监管相结合的监管方法，从而使监管更加科学和灵活。

（2）监管方定期进行监督检查，并在必要时进行干预。

这样做的目的是在银行和监管当局之间形成有效的对话机制，以便在发现问题时可以及时、果断地采取措施来降低风险和补充资本。

3. 第三大支柱——市场约束

市场约束即市场纪律，市场约束的核心是信息披露。

市场纪律具有强化资本监管、提高金融体系安全性和稳定性的潜在作用，并在应用范围、资本构成、风险披露的评估和管理过程，以及资本充足率等 4 个方面，通过财务指标和非财务指标提出了定性和定量的信息披露要求。对于一般银行，要求每半年进行一次信息披露；而对那些在金融市场上活跃的大型银行，要求每季度进行一次信息披露；对于市场风险，在每次重大事件发生之后都要进行相关的信息披露。《巴塞尔协议Ⅱ》的框架如图 2.3 所示。

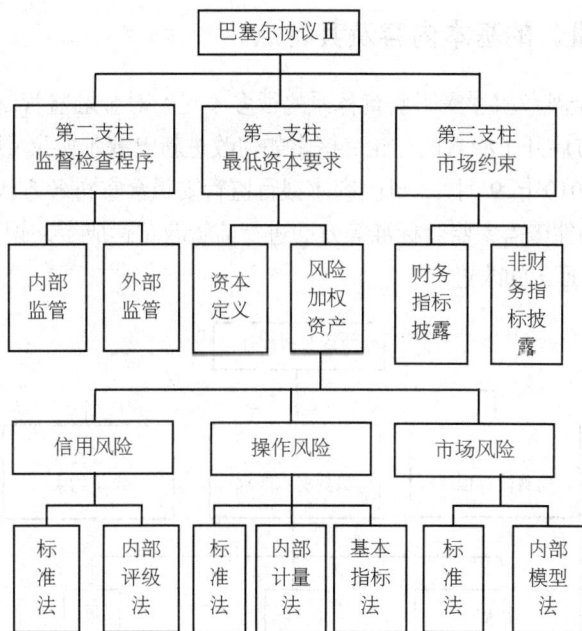

图 2.3 《巴塞尔协议Ⅱ》的框架

（二）《巴塞尔协议Ⅱ》的特点和不足

1.《巴塞尔协议Ⅱ》的特点

（1）突破了传统银行业的限制。新协议从机构和业务品种方面，推广了经典的最低资本比例的适用范围，这为银行业在全能化发展环境下，与金融业合并监管的形成确立了重要的政策基础。

（2）更加灵活、更加动态化的规则。新协议允许银行实行内部评级方法，使新的监管规则有一定的灵活性，有利于吸收现代化大型银行管理风险的各种先进经验。新协议鼓励银行不断改进风险评估方法，不断发展更为精细的风险评估体系。

（3）重视定性和定量的结合，定量的方面更加精细化。新协议以三大支柱构建新的政策架构，并强调三大支柱协调发展的必要性，是定量（资本计算）和定性（对监管过程、银行管理体制的要求和利用市场约束规则）方面的结合。

2.《巴塞尔协议Ⅱ》的不足

（1）主权风险问题。虽然国别标准的地位下降，它仍然在银行资产选择中发挥着作用，其潜在的影响力仍不可低估。

（2）风险权重问题。若由监管当局确定指标，则很难保证指标选择的客观、公正和科学；若由银行自行决定，这样的问题同样存在。

（3）计量方法的适用性问题。新协议鼓励银行使用基于内部评级的计量方法，但真正具备长期经营记录，且拥有足够丰富数据、有高效处理这些数据的强大技术力量的大型银行毕竟属于少数，多数银行还是难以摆脱对外部评级及对当局建议指标的依赖。

（4）监管对象主要还是商业银行。在金融国际化大趋势下，金融百货公司不断涌现、非银行金融机构和非银行金融业务不断攀升，因此新协议的作用空间还是非常有限的。

三、《巴塞尔协议Ⅲ》的基本内容及其特点

一场席卷全球的金融危机暴露了监管体系的很多不足，对金融监管制度的有效性提出了重大挑战。危机之后各方展开了深入的讨论，探索如何改进新巴塞尔协议《巴塞尔协议Ⅱ》，构建更完善的监管框架。2010年9月12日巴塞尔银行监管委员会宣布各方代表就强化资本监管、引入杠杆率、建立流动性覆盖率监管标准等方面进行监管改革达成了共识，即《巴塞尔协议Ⅲ》。见图 2.4《巴塞尔协议Ⅲ》的改进。

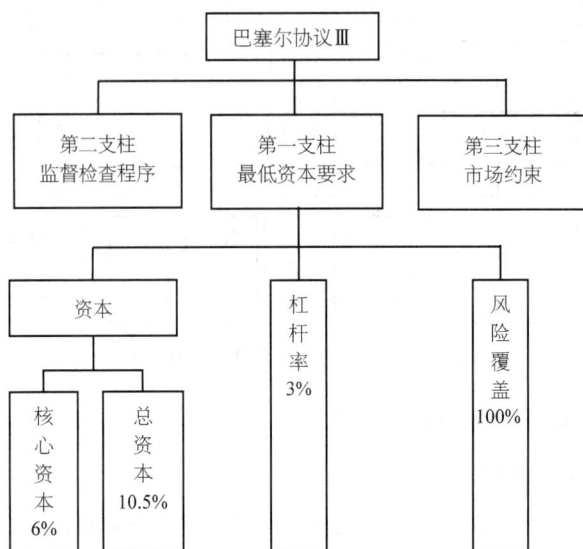

图 2.4 《巴塞尔协议Ⅲ》的改进

《巴塞尔协议Ⅲ》的基本内容

（1）《巴塞尔协议Ⅲ》制订了更加严格的银行业监管标准。

① 全球各商业银行核心资本充足率从 4%逐步上调至 6%，过渡期限为 2013—2015 年。

② 为应对经济不景气可能发生的坏账损失计提 2.5%的逆周期资本缓冲，这样总资本加资本缓冲在 2019 年以前从现在的 8%逐步升至 10.5%。

（2）引入杠杆率监管标准，通过抑制过度杠杆化防止去杠杆化过程带来的系统化风险。

杠杆率是一个衡量公司负债风险的指标，从侧面反映出公司的还款能力。杠杆率的倒数为杠杆倍数，即

$$杠杆率=核心资本/表内表外总资产风险暴露≥3\%$$

> 📘 **知识点滴**
>
> 风险暴露也称风险敞口，是指因债务人的违约行为所导致的可能承受风险的信贷业务余额。客户风险权重一般是由外部评级机构根据客户的资料信息加以评定的，分为 0、10%、20%、50%、100%和 150%6 个等级。

（3）建立流动性覆盖率监管标准。

在严重的情况下，银行可能面对以下状况：负债面临挤兑压力，而资产难以变现。这样，就需要银行能提前测算手中无变现障碍的资产是否足以应对该种危机状况。

$$流动性覆盖率= 优质流动性资产储备/未来 30 日的资金净流出量≥100\%$$

流动性覆盖率这一指标的意义，在于当某银行处于一种短期严重压力情况下，该银行所持有的无变现压力的优质流动性资产（例如：库存现金、存放于央行的超额准备、政府债券）的数量是否能足以覆盖该压力状况下的资金净流出。

四、《巴塞尔协议》对世界银行业的影响

商业银行的资本充足率是银行安全乃至整个国家金融安全的重要保证，也是衡量一家银行和一个国家银行业竞争力的重要标志。

一系列有关商业银行资本金的《巴塞尔协议》的出台，对世界各国商业银行具有多方面的深远影响。

（1）削弱了各国在金融管理方面的差异，有助于各国商业银行在平等的基础上的竞争和促进银行业效益的提高。

（2）有助于商业银行的风险管理。随着《巴塞尔协议》的实施，商业银行的资本充足率得到了加强，银行的风险资产有了比较坚实的资本支持。商业银行表外业务的扩张受到约束，其风险可以被控制在一定的范围内。另外，国际间的银行监管趋向协调一致，有利于堵塞金融监管方面的漏洞。如海外分支机构、跨国银行的发展，就可以利用各国监管的不一致，来规避有关法律监管的约束。

（3）有助于银行业的国际化发展。资本充足性统一比率的制定以及管理标准的趋向统一，使得各国金融监管当局的合作与交流大大加强，促使国际银行业务更加规范，这无疑会大大推动银行业的国际化发展。

第三节　资本金的筹集方式与选择

商业银行的资本筹措是满足银行对其资本金需要量的重要环节。商业银行在进行资本筹措前，应通过对银行经营环境、活动及各种要素条件进行分析，制订经营计划，然后根据经营计划及具体情况确定资本金需要量，最后通过对各种资本筹措渠道的比较、选择，决定如何筹措所需资本。

商业银行资本的筹集方式主要有从银行外部筹措和从银行内部筹措两种。

一、从银行外部筹措资本

商业银行大量的资本是从外部筹措的，其方式主要包括发行股票、资本性债券与票据。

（一）发行普通股

1. 发行普通股的优点

这种筹措形式对商业银行来说具有以下优点。

（1）没有固定的股息负担，商业银行具有主动权和较大的灵活性。

（2）没有固定的返还期，不必向股东偿还本金，银行可以相对稳定地使用这部分资本。

（3）发行比较容易。尽管收益不固定，但一般情况下其收益率要高于优先股和附属债券，而且股息收益随通货膨胀的增加而增加，因而具有保值功能，所以普通股更容易为投资者所接受。

2. 发行普通股的缺点

（1）影响原有股东对银行的控制权与获得的收益率。因为通过普通股筹资，会增加银行普通股股东的数量，稀释原有股东所拥有的控制权和收益率，从而使原有股东，特别是原有大股东对银行的控制权减弱。并且由于新增资本并不会立即带来银行盈利上的增加，就使得每股所分得的股息减少，因而银行通过普通股筹资时，可能会遭到原有银行股东的反对。

（2）普通股的发行成本与资金成本比较高，会给银行带来一定的经营管理上的压力。一般来说，由于普通股的影响较大，各个国家的有关管理当局对普通股票的发行限制较为严格，需要满足各种有关条件，这就导致银行的资本发行成本较大。另外，由于普通股的风险较大，在正常经营状况下，银行对普通股股东支付的股利，通常要高于对债券和优先股收益的支付。

（二）发行优先股

1. 发行优先股的优点

从银行经营管理者来看，通过发行优先股筹措资本至少有以下优点。

（1）既可以使银行筹措到所需资金，又可以避免由于新增股东而分散对银行的控制权和减少普通股股东的收益率，并有利于减缓普通股股价的下跌。

（2）其股息不是绝对固定的债务负担。当银行当年利润不足以派息时，某些类型的优先股，如"非累积性的优先股"，则可以不必支付股息（并且也无权在下期盈利中要求支付），而在进行破产清算时，如果银行没有剩余资金，也可以不必偿还这部分资本。同时，发行优先股的成本较低，对银行经营管理的压力相对较小。

（3）可以使银行获得财务杠杆效应。因而这种筹措资本的方式，在商业银行经营状况较好时，可使普通股的收益率增加，进而给普通股股东带来更高的收益。

正因为优先股可以为商业银行的普通股股东带来明显的好处，所以一旦需要增加资本金时，银行首先想到的就是增加优先资本，如优先股。

2. 发行优先股的缺点

银行通过优先股筹集资本也有以下缺点。

（1）优先股的使用减少了银行经营的灵活性。由于多数类型优先股的股息是比较固定的，不论银行的经营状况如何，银行都要对优先股本的股东支付股利。在银行盈利状况不好的情况下，将会使银行负担加重。

（2）一般来说，优先股的股息支付要求比资本性债券和票据的收益支付要求更高，因此，发行优先股的资金成本比发行资本型债券和票据的资金成本要高，加之许多国家规定，银行对优先股支付的股息是税后列支，而其他债务资本的利息可以在税前列支，这使得优先股的实际成本率大大高于其他债券资本的实际成本率。

（3）银行过多地发行优先股会降低银行的信誉。因为这类资本属于债务型资本，或多或少地带有借入资本的性质与特征，对商业银行的保障程度不高。如果发行得过多，甚至会导致普通股在银行资本总量中所占的比重下降，商业银行的信誉就会被削弱。因此商业银行一般不敢过分加大优先股在银行资本金中的比例，而金融监管当局也会对其加以控制，以保证银行业的稳健经营。

（三）发行资本票据和债券

1. 发行资本票据和债券的有利之处

（1）与发行优先股一样，通过发行资本型票据和债券筹集资本，对原有普通股股东的控制权与收益率的影响不大，并且在银行经营状况较好时，可以为普通股股东带来财务杠杆效应，使普通股股东的收益率有较大的增长。

（2）通过发行资本票据和债券筹集资本，其资本发行成本和银行的经营成本都比较低。一般来说，各国金融管理当局对资本型票据和债券的发行和管理限制较少，发行手续比较简便，发行成本较低。并且银行通过资本型票据和债券筹集的资金，一般可以不必保持存款准备金和参加存款保险，这就使商业银行的经营成本相对降低，而其所需支付的利息也可以在税前列支，这又进一步降低了银行的经营成本。

2. 发行资本票据和债券的局限性

（1）与股票资本尤其是普通股股票相比，资本型票据和债券这类债务型资本不是商业银行的"永久性"资本，而是有一定的偿还期限，因此也就限制了银行对这类资本的使用。

（2）资本型票据和债券的利息是银行的一种固定负担，如果银行盈利状况不好，商业银行不仅不能对其支付利息，而且由于过大的债务负担容易导致银行破产，因此这种筹资方式的经营风险比较大。基于此种原因，各国银行管理当局对这类债务型资本在商业银行的资本总额中所占的比例均有严格的规定，有的甚至还将其排斥在银行资本金之外。因此，银行不能过多地采用这种方式来筹集资本金。

二、从银行内部筹措资本

从银行内部筹措资本主要是通过增加留存盈余的方式进行的。其具有以下优点。

（1）商业银行只需将银行的税后净利转入留存盈余账户即可增加银行资本金，从而可节省商业银行为筹措资本所需花费的费用。这种方式简单易行，因此被认为商业银行增加资本金的最廉价的方法。

（2）银行留存盈余作为未分配利润保存在银行，其权益所有者仍为普通股股东。也就是说，其可以被看作银行股东在收到股息以后又将其投入银行，并且股东不必为这部分收入缴纳个人所得税。同时，由于不对外发行普通股股票，普通股股东不会因此而损失控制权。因而这种筹集资本金的方式在很多情况下对普通股股东特别有利。

但是，银行留存盈余的权益人是普通股股东，因而这种募集资本金的方式牵扯到银行所有者的利益，是一个比较复杂、敏感的问题。另外，通过增加留存盈余，银行资本金不会使普通股股东遭受控制权的损失，但是，过多地留存盈余会使市场上的股价下跌，从而构成银行未来发展不利的因素。因此，商业银行需要根据具体情况来确定留存盈余的比例大小以及通过留存盈余获得银行资本金的合理数量。

三、商业银行资本筹集方式的选择

面对众多的资本筹集方式，银行在抉择时必须兼顾以下两个方面：一是满足监管要求，二是符合股东利益。为此，若要避开监管要求，从银行股东利益出发，资本的筹集应考虑以下因素。

（1）所有权控制。即新增资本是否稀释了原有股东对银行的控制权。

（2）红利政策。即新增资本对银行的股利分发将产生何种影响，股东是否愿意接受这种影响。

（3）交易成本。即考虑增资所需交易成本占新增资本的比例是否合算。

（4）市场状况。即要审时度势，根据市场状况采取相应的筹资方式。

（5）财务风险。即新增资本后对银行财务杠杆率的影响，是提高还是降低了银行的财务风险水平。选择何种方式筹措外部资本要以对各种方案的细致的财务分析和各种方案对银行每股收益的影响为基础。

~~**案例 2.3**~~

假定某银行需要筹措 2 000 万美元的外部资本。该银行目前已经发行的普通股为 800 万股，总资产将近 10 亿美元，权益资本 6 000 万美元。假设该银行能够产生 1 亿美元的总收入，经营费用超过 8 000 万美元。现在该银行可以通过三种方式来筹措所需要的资本（见表 2.11）：

第一种，以每股 10 美元的价格发行 200 万股新股；

第二种，以 8% 的股息率和每股 20 美元的价格发行优先股；

第三种，以票面利率 10% 来出售 2000 万美元的次级债务资本票据。

启发思考：

如果银行的目标是使每股收益最大化，那么应选择何种方式来筹措所需的资本？

表 2.11　某商业银行资本筹集方式比较　　　　　　　　　　（单位：万元）

项　　目	出售普通股	出售优先股	出售资本票据
估计收入	10 000	10 000	10 000
估计经营费用	8 000	8 000	8 000
净收入	2 000	2 000	2 000
资本票据的利息支出			200
税前净利润	2 000	2 000	1 800
所得税（35%）	700	700	630
税后净收益	1 300	1 300	1 170
优先股股息		160	
普通股股东净收益	1 300	1 140	1 170
普通股每股收益（美元）	1.3	1.43	1.46

答：根据表 2.11 分析可以看出，最好的筹资方式是发行资本票据，而且资本票据没有投票权，所以现有的股东保留控制权。

╭─ 补充阅读 ─

中国银监会《商业银行资本充足率管理办法》对风险权重的规定

《商业银行资本充足率管理办法》对信用风险提出了资本要求，在确定各类资产的风险权重方面采取了更加审慎的态度，具体见表 2.12 和表 2.13。

表 2.12　表内资产风险权重

项　　目	权重（%）
1. 现金类资产	
库存现金	0
2. 对中央政府和中央银行的债权	
（1）对中国人民银行的债权	0
（2）对评级为 AA-及以上国家和地区政府和中央银行的债权	0
（3）对评级为 AA-以下国家和地区政府和中央银行的债权	100
3. 对公用企业的债权（不包括下属的商业性公司）	
（1）对评级为 AA-及以上国家和地区政府投资的公用企业的债权	50
（2）对评级为 AA-以下国家和地区政府投资的公用企业的债权	100
（3）对我国中央政府投资的公用企业的债权	50
（4）对其他公用企业的债权	100
4. 对我国金融机构的债权	
（1）对我国政策性银行的债权	0
（2）对我国中央政府投资的金融资产管理公司的债权	
① 金融资产管理公司为收购国有银行不良贷款而定向发行的债券	0
② 对金融资产管理公司的其他债权	100
（3）对我国商业银行的债权	

项　目	权重（%）
① 原始期限 4 个月以内（含 4 个月）	0
② 原始期限 4 个月以上	20
5. 对在其他国家或地区注册金融机构的债权	
（1）对评级为 AA- 及以上国家或地区注册的商业银行或证券公司的债权	20
（2）对评级为 AA- 以下国家或地区注册的商业银行或证券公司的债权	100
（3）对多边开发银行的债权	0
（4）对其他金融机构的债权	100
6. 对企业和个人的债权	
（1）对个人住房抵押贷款	50
（2）对企业和个人的其他债权	100
7. 其他资产	100

表 2.13　表外项目的信用转换系数

项　目	信用转换系数（%）
等同于贷款的授信业务	100
与某些交易相关的或有负债	50
与贸易相关的短期或有负债	20
承诺 原始期限不足 1 年的承诺 原始期限超过 1 年但可随时无条件撤销的承诺 其他承诺	 0 0 50
信用风险仍在银行的资产销售与购买协议	100

上述表外项目中

1. 等同于贷款的授信业务，包括一般负债担保、远期票据承兑和具有承兑性质的背书。

2. 与某些交易相关的或有负债，包括投标保函、履约保函、预付保函、预留金保函等。

3. 与贸易相关的短期或有负债，主要指有优先索偿权的装运货物作抵押的跟单信用证。

4. 承诺中原始期限不足 1 年或可随时无条件撤销的承诺，包括商业银行的授信意向。

5. 信用风险仍在银行的资产销售与购买协议，包括资产回购协议和有追索权的资产销售。

汇率、利率及其他衍生产品合约，主要包括互换、期权、期货和贵金属交易。这些合约按现期风险暴露法计算风险资产。利率和汇率合约的风险资产由两部分组成：一部分是按市价计算出的重置成本，另一部分由账面的名义本金乘以固定系数获得。不同剩余期限的固定系数见表 2.14。

表 2.14　汇率、利率及其他衍生产品合约的风险资产　　　（单位：%）

项目剩余期限	利率（%）	汇率与黄金	黄金以外的贵金属
不超过 1 年	0.0	1.0	7.0
1 年以上，不超过 5 年	0.5	5.0	7.0
5 年以上	1.5%	7.5%	8.0%

本章小结

　　商业银行在经营过程中与其他企业一样，必须有资本。商业银行资本金就是指银行投资者为了正常的经营活动及获取利润而投入的货币资金和保留在银行的利润。它是商业银行业务活动的基础性资金，可以自由支配使用，也是商业银行防范风险的最后一道防线。商业银行的资本由核心资本和附属资本两大部分组成。商业银行资本充足度包括数量充足与结构合理两个方面的内容，商业银行资本具有营业功能、保护功能和管理功能。《巴塞尔协议》是对宏观审慎、逆周期、风险的识别和准确计量等方面的监管框架。商业银行资本的筹集方式主要有从银行外部筹措和从银行内部筹措两种。

第三章 现金资产管理

【学习目标】

了解现金资产的含义及构成、现金资产管理的意义；掌握资金头寸及其构成；熟知资金头寸的预测；掌握商业银行现金资产管理的原则。

引 例

大相径庭

某股份制商业银行 A 分行行长在星期二上午审阅星期一营业终了轧出的"头寸表"时，发现该行在中央银行的超额准备金仅有 270 万元。这时，他马上找来计划科长询问头寸短缺情况。计划科长认为，目前头寸短缺的原因主要是因为春节将至，客户提存增加，导致该行在中央银行的存款急剧下降。更严峻的是，昨日同业清算表明，A 分行应支付中国农业银行 B 分行的清算逆差高达 760 万元。考虑到今天开门后提现的可能，已与 B 分行协商推延 3 天支付。现在正着手筹措资金，但用哪种方式还没有确定，正准备向行长请示。

行长听取汇报后，当即与计划科长商议如何在目前头寸短缺的情况下，迅速弥补资金缺口。计划科长按照商业银行公认的顺序提出弥补缺口的途径：自有资金→组织存款→系统内申请资金调拨→同业拆借→向资金市场借款→发行金融债券→再贴现→向中央银行借款。经分析，系统内申请资金调剂、同业拆借、向资金市场借款和向中央银行借款是弥补资金缺口的可行途径。

当天下午，计划科长按选定目标开始筹资。首先是向上级行申请调入资金，得到的答复是：由于其他分行欠缴应汇差资金，该收的资金未收到，目前没有能力进行资金调剂。次日上午，计划科又向本市略有结余资金的中国建设银行请求同业拆借，得到的答复是：几天后有数笔大额存款到期，目前结余资金不能动用。次日下午，计划科经办人员又从资金市场获悉，要求拆入的银行为数众多，有意向拆出者甚少，于是，从这一渠道获取资金的希望也落空；第三日上午，计划科经办人员带着最后的希望来到中央银行申请借款，在讲明是因为需要支付将被罚款的同业清算资金后，中央银行立即同意借款 800 万元，为期 5 日。在熬过这几天艰苦的日子后，A 分行的决策人员都觉得，在头寸调度时，依靠中央银行这条渠道是最为可靠的。

10 天之后，基层营业机构报来几家企业申请生产周转贷款 820 万元的计划，计划科立即着手安排资金。在本行可用资金不足的情况下，直接向中央银行申请借款 800 万元。但这次中央银行的答复是目前再贷款"窗口"对其关闭。

试分析：为什么仅隔 10 天，同样是 800 万元的贷款申请，遭遇却大相径庭；同时，现在又该采取哪些措施来解燃眉之急。

启发思考：

这是因为中央银行的再贷款"窗口"通常为商业银行提供两种产品：一是日拆性借款，二是季节性借款。日拆性借款期限较短，一般只有几天，资金来源主要是各家商业银行在中央银行的存款余额，借款也不会使流通中的货币量增加。季节性借款是中央银行为满足社会季节性的信用需求，向流通中提供的短期性货币借款，一般约几个月，资金来源主要是中央银行提供的基础货币，这种借款会引起流通中货币的数倍扩张，所以中央银行对其审查比较严格。

这一案例表明：第一，A 分行现金资产出现了紧张而使其正常的业务开展出现了困难，说明现金资产的重要性。第二，A 分行在资金调度的安排上必须符合规定，案例中 A 分行第一次申请的是日拆性借款，所以得到了满足。但第二次申请借款是为了投放生产周转贷款，而生产贷款属于季节性信用需求，若中央银行同意借款，就等于给流通中提供了新的基础货币，这与当时年底中央银行收缩信用规模的信贷政策不相符，所以遭到了拒绝。

第一节　现金资产概述

商业银行经营的对象是货币，其资金来源的性质和业务经营的特点决定了商业银行必须保持合理的流动性，以应付存款提取及贷款的需求。直接满足流动性需求的现金资产管理是商业银行资产管理最基本的组成部分。

一、现金资产的含义

现金资产是指商业银行持有的库存现金以及等同的可随时用于支付的银行资产。

现金资产是银行资产业务中最富流动性的部分，现金资产是维护商业银行支付能力的第一道防线。现金资产基本上是无收益的，因而银行在经营中总是力图在缴足准备金、确保银行流动性的前提下减少现金资产的持有。商业银行的现金资产包括准备金、同业存款和托收未达款。

问与答

问：银行能否把持有的资金全部投资出去以换取收益呢？什么是流动性？

答：不能。

（1）因为存款人有随时到银行提取存款或汇款而无须事先通知银行的权利，这种权利受法律保护。

（2）银行必须留有足够的现金，以满足存款人随时提取存款和汇款的需求。这是银行流动性的第一层含义；一家资金实力足够强的银行，当客户向银行方提出贷款申请，并符合银行的贷款申请标准时，银行能够随时向客户提供贷款，这是银行流动性的第二层含义。

二、商业银行的资产负债结构

对银行来讲，满足存款人和借款人的需求并不是一件容易的事情，因为他们总希望尽可能多地将手头的资金投资出去，而不是放在金库里。

从流动性角度考虑，银行应该尽可能多地持有现金资产，因为如果持有现金资产的数量过低，存款人无法提取存款或拖延了提款时间，会动摇客户对银行的信心，严重的会引发挤兑，造成银行倒闭。

但是，从盈利性角度考虑，现金资产是非盈利或微利的资产，持有量过多会导致银行资金成本增加，投资收益减少。因此，银行管理现金资产的原则是在满足央行管理要求（存款准备金制度）的情况下，应尽量减少现金资产的持有量。

表 3.1 是简化的商业银行资产负债表，观察该表可见，银行资产项目分为现金、贷款、证券投资和固定资产 4 个部分。表中所指的现金并不是通俗意义上的"实物现金"或钞票，而是特指银行所持有的现金资产，包括库存现金（钞票）、在中央银行的存款、在其他金融机构的存款和在途资金。银行可以随时动用现金资产满足客户提取存款和申请贷款的需求，现金资产是银行资产中最具流动性的资产。

表 3.1　简化的商业银行资产负债表结构　　　　　　　　　（单位：万元）

资　产	金　额	负　债	金　额
现金	5 500	存款	
库存现金	200	交易账户存款	10 000
在中央银行存款	1700	非交易账户存款	50 000
在其他金融机构存款	2 800	同业存款	
在途资金	800	借入款	6 000
贷款	27 000	其他负债	3 000
证券投资	37 500	负债合计	69 000
固定资产	5 000	权益资本	6 000
资产合计	75 000	负债及股东权益合计	75 000

三、商业银行现金资产的构成

现金资产是维护商业银行支付能力的第一道防线，也称为一级储备。从构成上来看，商业银行的现金资产主要包括以下三类。

（一）准备金

准备金是商业银行为满足日常提款要求和支付清算需要而保留的流动性最高的资产。它由商业银行的库存现金和存放在中央银行的准备金两部分组成，其中后者占主要部分。

1. 库存现金

库存现金即留存在商业银行金库中的现钞和硬币。其主要作用是应付客户提款和银行本身的日常开支。由于库存现金不带来收益，故库存现金数量要适度，其数量应随银行所在地区、客户习惯、季度以及银行本身工作效率的状况而确定。

2. 在中央银行的（存款）准备金

在中央银行的准备金是指商业银行为满足法定准备金要求和支付清算需要，必须在中央银行存入适当的存款。为了保证商业银行能满足日常的提款要求和支付清算需要，避免其陷入流动性危机，各国都实行法定准备金制度，要求银行根据法定存款准备金率（准备金与存款的比率）保持最低准备金。

除了法定准备金外，许多国家还规定，商业银行必须在中央银行开立普通存款账户，并经常存有一定的余额（即超额准备金），主要用来满足商业银行的日常支付和清算需要。

（二）存放同业（同业存款）

同业存款是由于银行同业间业务的往来需要而形成的，包括存放在国内商业银行、国内其他存款机构和国外银行的存款余额。这部分资金的占用，为的是维系同这些银行之间的业务往来关系，包括汇兑、兑换、借贷和委托代理等。

（三）托收现金（未达款）

托收未达款指已签发支票送交中央银行或其他银行但相关账户尚未贷记的部分。因为票据清算过程需要一定的时间，当商业银行收到客户交来的票据时，不能立即获得资金，只能记入资产负债表的托收未达款资产项目，待收到资金后，再把它转入准备金存款账户。商业银行现金资产的构成如图 3.1 所示。

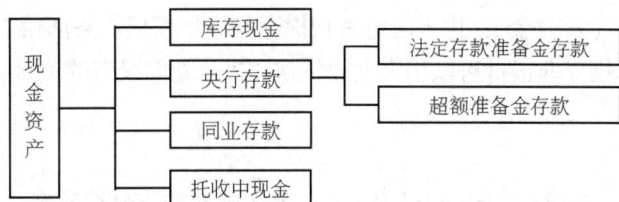

图 3.1　商业银行现金资产的构成

第二节　商业银行现金头寸的预测

银行头寸是一个专业术语，就是银行系统对可用资金的调度。也就是下级行在上级行开设账户的余额。同等的下级行之间的资金清算都是通过在上级行的存款准备金账户进行结算的，不同行之间的资金清算都是通过各个总行在中国人民银行开立的存款准备金账户进行结算的（一般把这个账户称为央行准备金账户）。

例如，A 行和 B 行，在央行的存款准备金都是 1000 万元。现在 A 行的一客户要给 B 行的一客户转账 1500 万元，一般都是通过人行的大额支付系统。这时 A 行在人行的存款准备金账户（也就是人行头寸）只有 1000 万元，少了 500 万元。那么就出现大额清算窗口了，这笔业务在人行那边因为头寸不足，只能是排队状态。A 行如果补足 500 万元，那么就能转账成功了。

所以，银行头寸管理非常关键。大多数银行总行对每个支行头寸管理都有自己的一套管理方案或者管理系统，如果管理不当，经常会出现人行头寸不足，导致客户资金无法转账，这种状况在人行是要受到处罚的。

一、资金头寸及其构成

商业银行现金头寸可分为基础头寸和可用头寸。

1. 基础头寸

基础头寸是指商业银行的库存现金与在中央银行的超额准备金之和。基础头寸中，库存现金和超额准备金是可以相互转化的，商业银行从其在中央银行的存款准备金中提取现金，就增加库存现金，同时减少超额准备金；相反，商业银行将库存现金存入中央银行准备金账户，就会减少库存现金而增加超额准备金。但在经营管理中这两者的运动状态又有所不同：库存现金是为客户提现保持的备付金，它将在银行与客户之间流通；而在中央银行的超额准备金是为有往来的金融机构保持的清算资金，它将在金融机构之间流通。此外，这两者运用的成本、安全性也不一样。

2. 可用头寸

可用头寸是指商业银行可以动用的全部资金，它包括基础头寸和银行存放同业的存款。法定存款准备金的减少和其他现金资产的增加，表明可用头寸增加；相反，法定存款准备金增加和其他现金资产的减少则意味着可用头寸减少。银行的可用头寸实际上包括以下两方面的内容。

（1）支付准备金（备付金）：用于应付客户提存和满足债权债务清偿需要的头寸。

（2）可贷头寸：指商业银行可以用来发放贷款和进行新的投资的资金，它是形成银行盈利资产的基础。

其计算公式为：

$$可贷头寸=全部可用头寸-规定限额的支付准备金$$

$$可用头寸=基础头寸+存放同业存款$$

图 3.2 所示为商业银行资金头寸示意图。

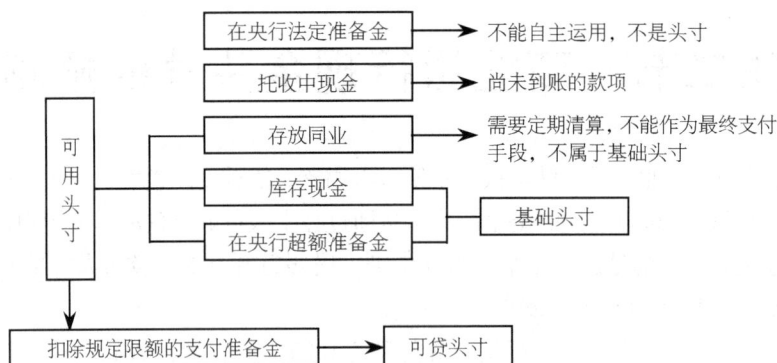

图 3.2　商业银行资金头寸示意图

二、资金头寸的预测

商业银行现金资产管理的核心任务是保证银行经营过程中的适度流动性，也就是说，银行一方面要保证其现金资产能够满足正常的和非正常的现金支出需要，另一方面又要追求利润的最大化。为此，需要银行管理者准确地计算和预测资金头寸，为流动性管理提供依据。对银行资金头寸的预测，事实上就是对银行流动性需要量的预测。流动性风险管理是银行每天都要进行的日常管理。而积极的流动性风险管理首先要求银行准确地预测未来一定时期内的资金头寸需要量或流动性需要量。

引起资金头寸变动的因素有很多，具体如表 3.2 所示。其中，主要的是预测存贷款的变化趋势。

表 3.2　引起资金头寸变动的因素

资金来源（增加头寸）	资金运用（减少头寸）
贷款利息和本金	新发放的贷款
变现债券和到期债券	购买债券
存款增加	存款减少
其他负债增加	其他负债减少
发行新股	收购股份

在影响商业银行流动性变化的众多业务中，存贷款业务的变化是影响银行流动性的主要因素。银行资金头寸或流动性准备的变化，归根结底取决于银行存贷款资金运动的变化。任何存款的支出和贷款的增加，都会减少银行的资金头寸；反之，存款的增加和贷款的减少则会增加银行的资金头寸。

（一）存款变动预测

在存款的变化趋势预测中，由于存款是商业银行的被动负债，存款变化的主动权更多地掌握在客户的手中，因此商业银行无法直接控制存款的变化数量和趋势。但是可以摸索存款变化的规律。通常可将存款按其变化规律分为两类：第一类是稳定性存款，第二类是易变性存款。

1. 稳定性存款

稳定性存款（stable deposit）指商业银行在一定时期内不会被提取的存款。稳定性存款是商业银行可以长期利用的资金，银行不必为应付存款人的随时提取而保持充足的存款周转金。如到期不能自动转存的定期存款和金融债券，这类存款因为有契约，所以无须预测稳定性。

2. 易变性存款

易变性存款（volatile deposit）是"稳定性存款"的对称，指商业银行在 1 年内随时可能被提走的存款。这类存款随时可能提取或有可能提取，如活期存款、定活两便存款、零存整取存款，以及到期可以自动转存的存款等。它是存款预测的对象。

对于易变性存款，商业银行必须保持充足的存款周转金，以应付存款人的提取。易变性存款包括季节性存款和脆弱性存款两部分。

（1）季节性存款。提款次数和金额受生产周期或季节性因素的影响，存款数额呈现规则起伏。

（2）脆弱性存款。在一般的情况下不致被提取，但易受特殊原因或为应付难以预测的经营往来，而存在随时被提取的可能。

把存款的最低点连接起来，就形成了核心存款线，核心存款线以上的曲线为易变性存款线或称季节性存款曲线，这部分存款容易被提取，从而引起现金需求上升。

银行存款的流动性需求通过易变性存款线来反映。虽然这一曲线只是大致反映存款的变化，但可以为存款周转金的需要量决策提供重要的依据。图 3.3 中所示为存款变化趋势。

（二）贷款变动预测

贷款需求变化和存款需求变化有所不同，商业银行只有在可用头寸供给有保证的情况下，才有可能去满足新增贷款的需求，如果没有相应的可用头寸供给，商业银行则可以延缓或拒绝贷款要求。因此，贷款需求的变化，完全可以由商业银行自身主动地加以调控。

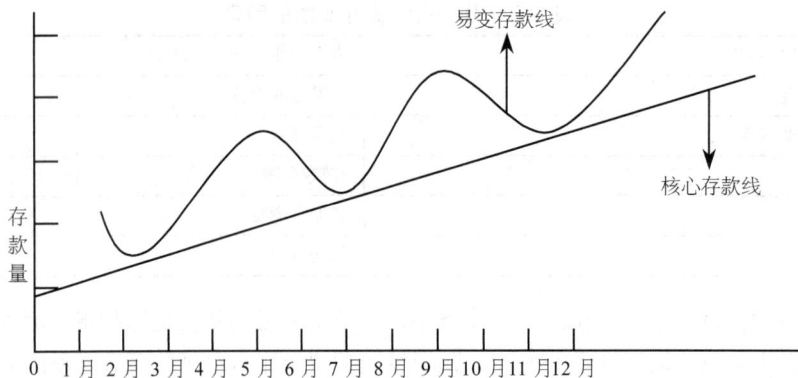

图 3.3　存款变化趋势

但是，贷款发放后，即使有贷款合同约束，贷款也不一定能够如期如数归还，这更多地取决于客户有无还款能力和还款意愿，贷款本息一经拖欠，就会影响银行的资金头寸。所以，从某种程度上讲，贷款对于商业银行来讲也是被动的，商业银行也必须对贷款的变化作出预测。

图 3.4 中贷款的趋势由贷款需求的最高点连接而成，它表示商业银行贷款需要量的变化趋势。而波动线则在趋势线以下，表示不同点上贷款需要量的变化幅度和期限。在一定时期内低于上线的贷款数，是商业银行为满足季节性和周期性变化需要而应持有的可贷头寸。

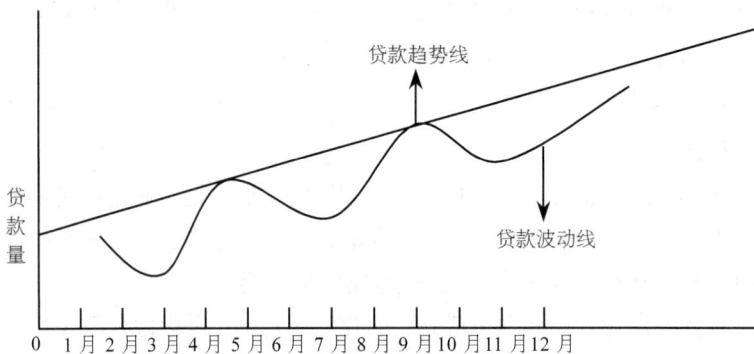

图 3.4　贷款变化趋势

（三）商业银行的综合预测

除去以上分别对存款和贷款的变化趋势进行的预测之外，商业银行还应当综合存款和贷款的变化，进行综合预测。

1. 根据贷款增量和存款增量预测

在一定时期，某一商业银行所需要的资金头寸量，是贷款增量和存款增量之差，可用公式表示为：

资金头寸需要量=预计的货款增量+应缴存款准备金增量—预计的存款增量

（1）如果计算的结果为正数，表明银行的贷款规模呈上升趋势，银行需要补充资金头寸；若存款供给量不能相应增加，就需要从其他渠道借款筹资。

（2）如果计算的结果为负数，表明银行的贷款规模呈下降趋势，表明银行还有剩余的资金头寸，可通过其他渠道把富余的头寸转化为盈利性资产。

2. 根据资金来源和运用的变化趋势预测

商业银行在进行中长期头寸预测时，除主要考虑存贷款的变化趋势外，还应考虑其他资金来源和运用的变化趋势，只有这样，才能使头寸预测更加全面和准确。预测的公式为：

时期资金头寸量=时点的可贷头寸+存款增量+各种应收债权+新增借入资金−贷款增量−法定准备金增量−各种应付债务+内部资金来源与运用差额

（1）测算结果如果是正数，表明预测期末头寸剩余，在时点可贷头寸为正的情况下，可增加对盈利性资产的投放额度。

（2）若时点可贷头寸为零或负数，则表明预测期期末资金匮乏，即使时点可贷头寸为正，也不可过多安排期限较长的资金投放。

〰️ 案例 3.1 〰️

表 3.3 是某银行资金头寸需要量的预测表。银行根据国民经济发展的有关信息，估计未来 1 年中每个月的存贷款变化情况和应缴准备金变化情况。根据表 3.3 预测每个月的头寸（流动性）需要，并分析针对头寸预测表中测算的未来银行资金头寸余缺状况，银行管理者应当如何处理。

表 3.3　某银行资金头寸需要量预测　　　　　　　　（单位：百万元）

月份	存款总额	存款的变化	所需准备金的变化	贷款总额	贷款的变化	头寸剩余（+）或不足（−）
12	593			351		
1	587	−6.0	−0.42	356	+5.0	−10.58
2	589	+2.0	+0.14	359	+3.0	−1.14
3	586	−3.0	−0.21	356	−3.0	+0.21
4	591	+5.0	+0.35	365	+9.0	−4.35
5	606	+15.0	+1.05	357	−8.0	+21.95
6	620	+14.0	+0.98	345	−12.0	+25.02
7	615	−5.0	−0.35	330	−15.0	+10.35
8	616	+1.0	+0.07	341	+11.0	−10.07
9	655	+39.0	+2.73	341	+0.0	+36.27
10	635	−20.0	−1.4	361	+20.0	−38.6
11	638	+3.0	+0.21	375	+14.0	−11.21
12	643	−5.0	−0.35	386	+11.0	−6.35

注：表中的存款准备金率是按 7% 计算的。

启发思考：

从表 3.3 中可知，该银行在 1 月预计存款要下降，而贷款要上升，这一个月银行会出现现金支出大于现金收入，即出现流动性缺口 1058 万元。而在 5 月、6 月、7 月贷款下降较多，使得这几个月出现了较大金额的剩余头寸。从 10 月开始，银行贷款的现金支出又大量增加，出现支出大于收入的情况，头寸又出现不足，流动性缺口分别达 3860 万元、1121 万元和 635 万元。

银行管理者应当采取措施，积极地调度头寸。当头寸过剩时，应设法将资金运用出去；而当头寸不足时，应从金融市场上筹措新的资金来满足流动性的需要。

商业银行资金头寸或流动性准备的变化，归根结底取决于银行存贷款资金运动的变化。因此，商业银行对头寸的预测，主要是预测存款增减数量和幅度，以正确判断未来头寸的余缺情况，进而采取相应的措施进行头寸调度。

第三节　商业银行现金资产的管理

商业银行必须正确计算和预测现金头寸，为其流动性管理提供可靠依据。在遵从总量适度原则、适时调节原则和安全保障原则的前提下，对库存现金、在中央银行的存款、存放同业的存款和在途资金分别进行管理。

一、现金资产管理的意义

银行的库存现金越多、流动性越强，则盈利性越差。要保证在必要流动性的前提下实现更多的盈利，就需将库存现金压缩到最低限度。为此，银行必须在分析影响库存现金数量变动的各种因素的情况下，准确测算库存现金的需要量，及时调节存量，并加强各项管理措施，确保库存现金的安全。

（1）存款准备金管理制度是中央银行调节社会信用规模、控制银行贷款规模的重要手段。准备金本来是为了保证支付的，但它却带来了一个意想不到的"副产品"，就是赋予了央行创造货币的职能，可以影响金融机构的信贷扩张能力，从而间接调控货币供应量。这现已成为中央银行货币政策的重要工具，是传统的三大货币政策工具之一。如果商业银行押金交的比以前多了，那么银行可以用于自己往外贷款的资金就减少了。

从整个国家的范围看，所有商业银行吸收的存款规模庞大，总额常常以万亿计。在这样的基数下，法定存款准备金率每个百分点的变动都会引起法定准备金成百上千亿元的变动。

（2）超额准备金是商业银行在中央银行存款账户上超过法定存款准备金的那部分存款，是商业银行最重要的可用头寸，是用来进行贷款、投资、清偿债务和提取业务周转金的准备资产。对超额准备金的管理重点，就是要在准确测算其需要量的前提下，适当控制其规模，以尽量减少持有超额准备金的机会成本，增加银行的盈利收入。

（3）商业银行对同业存款的管理，要准确地预测其需要量，使之能保持一个适度的量。因为同业存款过多，会使银行付出一定的机会成本；而同业存款过少，又会影响委托他行代理业务的展开，甚至影响本行在同业之间的信誉等。

（4）商业银行对（未达款）的管理。

托收现金也称在途资金，是指商业银行通过对方银行向外地付款单位或个人收取的票据。在途资金在收妥之前，是一笔占用的资金，又由于通常在途时间较短，收妥后即成为存放同业存款，所以将其视同现金资产。

二、现金资产管理的原则

银行现金资产管理的任务，就是要在保证经营过程中流动性需要的前提下，将持有现金资产的机会成本降到最低程度，作为银行经营安全性和盈利性的杠杆，服务于银行整体经营状况最优化的目标。

（1）现金资产管理的总量适度原则是指银行现金资产的总量必须保持在一个适当的规模上。这个适当的规模是指由银行现金资产的功能和特点决定的在保证银行经营过程的流动性需要的前提下，银行为保持现金资产所付出的机会成本最低时的现金资产数量。总量适度原则是商业银行现金资产管理的最重要的原则。

（2）现金资产的适时调节原则是指银行要根据业务过程中的现金流量变化，及时地调节资金短缺头寸，确保现金资产的规模适度。

（3）安全保障原则是指银行在现金资产特别是库存现金的管理中，必须健全安全保卫制度，严格业务操作规程，确保资金的安全无损。

问与答

问： 商业银行现金资产主要分布在哪里？

答： 商业银行现金资产主要由其在中央银行和同业银行的存款及库存现金构成。其中，库存现金是商业银行业务经营过程中必要的支付周转金，它分布于银行的各个营业网点。

三、现金资产管理的方法

商业银行在遵从总量适度原则、适时调节原则和安全保障原则的前提下，对在中央银行的存款、库存现金、存放同业的存款和在途资金分别进行管理。

（一）存款准备金的管理

商业银行在中央银行开立存款账户，并在账户中保持足够的余额是为了满足央行法定存款准备金制度和日常结算资金清算的双重需要。早期的法定存款准备金账户是独立管理的，现在我国商业银行，法定存款准备金账户和超额存款准备金账户合并，同业拆借、回购协议、再贷款等也通过这个账户实现。商业银行从中央银行账户中提取现金和缴存现金也通过这个账户进行。

1．法定存款准备金的缴纳

商业银行法定存款准备金管理体系要求所有商业银行必须按央行公布的法定存款准备金率足额缴纳法定存款准备金。商业银行对中央银行的法定存款准备金要求必须无条件服从。因此对法定存款准备金的管理，主要是准确计算其需要量和及时上缴应缴纳的准备金。

问与答

问： 如果存款准备金率为7%，金融机构每吸收100万元存款，要向央行缴存多少存款准备金？可发放贷款多少？如果将存款准备金率提高到7.5%，那么金融机构的可贷资金是多少？

答： 金融机构要向央行缴存7万元的存款准备金，可以用于发放贷款的资金为为93万元。如果将存款准备金率提高到7.5%，那么金融机构的可贷资金为92.5万元。

新闻摘要

中国人民银行下调存款类金融机构人民币存款准备金率

自2012年5月18日起，中国人民银行下调存款类金融机构人民币存款准备金率0.5个百分点。其中，大型金融机构存款准备金率由20.50%降至20.00%，中小金融机构存款准备金率由17.00%降至16.50%。这是继当年2月24日大型金融机构存款准备金率由21.00%降至20.50%，中小金融机构存款准备金率由中小金融机构 17.50% 降至 17.00% 之后的第二次调整。表 3.4 为我国央行近 10 年调整准备金率一览表。

表 3.4　我国人民币法定存款准备金率历次调整一览表

次　　数	调整时间	存　　款	贷　　款
9	2015.06.27	降 0.25%	降 0.25%
8	2015.05.10	降 0.25%	降 0.25%
7	2015.02.28	降 0.25%	降 0.4%
6	2014.11.22	降 0.25%	降 0.25%
5	2012.07.06	降 0.25%	降 0.25%
4	2012.06.08	降 0.25%	降 0.25%
3	2011.07.06	升 0.25%	升 0.25%
2	2011.04.05	升 0.25%	升 0.25%
1	2011.02.09	升 0.25%	升 0.25%

2. 存款准备金的计算

（1）超额存款准备金的计算

超额存款准备金是商业银行在中央银行存款账户中可以动用的部分，也被称为备付金。这部分资金用于支票结算、存款提取、债券兑付、汇兑和其他往来所引起的银行间资金清算。

问与答

问：如果央行规定交易账户法定存款准备金率为 10%，非交易账户存款准备金率为 1%，根据表 3.5 中所示的数据，计算 A 银行超额存款准备金数额和应缴纳的法定存款准备金数额。

答：交易账户的存款余额为 10 000 万元，应缴法定存款准备金 1000 万元（10 000×10%）。

非交易账户存款余额为 50 000 万元，应缴法定存款准备金 500 万元（50 000×1%）。

银行应上缴的法定存款准备金是 1500 万元（10 00＋500）。表 3.5 中 A 商业银行在中央银行存款是 1700 万元，那么该银行的超额存款准备金数额是 200 万元（1700－1 500）。

表 3.5　A 商业银行资产负债简表　　　　（单位：万元）

资　　产	金　　额	负　　债	金　　额
现金		存款	
库存现金		交易账户存款	10 000
在中央银行存款	1700	非交易账户存款	50 000
在其他金融机构存款			
在途资金			

（2）法定存款准备金的计算

法定存款准备金的计算公式为：

商业银行上缴法定存款准备金数量=商业银行基础存款×央行规定的存款准备金率

商业银行基础存款的计量方法是银行计算法定存款准备金的基础。世界各国金融管理当局对基础存款和存款准备金率有不同的规定。典型的国家是美国，对不同的存款种类（如交易账户存款、非交易账户存款）规定了不同的存款准备金率。中国采取较简单的基础存款计算方法，所有类别存款采用一个存款准备金率。通过下面的例子，可以对此有进一步了解。

问与答

问：根据表 3.6 的内容分析 A 商业银行应如何操作。

表 3.6　A 商业银行资产负债简表　　　　　　　　　　（单位：万元）

资　　产	金　　额	负　　债	金　　额
现金		存款	
库存现金		交易账户存款	10 000
在中央银行存款	700	非交易账户存款	50 000
在其他金融机构存款			
在途资金			

答：由于存款流出，A 银行在中央银行的存款准备金余额减少到 700 万元，低于表 3.5 中计算的法定存款准备金为 1500 万元的数额。而央行存款准备金是每旬一调整，该银行需要立即向央行的存款专户中补存一定数量（800 万元）的存款，才能达到央行规定的要求，否则会受到央行的处罚。

应缴法定存款准备金合计：10 00+500＝1 500（万元）

央行存款专户现有存款准备金：1700—1000＝700（万元）

应补缴法定存款准备金：1500—700＝800（万元）

假设某日 A 银行的客户向其他银行转账支付 1 000 万元，支票转账资金通过央行清算系统划转到其他银行。

由于存款客户提取存款和贷款客户动用贷款的行为有很大随机性，银行对存款准备金账户中存款数量的测算是非常困难的。目前，银行采取大额存款提取"预约制度"，要求客户有提取大额存款或支付计划时，必须提前一天通知银行，以便商业银行提前做好各项资金安排。

（二）保持同业存款的管理

1. 保持同业存款的目的

除了库存现金和在中央银行的存款外，大多数商业银行还在其他金融机构保持一定数量的活期存款，即同业存款。那些较大的银行一般都是双重角色：一方面它作为其他银行的代理行而接受其他银行的存放同业款；另一方面，它又是被代理行，将一部分资金以活期存款形式存放在代理行。这就形成了银行之间的代理业务。银行之间开展代理业务，需要花费一定的成本，商业银行在其代理行保持一定数量的活期存款，主要目的就是为了支付代理行代办业务的手续费。

2. 同业存款需要量的测算

商业银行在同业的存款余额需要量，主要取决于以下几个因素：① 使用代理行的服务数量和项目。如果使用代理行服务的数量和项目较多，同业存款的需要量也较多；反之，如果使用代理行服务的数量和项目较少，同业存款的需要量也就较少。② 代理行的收费标准。收费标准越高，同业存款的需要量就越大。③ 可投资余额的收益率。如果同业存款中可投资余额的收益率较高，同业存款的需要量就少一些；否则，同业存款的需要量就多一些。

（三）库存现金的管理

库存现金集中反映了银行经营的资产流动性和盈利性状况。库存现金越多，流动性越强，盈利性就越差。为了保证在必要的流动性前提下，实现更多的盈利，就需要把库存现金压缩到最低程度。为此，银行必须在分析影响库存现金数量变动的各种因素的情况下，准确测算库存现金的需要量，及时调节库存现金的存量。同时，应加强各项管理措施，确保库存现金的安全。当然，如果商业银行金库中的库存现金过多，可以转存到中央银行或同业其他金融机构。

1. 库存现金的测算方法

银行在金库中保持多少数量的现金资产是适度的呢？不同的银行由于所处地域不同、客户群体不同、业务季节不同，客户提取现金的需要量都会有所不同。商业银行可以通过历史数据预测客户的习惯，预测现金持有量，从而在满足流动性要求的同时满足盈利性的要求。

商业银行测算库存现金持有量基于如下三个方面的信息：① 历史同期库存现金规模；② 季节性变化规律；③ 银行业务的发展速度。举例来说，储蓄业务的现金收支一般具有以下规律：一是在营业过程中，客户取款的概率在正常情况下基本相等；二是在多数情况下，上午客户取款的平均数一般大于下午；三是在一般情况下，每个月出现现金净收入和净支出的日期基本固定不变。解决压低库存现金的技术性问题，要在压缩现金库存所需增加的成本和所能提高的效益之间进行最优选择。

商业银行通过科学预测现金库存需求量，制订库存现金指标，并与管理人员的业绩挂钩，从而达到降低现金数量目标。一个好的现金管理制度在约束金库管理员行为、规范操作，有效降低库存现金量方面的作用非常明显。

2. 制定管理制度

从经营的角度讲，银行的库存现金显然是最为安全的资产。但事实上，库存现金也有其特有的风险。这种风险主要来自被盗和自然灾害的损失，同时也来自业务人员清点的差错，还可能来自银行内部不法分子的贪污。因此，银行在加强库存现金适度性管理的同时，还应当严格库房的安全管理，在现金清点、包装、入库、安全保卫、出库等环节，采取严密的责任制度等，确保库房现金不受损失。

现金管理风险是商业银行最主要的经营管理风险，属于操作风险。银行防范风险的主要措施包括：① 双人管理制度。商业银行所有现金操作必须由两人以上协作完成。② 网点安全防范体系。现金存放地配备保安人员，现金操作环境配备防抢、防盗设备，连接公安部门报警系统，等等。③ 交接制度。为了防止现金在交接环节中出现问题，银行制定了严格的进出库制度、库款交接制度。④ 查库制度。银行金库每日早晨出库，晚上进库，进出的库箱多则数十个，少则十几个。为了保证现金数量的准确性，银行应采取突击、随机查库制度。库房管理主任、更高一级的管理人员会不定期突击检查库房，核实库房登记与现金实物的数量。⑤ 运钞制度。在公众场合，银行的运钞车常常成为犯罪分子袭击的对象。运钞车需要经常更换路线，并配备有足够防范能力的警卫。

3. 提高管理水平

要切实管好库存现金，使库存现金规模经常保持在一个适度的规模上，还需要银行内部加强管理，提高管理水平。同时，应将库存现金状况与有关人员的经济利益挂钩，还应实现现金出纳业务的规范化操作。

（四）在途货币资金的管理

在途货币资金是指企业与所属单位或上下级之间汇解款项，在月终尚未到达，处于在途的资金。比如 A 公司 12 月 31 日，给 B 公司汇款 100 万元，A 公司已将付款申请提交银行，而由于银行交换票据需要时间，这笔款在 12 月 31 日并未到达 B 公司，这就属于在途资金。

1. 在途货币资金假账形态

在途货币资金假账形态主要表现为情况不真实、不合理。表现为了虚列销售收入，虚增在途资金或收到存款或收到在途货币资金不作转账处理，挪作他用或者贪污。

2. 在途货币资金的审查

（1）确定在途货币资金的真实性。一般审查汇出单位的汇款通知书，确定是否确实存在这笔款项，金额是否正确等。

（2）审查在途货币资金到达后，是否及时入账，有无长期不入账而挪作他用的情况。

补充阅读

XX 银行资金头寸管理办法

1. 目的

本文件规定了 XX 银行（以下简称"本行"）资金头寸管理的原则、基本规定和管理办法，旨在完善本行资金头寸约束机制，确保资金头寸管理的有效性，保证支付，防范风险，提高资金效益。

2. 适用范围

适用于本行人民币资金头寸管理工作。

3. 定义

资金头寸是指本行在人民银行、省联社及其他商业银行或金融机构开立的账户中可随时动用的资金余额。

4. 职责与权限

详见表 3.7。

表 3.7　银行各部门的职责与权限

部门/岗位	职责与权限	不相容职责
会计结算部	（1）负责本行现金头寸管理； （2）负责资金头寸管理的预测、匡算、调度和监控； （3）负责备付金的管理	
支行/各部门	负责协助、配合做好资金头寸管理工作	

5. 原则与基本规定

（1）原则

资金头寸管理的原则是：统一调度、头寸集中、分级管理、分工负责。

① 统一调度：指本行资金管理部门负责全行资金的统一调度、筹集和运作。

② 头寸集中：指各营业机构在保留满足正常业务所需的头寸后，应将富余头寸及时集中到总行；资金头寸主要集中在人民银行及省联社账户，防止头寸分散。

③ 分级管理：指总行负责全行资金头寸管理及监控；各支行、部负责辖内资金头寸管理。

④ 分工负责：指总行计划财务部、资金业务部、业务管理部、公司个人业务部、会计结算部和内部审计部等部门及各支行应根据本单位的工作职能以及本办法的有关规定，各负其责，相互配合与协作，在防范资金风险基础上，提高资金效益。

（2）基本规定

① 确保支付、防范风险、提高资金效益。

a. 确保支付是指总行、支行（部）要保证正常支付能力，保持合理备付头寸，防止账户透支。

b. 防范风险是指资金管理部门要加强资金流动情况的监管，发现异常资金流动要及时向领导及上级部门报告。

c. 提高效益是指在保证支付能力的前提下，尽可能降低无息和低息资金头寸，对资金头寸进行灵活调度，提高资金效益。

② 资金管理人员应具备以下条件：

a. 从事会计或财务管理工作两年以上；

b. 熟练掌握资金头寸管理的各项业务；

c. 坚持原则，严格执行本行资金头寸管理的各项规章制度。

6. 管理要求

详见表3.8。

表 3.8　管理要求

阶段	管理办法/管理规定	风险提示
1. 分工管理	（1）会计结算部 ① 负责现金调拨管理，合理控制现金投放并做好资金回笼工作，并结合现金需求变化规律做好现金计划与分析； ② 负责总行与人民银行、省联社和其他商业银行之间的资金清算，包括存款准备金账户和结算账户的开立、使用、管理和撤销； ③ 负责其他头寸管理和协调工作。 （2）业务管理部 ① 负责拟定组织存款计划，落实组织存款措施，并对各项存款资金进行增减预测及分析，在存款出现异常变动时也要提供相应的存款变动情况说明，分析原因和制订应变措施。 ② 负责拟定贷款投放计划，落实贷款投放计划的执行，并对各项存款资金进行增减预测及分析。 ③ 资金营运部 负责全行资金市场交易，根据国内资金市场情况，结合本行资金状况，利用金融市场工具，筹集或运用资金	
2. 头寸管理	头寸管理包括头寸预测、头寸匡算、头寸调度和头寸监控等内容。 （1）头寸预测 ① 各支行（部）、资金营运部、业务管理部、公司业务部、个人业务部等部门应对资金头寸进行预测。上述单位主要负责人是头寸预测的第一责任人，并应指定专（兼职）人负责同会 计结算部的联系协调。 ② 头寸预测分为每周、每日预测。预测的头寸达到上报标准应及时上报金融市场部。 每周预测：各预测单位应对下一周各类资金变化情况进行分析，于每周五下午4点以前上报会计结算部。 每周上报标准：人民币单笔在300万元以上（含），累计金额500万元以上（含）。 每日预测：各预测单位应对当日的资金变动情况进行分析，于当日上午9点以前上报会计结算部。 每日上报标准：人民币单笔在100万元以上（含），累计金额200万元以上（含）。 ③ 会计结算部根据各预测单位的上报头寸及本部门资金运营安排预测下周（或次日）全行头寸。 （2）头寸匡算 ① 匡算近期资金头寸变动	

阶段	管理办法/管理规定	风险提示
2. 头寸管理	每日日初计算初始头寸。营业日初始可用资金头寸=（备付金初始余额−备付金限额）+（库存现金初始余额）−（库存现金限额） 在掌握营业日初始可用头寸的基础上，匡算当日营业活动中能够增加或减少的可用资金。应考虑的因素主要有现金收付、存款变动、贷款变动、银行间债券投资及买卖、银行间债券回购融资、银行间信用拆借、系统外票据转贴现、金融机构同业存款等。 ② 匡算远期资金变动 一般是以一个季度、半年或一年为预测期，或者是以历史上资金需求高峰或低谷期为预测期。 会计结算部资金头寸管理人员应根据每个营业日初始可用资金头寸、每日上午 9 点得到的资金流入流出预报数据以及后期全行资金流入流出数据，匡算资金头寸并决定融入融出金额和期限。 （3）头寸调度 本行系统外头寸调度统一由会计结算部办理。本行根据资金余缺情况及时对当日头寸做出安排，灵活调入或调出资金，保持合理备付，既要防止账户透支风险，又要防止资金头寸积压，降低效益。 本行应考虑资金余缺的变化情况、监管当局的有关规定、利率因素、风险因素等选择合理的资金调度期限。 （4）头寸监控 会计结算部应对本行头寸进行实时监控，关注资金实时变化情况。对于资金实时情况同原头寸调剂安排相差较大的，应对调剂做出适当调整。 每日日终会计结算部应确保人民币在人行清算行头寸不透支，发现资金头寸异常情况应及时向行领导汇报	
3. 备付金管理	备付金管理遵循流动性管理为主、流动性与效益性相结合的原则。 （1）流动性管理为主：指保持合理的备付水平，保证全行资金支付，是本行资金管理工作的首要任务。各支行（营业部）要加强对资金的分析预测，做好资金的长期计划和短期安排，达到资金来源与运用在总量与结构上的平衡，要加强头寸变动情况的跟踪监测，掌握不同阶段影响头寸的主要因素，尤其是不同客户的大额进出款情况，及时向总行会计结算部预报。 总行会计结算部要统筹全行头寸管理和协调工作，做好资金调剂工作。 （2）流动性和效益性相结合：全行超额备付率不低于 5%（含），在确保支付能力的前提下，尽量减少无息和低息资金占用，灵活运用资金，提高资金使用效益	
4. 应急处理	当连续三个工作日出现市场融资困难、存款资金大量外流等情况时，全行即进入流动性管理应急程序。进入头寸管理应急程序后，总行成立由分管行长任领导，会计结算部、计划财务部、资金营运部、业务管理部、公司业务部、个人业务部等部门参加的应急流动性管理委员会，对风险状况进行综合分析，制订相应的处理措施。应急处理措施可采取以下方案： （1）进一步加强大额资金头寸预报管理； （2）加大吸引存款力度； （3）出售票据、债券； （4）控制贷款发放，加大清收力度，直至压缩贷款； （5）加强市场融资，尽可能多地争取同业授信； （6）加强人行再贷款支持； （7）申请动用准备金	

7. 检查监督

详见表 3.9。

表 3.9 检查监督

牵头检查部门	检查内容	检查频次	报告路线	检查结果利用
内部审计部门	资金头寸管理的合规性和有效性。	每季 1 次	董事会、监事会、审计委员	考核、评价、问责

本章小结

　　商业银行资金来源的性质和业务经营的特点决定了商业银行必须保持合理的流动性，以应付存款提取及贷款的需求。现金资产是银行资产业务中最富流动性的部分，因而被称为一级准备。商业银行的现金资产从构成上来看，主要包括准备金、存放同业和托收现金。

　　商业银行现金头寸可分为基础头寸和可用头寸。基础头寸是商业银行的库存现金与在中央银行的超额准备金之和；可用头寸是商业银行可以动用的全部资金，它包括基础头寸和银行存放同业的存款。

　　商业银行一方面要保证其现金资产能够满足正常的和非正常的现金支出需要，另一方面又要追求利润的最大化。为此，需要银行管理者准确地计算和预测资金头寸，为流动性管理提供依据。对银行资金头寸的预测，事实上就是对银行流动性需要量的预测。流动性风险管理是银行每天都要进行的日常管理。而积极的流动性风险管理首先要求银行准确地预测未来一定时期内的资金头寸需要量或流动性需要量。

第四章　商业银行资产业务（一）

——贷款业务

【学习目标】

了解授信业务的组织架构；了解授信担保的定义和分类；熟悉信贷部门岗位职责与贷款流程；掌握贷款受理条件和贷款合同的签订；掌握担保贷款合同的内容以及贷款合同的签订；熟悉保证贷款、抵押贷款和质押贷款的内容及操作要点。

引　例

2015 年我国商业银行总资产首次突破 150 万亿

2016 年 1 月 25 日，银监会发布的统计数据显示，截至 2015 年 12 月末，我国银行业金融机构总资产为 194.17 万亿元，同比增长 15.5%；总负债为 179.05 万亿元，同比增长 14.8%。

截至 2015 年底，我国商业银行总资产突破 150 万亿元，达 150.94 万亿元，比上年增长 15.4%，占银行业金融机构比例 77.7%。

具体来看，大型商业银行总资产为 73.67 万亿元，在银行业金融机构占比 37.9%，同比下降 2.1 个百分点；股份制商业银行总资产为 36.59 万亿元，占比 18.8%，同比上升 0.3 个百分点；城市商业银行总资产为 22.68 万亿元，占比 11.7%，同比上升 0.9 个百分点；农村金融机构总资产为 25.66 万亿元，占比 13.2%，与上年持平；其他类金融机构总资产为 35.57 万亿元，占比 18.3%，同比上升 0.7个百分点。

启发思考：

（1）中国银行业面临的重大挑战有哪些？

（2）商业银行在国民经济中的地位如何？

（3）商业银行的经营环境如何？

答：

通过对该新闻的分析，大体上可以得到如下结论：

（1）总资产为 194.17 万亿元，同比增长 15.5%；总负债为 179.05 万亿元，同比增长 14.8%。说明中国银行业面临的净息差不断收窄，规模扩张的传统经营模式将难以为继。加强资产负债管理，控制风险、实现收益最大化，是中国银行业面临的重大挑战。

（2）我国商业银行总资产突破 150 万亿元，达 150.94 万亿元，比上年增长 15.4%，占银行业金融机构比例 77.7%。说明商业银行依然是国民经济发展融资的主渠道。

（3）大型商业银行总资产为 73.67 万亿元，在银行业金融机构占比 37.9%，同比下降 2.1 个百分点；

股份制商业银行总资产为 36.59 万亿元，占比 18.8%，同比上升 0.3 个百分点；城市商业银行总资产为 22.68 万亿元，占比 11.7%，同比上升 0.9 个百分点；农村金融机构总资产为 25.66 万亿元，占比 13.2%，与上年持平；其他类金融机构总资产为 35.57 万亿元，占比 18.3%，同比上升 0.7 个百分点。说明金融机构的多元化使得商业银行的竞争更趋激烈，民营银行的繁荣态势可期，大型商业银行赚"容易钱"的时代已经一去不返。

无论是传统银行还是现代银行，贷款作为商业银行主要业务的地位始终没有变化。随着经济的发展、科技的不断更新及社会的不断进步，贷款产品与日俱增，为规范商业银行的贷款业务，建立健全贷款管理秩序，维护借贷双方合法权益，商业银行要遵循既定的程序制度，规范贷款合同，明确贷款方式。

第一节　信贷业务部门岗位职责与贷款流程

为实现商业银行组织机构正常运行，达到其管理目标，必须规定岗位工作任务和责任范围。信贷业务岗位职责是规范员工职务行为、实现专业分工和协作、保障商业银行信贷业务高效运行的直接要素。

案例 4.1

十分钟的悲剧

2008 年 9 月 15 日上午 10 时，拥有 158 年历史的美国第四大投资银行——雷曼兄弟公司向法院申请破产保护，消息瞬间通过电视、广播和网络传遍地球的各个角落。令人匪夷所思的是，在如此明朗的情况下，德国国家发展银行 10 点 10 时居然按照外汇掉期协议的交易，通过计算机自动付款系统，向雷曼兄弟公司即将冻结的银行账户转入了 3 亿欧元。毫无疑问，3 亿欧元将是肉包子打狗有去无回。

转账风波曝光后，德国社会各界大为震惊、一片哗然，舆论普遍认为，这笔损失本不应该发生，因为此前一天，有关雷曼兄弟公司破产的消息已经满天飞。可是为什么德国国家发展银行却发生这样的悲剧呢？调查结果显示了被询问人员在这十分钟内忙了些什么：

首席执行官乌尔里奇施罗德：我知道今天要按照协议预先的约定转账，至于是否撤销这笔巨额交易，应该让董事会开会讨论决定。

董事长保卢斯：我们还没有得到风险评估报告，无法及时做出正确的决策。

董事会秘书史里芬：我打电话给国际业务部催要风险评估报告，可那里总是占线，我想还是隔一会儿再打吧。

国际业务部经理克鲁克：星期五晚上准备带上全家人去听音乐会，我得提前打电话预订门票。

国际业务部副经理伊梅尔曼：忙于其他事情，没有时间去关心雷曼兄弟公司的消息。

负责处理与雷曼兄弟公司业务的高级经理希特霍芬：我让文员上网浏览新闻，一旦有雷曼兄弟公司的消息就立即报告，现在我要去休息室喝杯咖啡了。

文员施特鲁克：10:03，我在网上看到了雷曼兄弟公司向法院申请破产保护的新闻，马上就跑到希特霍芬的办公室，可是他不在，我就写了张便条放在他办公桌上，估计他回来后会看到的。

结算部经理德尔布吕克：今天是协议规定的交易日子，我没有接到停止交易的指令，那就按照原计划转账吧。

结算部自动付款系统操作员曼斯坦因：德尔布吕克让我执行转账操作，我什么也没问就做了。

信贷部经理莫德尔：我在走廊里碰到了施特鲁克，他告诉我雷曼兄弟公司的破产消息，但是我相信希特霍芬和其他职员的专业素养，一定不会犯低级错误，因此也没必要提醒他们。

公关部经理贝克：雷曼兄弟公司破产是板上钉钉的事，我想跟乌尔里奇·施罗德谈谈这件事，但上午要会见几个克罗地亚客人，等下午再找他也不迟，反正不差这几个小时。

启发思考：

（1）德国国家发展银行在信贷制度和信贷流程方面是否存在差错？

（2）从董事长到操作员，他们共同的错误在哪里？分析可能改变结局的环节有哪些。

答：

（1）在信贷制度和信贷流程方面没有差错。

（2）第一个问题：

① 首席执行官认为重大决策事项由董事会集体审议表决，在董事会未形成决议撤销之前，应该按原来的指令执行。② 董事长认为董事会作出决议之前，应该首先取得对应的风险评估报告，若无专项评估报告，则无法作出正确的决策。③ 董事会秘书认为该事件似乎也没那么急迫。④ 国际业务部经理也许没注意到新闻，因为谁都没法预料这件事情会来得如此紧急和迅猛。⑤ 国际业务部副经理忙于日常事务，没有意识到这件大事对于公司的重大影响。⑥ 负责处理与雷曼兄弟公司业务的高级经理将该事件委托给了直接下属，属于正常范围内的授权，按制度规定似乎也没什么不妥。⑦ 文员由于领导不在，直接以留纸条的方式进行了汇报。作为这个层级的员工，似乎也没能力和动力去关注和评估雷曼兄弟公司对本公司的影响程度，只要按照领导吩咐的完成任务就行了。⑧ 结算部经理属于直接的操作部门负责人，按制度规定所有的指令均由上级领导作出，既然上面未作出取消的指令，按照原指令执行肯定没错。⑨ 结算部自动付款系统操作员是一线操作人员，按指令行事是他的职责所在，操作层面没有过错。⑩ 信贷部经理认为这件事情是国际业务部的事情，非信贷部的职责所在，未尽到提醒的义务从制度层面并没有明显过错；⑪ 公关部经理虽然意识到雷曼兄弟事件的重要性，但是认为还没那么紧急。

第二个问题：虽然按照制度规定每个人都没有明显的错误，但是每个人都因为各种各样的原因把这件"重要"的事情给往后推了，这凸显了他们问题的一个共性：缺乏内部的沟通。职责是以流程为导向的相互配合，明确了部门岗位职责，还要加强部门间业务沟通，实现部门间工作对接，这样才能从公司利益出发，服务好客户，正确及时地对风险识别和评估以及回避和减少风险。

一、授信业务的组织架构

信贷业务部门与信贷管理部门分别为信贷业务的前台、中台、后台部门，前台、中台、后台部门及其相关岗位职责的相互独立与相互制约，以及后台部门的配套支持工作是信贷业务正常开展和风险有效控制的重要保障。

尽管各家商业银行在管理上不尽相同，但基本上将全部岗位划分为前台、中台和后台。

1. 前台

前台一线人员主要分布在商业银行的各营业部和营业网点，是直接面对客户的部门和人员，负责拓展市场和客户关系管理工作，为客户提供一站式、全方位的服务。如公司业务部门、国际业务部门及支行，工作人员如柜员、客户经理、大堂经理、呼叫中心职员等都是前台岗位。

2. 中台

中台是通过分析宏观市场环境和内部资源的情况，制定各项业务发展政策和策略，为前台提供专业性的管理和指导，并进行风险控制。

中台主要为授信业务的管理部门，如信用审批部、贷后管理部及放款中心、法律合规部等。

3. 后台

后台全力为一线的营销工作提供业务支持和技术保障以及共享服务，包括会计处理、IT支持等，集中处理贷款审批的中心也可以纳入后台范畴。

前台、中台、后台的划分不一定很精确，有些存在着交叉。授信业务的组织架构如图 4.1 所示。

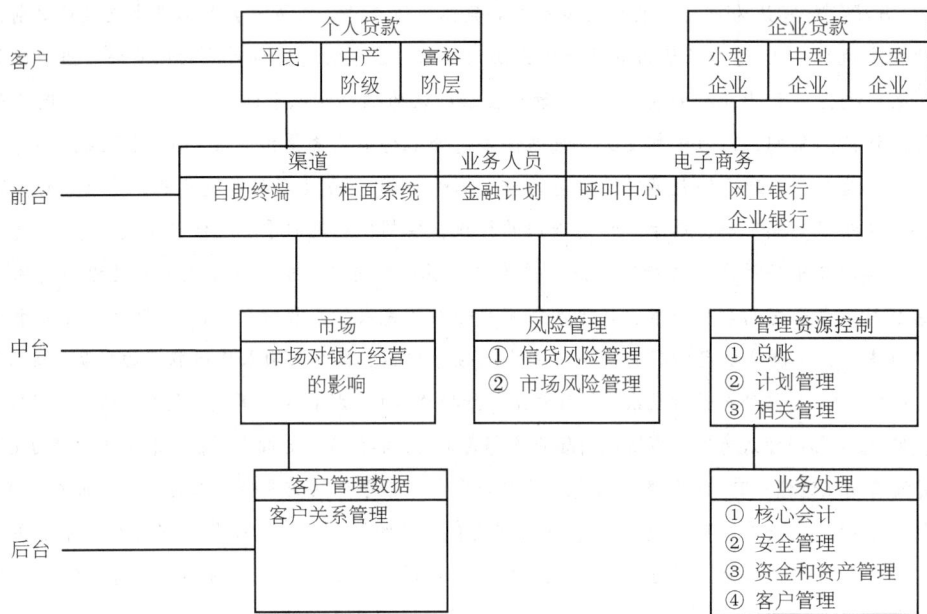

图 4.1　授信业务的组织架构

二、信贷部门岗位职责

1. 信贷业务部门的主要职责

（1）受理客户信贷业务申请，收集有关授信信息资料。

（2）对客户的合法性、合规性、安全性和盈利性进行信贷前调查，并对调查资料的真实性负责。

（3）对有权审批行（人）审批后的信贷业务，同客户签订借款合同和担保合同。

（4）对客户进行贷后管理。

（5）负责信贷业务风险分类的基础工作以及相关信贷业务报表的统计分析和上报。

（6）会同有关部门组织、落实公司客户代收、代付等中间业务的市场营销。

（7）负责搜集与本部门相关的信息资料，并加以汇总、分析，与有关部门共享，并及时向领导提出建议。

2. 信贷管理部门的主要职责

（1）依据法律和银行信贷政策制度与条件，对信贷业务部门提供的客户调查材料的完整性、合规合法性进行审查，提出是否授信以及授信额度、利率、还款期限、还款方式及保全措施等审查意见。

（2）对客户部提供信贷政策制度的咨询以及法律援助。

（3）对信贷政策和管理制度执行情况进行检查。

（4）对发放后的贷款进行检查。

（5）负责辖内授信业务风险分类与认定。

（6）负责信贷资产质量检测考核、金融债券的管理和风险资产的出资。

（7）负责相关信贷业务报表的统计分析和上报。

3. 信贷业务后台部门的主要职责

（1）会计部门

会计部门的主要职责是配合信贷部门，做好信贷资金的管理、运作和收息、收贷、财务、费用开支及现金管理工作，以及负责搜集与本部门相关的信息资料，并加以汇总、分析，与有关部门共享，并及时向领导提出建议。

（2）稽核部门

稽核部门的主要职责是对会计、出纳、信贷等业务的执行情况和业务办理情况进行稽核，以及对有价证券、印章、密押、重要空白凭证的保管、领用、使用、销号、交接情况进行稽核。

三、授信业务受理条件

（一）个人贷款

1. 贷款对象

个人贷款是指贷款人向符合条件的自然人发放的用于个人消费、生产经营等用途的本外币贷款。

2. 个人贷款应具备的条件

（1）借款人为具有完全民事行为能力的中华人民共和国公民或符合国家有关规定的境外自然人。

（2）贷款用途明确合法。

（3）贷款申请数额、期限和币种合理。

（4）借款人具备还款意愿和还款能力。

（5）借款人信用状况良好，无重大不良信用记录。

（6）贷款人要求的其他条件。

（二）对公贷款

1. 贷款对象

对公贷款的对象应当是经工商行政管理机关（或主管机关）核准登记的企（事）业法人、

其他经济组织。授信对象申请授信，应当具备产品有市场、生产经营有效益、不挤占挪用信贷资金、恪守信用等基本条件。

2. 对公贷款应当符合的要求

（1）依法办理工商登记的法人已经向工商行政管理部门登记并连续办理了年检手续；事业法人依照《事业单位登记管理暂行条例》的规定已经向事业单位登记管理机关办理了登记或备案；对于外商投资企业，还须持有外商投资企业批准证书。

（2）有合法稳定的收入或收入来源，具备按期还本付息的能力。

（3）已在或将在银行开立基本存款账户或一般存款账户等。

（4）按照中国人民银行的有关规定，应持有贷款卡（号）的，必须有效持有中国人民银行获准的贷款卡（号）。

（5）除国务院规定外，有限责任公司和股份有限公司对外股本权益性投资累计额未超过其净资产总额的 50%。

（6）借款人的资产负债率等财务指标符合银行的要求。

（7）申请中期、长期贷款项目授信的，项目的资本金与项目所需总投资的比例不低于国家规定的投资项目的资本金比例。

四、贷款流程

（一）贷款受理

贷款人应要求借款人以书面形式提出个人贷款申请，并要求借款人提供能够证明其符合贷款条件的相关资料。

1. 个人贷款申请材料清单

（1）合法有效的身份证件，包括居民身份证、户口本、军官证、警官证、文职干部证、港澳台居民还乡证、居留证件或其他有效身份证件。

（2）借款人还款能力证明材料，包括收入证明材料和有关资产证明等。

（3）合法有效的相关合同（如购房合同）。

（4）涉及抵押或质押担保的，需提供抵押物或质押权利的权属证明文件以及有处分权人同意抵（质）押的书面证明。

（5）涉及保证担保的，需保证人出具同意提供担保的书面承诺，并提供能证明保证人保证能力的证明材料。

（6）银行规定的其他文件和资料。

2. 企业客户在申请授信时，应当提供的基本资料。

（1）营业执照（副本及影印件）和年检证明。

（2）法人代码证书（副本及影印件）。

（3）法定代表人身份证明及其必要的个人信息。

（4）近三年经审计的资产负债表、损益表、业主权益变动表以及销量情况。

（5）税务部门年检合格的税务登记证明和近两年税务部门纳税证明资料复印件。

（6）合同或章程（原件及影印件）。

（7）董事会成员和主要负责人、财务负责人名单和签字样本等。

（8）企业管理部门的批准证书、合同、章程及有关批复文件。

（9）其他必要的资料（如海关等部门出具的相关文件等）。

（二）客户经理初步审查

1. 准入条件审查

受理贷款时审查其主体是否符合银行贷款准入条件，是决定贷款的关键性问题。如果客户主体不符合规定要求，则可直接退回，无需再进入下一审查环节。

按照有关法律和银行管理规定，准入条件审查主要有以下三个方面。

（1）确认客户真实性

审查公司类客户其经营证照是否真实，有无涂改等造假现象；是否在有效期限内；是否办理年检等。个人客户要审查其身份证是否真实。

（2）审查贷款项目的政策性、合法性

属于特种行业的审查是否持有有效的特种行业从业许可证；属于房地产开发企业的审查是否持有齐全的资质证件；审查贷款项目是否符合国家政策，是否为高耗能、高污染、产能过剩行业的劣质企业以及商业银行已退出的领域；

审查个人经营项目是否合法合规；审查公司或个人经营是否正常，有无亏损；审查产品销售合同是否真实等。

2. 资料完整性审查

主要是对照信贷业务操作流程所列的申报资料目录查看资料，审查是否齐全完整，特别是关键性资料是否缺漏，缺漏资料应做理由充分的说明。

3. 资料合规性审查

（1）审查调查报告中调查人是否签字

审查调查人员应两人以上。所有签名只能由本人手写，不能代签，不许盖私人名章。

（2）审查上报的资料内容是否衔接一致，资料是复印件的是否模糊不清等。

银行业务部门人员进行资格审查后，应进行内部意见反馈，及时、全面、准确地向上级领导汇报了解到的信息，必要时可以通过其他渠道，如人民银行信贷咨询系统，对客户资信情况进行初步查询。

经初步判断符合授信业务申请条件的，受理人应在收齐资料后当日将贷款申请材料移交授信业务经办行调查人进行调查；不符合贷款条件的，将申请资料退还借款申请人，并向借款申请人说明情况。

> **案例 4.2**
>
> **借款人不具备主体资格，银行债权无从追讨**
>
> 2015 年 6 月，借款人李先生向银行申请商用房贷款 20 万元，期限 10 年，用于购买商用房一套。在审查相关材料之后，银行经办人员未发现异常，该行如约发放贷款。一年后，该笔贷款连续逾期 6 个月，催收后仍未还款，随后该行将其诉至法院。
>
> 法院在审理过程中发现，借款人李先生在申请贷款前患有精神病，至今未愈，其子女提供了相关的有效证明。据此法院以借款人不具备完全民事行为能力为由，判定该行借款合同无效，对其请求不予支持。

在这个案例中，银行没有准确掌握借款人的健康情况，没有准确分析借款人的民事行为能力，致使贷款逾期后的诉讼阶段，法院判定借款合同无效，不予支持诉讼请求。因此，银行业务人员在实际工作中，要认真分析借款人是否具备民事行为能力，是否具备借款主体资格。

（三）信贷业务调查

贷前调查是企业申请贷款的一个重要步骤，调查的数据要求全面、真实、具体，确保企业的贷款用途、合法合规性、行业及企业经营管理情况、财务状况和担保情况符合银行贷款业务的要求；确保个人贷款申请内容和相关情况的真实性、准确性、完整性。

贷款人受理借款人贷款申请后，应履行尽职调查职责，信贷业务调查人员采取现场或非现场的方式调查

1. 个人贷款调查

个人贷款调查应以实地调查为主，间接调查为辅，采取现场核实、电话查问以及信息咨询等途径和方法。贷款人在不损害借款人合法权益和风险可控的前提下，可将贷款调查中的部分特定事项审慎委托第三方代为办理，但必须严格要求第三方的资质条件。贷款人不得将贷款调查的全部事项委托第三方完成。

贷款人应建立并严格执行贷款面谈面签居访制度。通过电子银行渠道发放低风险质押贷款的，贷款人至少应当采取有效措施确定借款人真实身份。

贷款调查包括但不限于以下内容：

（1）借款人基本情况；

（2）借款人收入情况；

（3）借款用途；

（4）借款人还款来源、还款能力及还款方式；

（5）保证人担保意愿、担保能力或抵（质）押物价值及变现能力。

案例 4.3

分析张扬的犯罪之路

张扬，原任 A 市 K 县某支行行长。其主要工作：一是负责营销，二是协同支行的客户经理来共同完成信贷业务前期调查工作。

一天，张扬遇见了一个久违的老同学，一起晚餐时了解到这位老同学在经营牲畜养殖场，年销售额可达 400 万元。该同学提出了一个请求：他的养殖场有一笔尾款尚未收结，希望能借助张扬的银行关系为自己贷款 300 万元以解燃眉之急，6 个月后便可归还。张扬听后虽然知道自己银行的公司贷款业务尚未完全开办，但碍于情面还是满口答应。

回来后，张扬考虑到自己的这位同学心思缜密，上学时，和自己关系亲密，不会骗自己。于是，他决定用本行现有的小额贷款集中使用的形式，为其贷出本笔款项。他安排手下人员为其摸底调查，并通过自身关系找到 60 个人向其表明需要帮忙贷款的意愿，并承诺该贷款没有风险。这些人出于对银行和张扬的信任，同意了帮忙贷款的请求，并愿意根据他设计的话术回答任何问题。

随后，张扬通知支行信贷经理，陪同他完成了"基本调查"，以及从贷前调查到审贷会审批通过的

流程。张扬顺利为同学贷款 300 万元。

6 个月后，张扬要求该同学还款，可他却以各种理由拖延，之后再打电话则是无法接通。张扬感觉大事不妙，通过后期调查了解到，该同学早已欠下巨额外债，养殖场已濒临倒闭，并且早已逃走。最终张扬因涉嫌挪用资金罪被起诉。

启发思考：

分析张扬为什么会走上犯罪道路。

答：张扬在工作中掺杂了自己的情感，没有经过实地调查，只是以主观判定为依据，妄下结论，与客户建立信贷关系；并利用职务之便，虚构办贷款用途，最终走上犯罪道路。

2. 公司贷款调查

银行对公司贷款调查的内容很多，主要有以下几项。

（1）企业的基本资料，包括企业管理者情况、股东情况、历史背景、发展情况等。

（2）企业的行业情况，国家宏观政策，行业发展状况，行业特点，企业在该行业中的地位等。

（3）企业的经营情况，包括企业的采购、生产、销售及合法经营情况。

（4）企业的管理情况，包括企业文化、管理者素质、员工素质、管理方式等。

（5）企业的财务情况，包括企业财务报表以及对账单等相关财务数据及佐证信息。

（6）企业的需求情况，包括企业资金需求的目的、还款来源等。

（7）企业的信用状况，包括企业的交易记录以及企业在人民银行等相关信用记录。

（8）企业的担保情况，包括对房产或其他抵（质）押物或担保方的调查。

对于公司信贷业务调查，必要时可聘请外部专家或委托专业机构开展特定的信贷调查工作。

财务数据分析

3. 撰写调查评价报告

（1）调查人按照规定的格式与内容撰写调查评价报告，为审批人员决策提供可靠依据。

（2）调查人同意后，整理授信材料并于当日报送授信审批部门，同时在信贷管理系统中录入授信申请资料信息、调查意见和授信方案。调查人不同意的，将授信资料退回授信申请人。

案例 4.4

北郊香料厂挪用信用证打包贷款

北郊香料厂于 2004 年开始建设，该公司注册资本金 132 万元。2016 年以前该企业生产经营状况良好，所生产的天然香料油在省内有一定的知名度，曾经是当地香料油的出口骨干企业，因企业产品外销良好而被国家外经贸部授予自营进出口业务经营权，经营业绩在几年内均保持良好记录。

根据借款人提供的 2015 年末财务报表反映：企业总资产 935 万元，总负债 892 万元，流动资产 811 万元，流动负债 793 万元，资产负债率 95.4%，流动比 1.02，速动比 0.77。

北郊香料厂于 2015 年 8 月在 C 银行开立结算账户，结算往来一直正常，此前曾两次办理打包贷款，能够正常还本付息，与 C 银行建立了正常的业务合作关系。此间企业经营良好，所生产的香料油出口一直呈上升态势，并于 2015 年 6 月被外经贸部批准为自营进出口企业。

2016 年 2 月 3 日，香料厂第三次向 C 银行申请 150 万元信用证打包贷款，期限两个月，用途为购买出口原料。香料厂向 C 银行提出借款申请后，国际业务部门的业务人员按操作程序，对相关的信用证开立银行作了调查。开证行是香港（中国）汇丰银行，有着较高的信誉度和支付能力。信用证贸易背景真实可靠，所列条款清晰无误，没有发现软条款。根据以往业务惯例，贷款调查人只根据国际业务部门的信用证调查情况撰写调查报告，未对借款人其他的债务情况作进一步调查，对不履行信用证的后果估计不足，没有提出相应的抵质押担保要求，也未提出风险控制措施，只是按格式化的贷款调查报告内容填写了调查报告，最终结论是："此笔贷款符合总行、分行信用证打包贷款规定，借款人具有较高的银行信誉，同意贷款。"

2016 年 3 月 12 日，经办行发放了该笔贷款。当时香料厂申请借款用途是出口产品的原料采购，还款来源为出口结汇收入。该笔贷款是用香港汇丰银行开具的即期信用证做质押，借款人未提供其他资产抵押或保证担保。

香料厂在获取贷款后未执行信用证条款，没有将贷款用于出口产品所需原料采购，也没有生产信用证规定的出口产品，而是将贷款挪作他用，致使信用证到期后未能按期交单并一再延期进而作废，没有实现预期的出口销售。而 C 银行信贷部门与国际业务部门工作脱节，没有按信用证打包贷款的要求进行严格的封闭操作，没有进行贷后检查，没有监督企业的资金使用，导致贷款发放后就处于失控状态，最终还款来源落空。

启发思考：

分析造成案例中所提到的这笔贷款逾期的主要原因。

答：造成案例中所提到的这笔贷款逾期的主要原因是贷前调查存在严重缺陷。

信贷人员只注重了解信用证的贸易背景，而忽视对借款人经营管理、资产负债等全面情况的调查。银行贷前只对开证银行的资信状况进行了简单了解，而对借款人生产经营、资产结构、负债水平等重要内容均未调查，对企业的财务报表未深入分析，对企业执行信用证的能力也未进行评估。从 2015 年末财务报表可以看出，该企业资产负债率高达 95.4%，而净资产只有 43 万元，资产流动性也严重不足，实际上已处于倒闭边缘，根本不具备 C 银行贷款条件，但经办行却发放了 150 万元贷款，出现风险自然也在情理之中。同时银行对贸易背景调查也存在缺陷，该笔贷款期限只有两个月，在这么短的时间里，借款人是否有足够能力保质保量按期完成出口产品生产并装箱出运取得合法提单，是贷款风险的又一隐患。从借款人的资产规模看，其能力是值得怀疑的。但信贷人员对以上问题均未调查分析，只是简单地认为企业会履行合同，按期交单，为信贷风险的发生埋下了隐患。

（四）贷款审查与审批

1. 贷款审查

贷款审查人应对贷款调查内容的合法性、合理性、准确性进行全面审查，重点关注调查人的尽职情况和借款人的偿还能力、诚信状况、担保情况、抵（质）押比率、风险程度等。贷款风险评价应以分析借款人现金收入为基础，采取定量和定性分析方法，全面、动态地进行贷款审查和风险评估。贷款人应建立和完善借款人信用记录和评价体系。

某房地产开发商一次性向广东发展银行某分行上报客户按揭贷款申请10笔，从申请资料上看这10个客户的工作单位各不相同，打电话核实也没有发现问题。但该行查询个人征信系统发现，这10位借款人所在工作单位都是该开发商。经再次核实，证明这是开发商为了融资而虚报的一批假按揭。该行果断拒绝了这批贷款申请。

问： 总结如何做一名合格的贷款审查人。

答：

要成为一名合格的信贷审批人员，一方面需要有过硬的专业知识，特别是有关公司财务、产业和信贷政策、法律知识以及对不同行业的深刻理解。另一方面还需具备丰富的从业经验。信贷审查人员需要识别企业或项目的各类风险，特别是一些隐藏在背后的实质性风险，对实质性风险的把握要求有足够的经验。此外，由于企业的风险在不同时期和不同环境下有不同的表现，且随着经济的发展各类新的风险点也不断出现，这都要求审批人员能够不断更新专业知识，以识别出各类新的风险点。最关键的是，你会发现信贷审查人员都必须是全能型的，各种行业、各种企业你都要去审查，今天审了一笔纺织行业的，可能明天又来一笔房地产的，后天又有汽车销售行业的，等等。入行不久的员工，这些行业都搞得懂吗？很难。所以要不断学习、不断充电，以后才能够独当一面。

2. 贷款审批

审查人员根据调查人员的报告对贷款人的资格进行审查和评定，复测贷款风险度，提出意见，按规定权限审批或报上级审批。

（五）贷款签约与发放

1. 合同签订

对贷款进行审批后，贷款人应与借款人签订书面借款合同，需担保的，还应同时签订担保合同。贷款人应要求借款人当面签订借款合同及其他相关文件，签署合同后授信即生效。

2. 贷款发放

贷款人应按照借款合同约定，通过贷款人受托支付或借款人自主支付的方式对贷款资金的支付进行管理与控制。

（1）贷款人受托支付是指贷款人根据借款人的提款申请和支付委托，将贷款资金支付给符合合同约定用途的借款人交易对象。

（2）借款人自主支付是指贷款人根据借款人的提款申请将贷款资金直接发放至借款人账户，并由借款人自主支付给符合合同约定用途的借款人交易对象。

知识点滴

采用贷款人受托支付的，贷款人应要求借款人在使用贷款时提出支付申请，并授权贷款人按合同约定方式支付贷款资金。贷款人应在贷款资金发放前审核借款人相关交易资料和凭证是否符合合同约定条件，支付后做好有关细节的认定记录。贷款人受托支付完成后，应详细记录资金流向，归集保存相关凭证。采用借款人自主支付的，贷款人应与借款人在借款合同中事先约定，要求借款人定期报告或告知贷款人贷款资金支付情况。贷款人应当通过账户分析、凭证查验或现场调查等方式，核查贷款支付是否符合约定用途。

案例 4.5

某银行网点柜员办理×××万元贷款业务时，发现提款审核表上借款人发出提款通知日期与提款通知书上填写的日期不一致，便下发查询。网点收到查询，经核实情况属实后，与信贷部门沟通，信贷部门重新提供借款人发出提款通知日期与提款通知书上填写日期一致的提款审核表，并追加影像。因此笔业务发生金额较大，最终被风险监控中心确认为风险事件。

启发思考：

分析以上案例为什么最终被风险监控中心确认为风险事件。

答：此案例形成的原因是信贷部门与核算部门相关人员工作责任心不强所致。首先是信贷人员办理业务不认真，提款审核表上借款人发出提款通知与提款通知书填写日期不一致；其次是核算人员对信贷部门提供的凭证资料未认真审核，并将要素填写不一致的凭证资料作为办理业务的有效依据。业务凭证资料是银行与客户之间发生业务关系的法律依据。而此笔贷款金额为×××万元，如果客户追究银行耽误资金使用，则银行有不可推卸的责任。

（六）贷后管理

在贷款发放期间，银行定期对客户的基本情况进行检查、跟踪，发现风险隐患。

1. 银行对个人的贷后管理内容

个人贷款支付后，贷款人应对贷款资金使用、借款人的信用及担保情况变化等进行跟踪检查和监控分析，确保贷款资产安全。

（1）贷款人应区分个人贷款的品种、对象、金额等，确定贷款检查的相应方式、内容和频度。

（2）贷款人应定期跟踪分析评估借款人履行借款合同约定内容的情况，并作为与借款人后续合作的信用评价基础。

（3）贷款人内部审计等部门应对贷款检查职能部门的工作质量进行抽查和评价。

2. 银行对企业的贷后管理环节

（1）授信检查

一般来说，授信检查的种类包括首次检查、全面检查和重点检查三种。

① 首次检查。贷款发放后 15 日内，客户经理要进行首次检查，重点检查贷款的使用是否符合合同的约定用途。

② 全面检查。除了首次检查外，每个月或每个季度还要进行全面检查。主要检查客户的基本情况，包括客户行业状况、经营状况、内部管理状况、财务状况、融资能力和还款能力等方面的变化情况，信贷业务风险变化情况和授信担保的变化情况。

③ 重点检查。授信后一旦发现客户出现新的或实际已经影响贷款偿还的重大风险事项，从发现之日起 2 日内银行要进行重点检查。

上述每种检查后，最终都要形成授信检查报告。

（2）授信检查后处置

① 风险预警。根据授信检查的情况，判断授信总体风险状况，提出和上报预警。

② 问题处理。信贷人员根据授信后检查情况、风险预警情况，制订相应的风险防范措施。

（3）授信资产质量分类

按规定，贷款发放后，商业银行的授信经营、管理人员要按照规定的标准、方法、程序对授信资产质量进行全面、及时和准确的评价，并将信贷资产按风险程度划分为不同的档次。

（七）贷款回收与处置

一般来说，贷款到期前一段时间，银行会通知客户做好还款手续；到期前几天，银行会检查其账户资金是否落实，避免由于客户自身资金问题导致还款出现逾期，影响其在人民银行的资信状况。贷款到期日，企业归还本息。

1. 贷款收回

（1）个人贷款的收回

贷款人应当按照法律法规规定和借款合同的约定，对借款人未按合同承诺提供真实、完整信息和未按合同约定用途使用、支付贷款等行为追究违约责任。经贷款人同意，个人贷款可以展期。1年以内（含）的个人贷款，展期期限累计不得超过原贷款期限；1年以上的个人贷款，展期期限累计与原贷款期限相加，不得超过该贷款品种规定的最长贷款期限。贷款人应按照借款合同约定，收回贷款本息。对于未按照借款合同约定偿还的贷款，贷款人应采取措施进行清收，或者协议重组。

（2）企业贷款的收回

短期授信到期前一周，中长期授信到期前一个月，授信人员要发送到期贷款通知书；到期收回贷款后，要进行会计账务处理，登记贷款卡，退还抵押物权利凭证，登记信贷台账。对于到期未能收回的授信业务，要按照规定加紧催收；对于问题授信和不良贷款，要采取相应的措施，积极进行处置。

授信到期前，如果不是因为借款人本身的原因，客户可申请授信展期。一般情况下，一笔授信只能展期一次。允许展期的条件是：

① 国家调整价格、税率或贷款利率等因素影响借款人经济效益，造成其现金流量明显减少，还款能力下降，不能按期归还贷款的；

② 因不可抗力影响偿还；

③ 受国家宏观经济政策影响，我行原应按借款合同发放贷款未到位影响借款人正常生产经营；

④ 借款人生产经营正常，原贷款期限过短。

2. 档案管理

为提高授信业务管理水平，切实保障债权人的权益，商业银行要加强授信业务档案管理，授信业务档案主要内容包括营业执照（复印件）、贷款调查报告、借款申请书及贷款审批书、借款合同、结算户和专用基金户存款余额登记簿、贷款发放回收余额登记簿、主要经济指标、财务活动登记簿、自有资金增减变化表等。

第二节　贷款合同的签订和担保

签订借款合同是贷款发放的一个主要环节，它是对签约双方产生法律约束力的标志。

一、贷款合同的内容

借款合同是贷款人将一定数量的货币交付给借款人按约定的用途使用，借款人到期还本付息的协议，是一种经济合同。

借款合同有自己的特征，合同标的是货币，贷款方一般是银行或其他金融组织，贷款利息由银行规定，当事人不能随意商定。当事人双方依法就借款合同的主要条款进行协商，达成协议。由借款方提出申请，经贷款方审查认可后，即可签订借款合同。

借款合同应具备以下主要条款。

1. 借款标的

借款合同的标的必须是货币。专业银行和其他金融机构贷给法人的货币是以信用凭证体现的，一般不支付现金；给个体户和农民的贷款应是人民币。

2. 贷款种类

以用途分类来确定该贷款属于何种贷款，如基本建设贷款、农业贷款、企事业流动资金贷款等。贷款种类不同，利率也不同。

3. 借款金额

借款金额是借款合同的标的数额，它是根据借款方的申请，经银行核准的借款数额。借款方需增加借款金额的，必须另行办理申请和核准手续，签订新的借款合同。

4. 借款用途

必须明确规定贷款的用途，并应符合国家批准下达的贷款计划文件的规定。贷款必须按规定的用途专款专用，银行对贷款的使用有权监督。

5. 借款期限

借款合同应根据贷款的性质、种类确定贷款发放日期。借款到期，借款方应如数还本付息。我国贷款的期限分中短期贷款和长期贷款两种。各项贷款的还款期限，应根据贷款用途的实际情况，按贷款类型协商议定，严格履行。

案例 4.6

A 贸易公司存在的风险

2013 年 1 月 5 日，A 贸易公司向某银行申请流动资金贷款 500 万元人民币，用于购买化工材料，贷款期限 6 个月，由 J 公司提供担保，贷款合同约定"担保责任一直到贷款本息还清为止"。贷款出账后，A 贸易公司并未将款项用于购买化工材料，而是用在位于 S 市的房地产项目上，不料恰遇国家宏观调控，房地产市场低迷，再加上项目本身资金缺口大，时建时停，该房地产项目长时间不能产生效益。贷款到期后，A贸易公司无力按时归还本息。

2015年7月，该笔贷款逾期时间已经超过两年，逾期后A贸易公司从未还过拖欠的贷款本息，期间贷款银行也未采取有效措施收贷，因此，使得贷款的诉讼时效中断。银行多次派人上门催收，与借款人和担保人协商还款事宜，但由于A贸易公司管理混乱，经营状况每况愈下，不仅房地产项目无法产生效益，资产闲置、毁损严重，而且其他业务也长期亏损，导致资不抵债，处于事实破产状况，无力还款。担保单位J公司有一定财产而且仍在经营，但J公司在当地是有名的欠贷欠息大户，对该笔贷款的担保责任，找出种种理由推脱，拒绝签收银行催收通知书。在反复催收无效的情况下，银行拟起诉A贸易公司和J公司。

启发思考：

分析此案例存在什么样的风险。为什么？

答：此案例存在条款约定不明确的问题，贷款合同隐含着法律风险。

（1）该笔贷款逾期时间已超过2年，依据《民法通则》向人民法院请求保护民事权利的诉讼时效期间为2年，如果银行拿不出有效证据证明该笔贷款的诉讼时效中断，2年的诉讼时效已超过。

（2）尽管贷款合同中有"担保责任一直到贷款本息还清为止"的条款，但该条款时间约定不明，根据《最高人民法院关于审理经济合同纠纷案例有关保证的若干问题的规定》，保证合同中没有约定保证责任期限或约定不明确的，保证人在被保证人承担责任的期限内承担保证责任。因此，即使银行向法院起诉，也可能败诉。

（3）在信贷工作中，应高度重视时效问题，因为合同本身就隐含着法律风险。因此一定要严格依法制定合同，防止出现法律风险。

6. 借款利率

贷款利率，必须在借款合同中规定。

7. 还款

借款到期时，借款方应将本息全数还清，确因客观原因到期不能归还，借款方应提出申请，经贷款方同意可以延期。但借款方没有正当理由或者经申请延期未获准而逾期不还的，借款方要承担违约责任。贷款方有权依法向借款方了解借款使用情况及经营管理、财务活动、物资库存等情况，监督贷款的使用，在贷款到期后，有权采取必要措施，收回贷款及利息。

8. 违约责任

在贷款合同中规定违约责任，是借款方和贷款方严格按照合同规定履行各自义务的必要保证，必须明确规定。

9. 保证条件

借款合同的保证，主要采取物资保证的原则，由借款方提供生产经营或建设范围内一定的适用适销的物资、商品或其他资产作担保。借款方不能提供物资保证时，经贷款方同意，也可采取保证人保证的方式。

10. 争议的解决方式

借款合同当事人双方发生合同争议时，若双方在合同中约定了仲裁条款或事后达成书面仲裁协议，可向各级工商行政管理部门经济合同仲裁委员会申请仲裁；当事人没有在合同中订立仲裁条款，事后又没有达成书面仲裁协议的，可向人民法院起诉。

11. 双方当事人约定的其他条款

案例 4.7

C 公司的担保责任

2014 年 9 月，借款人 B 公司与 A 银行签订了《借款合同》，向 A 银行借款 600 万元，借款用途为购买原材料；借款期限自 2014 年 10 月 23 日至 2016 年 10 月 21 日；贷款利息为月息 6.825%，按日计息，按月结息，利随本清。担保人 C 公司为该笔贷款提供连带责任保证。

合同签订后，A 银行依约向 B 公司发放了贷款，并且在 B 公司在其处开设的银行账户上将该资金进行了划转。借款人的每一笔款项的单据上都加盖有 C 公司法定代表人的名章，该名章与 C 公司在 A 银行印鉴卡片上预留的印鉴相同。

但是 B 公司没有按照约定归还贷款利息，担保人亦没有按照约定承担担保责任，2016 年 6 月，A 银行将借款人以及担保人诉至某区人民法院，要求 B 公司偿还借款本金及相关利息，担保人承担连带保证责任。

但是担保人 C 公司认为，该笔贷款的实际用途是 B 公司的下属企业 D 公司用于房地产开发建设，其借款用途已经改变；而对于借款用途的改变，A 银行与 B 公司是知道的，A 银行与 B 公司的恶意串通导致其做出了错误判断，从而加大了其承担担保责任的风险，因此，其与 A 银行签订的《保证合同》无效，不应承担担保责任。

启发思考：

分析 A 银行在该过程中是否有过错。

（1）根据《借款合同》的约定，A 银行有权检查贷款的使用情况，对于借款的使用情况进行监管是 A 银行的权利，而不是 A 银行的义务；

（2）A 银行不可能干涉借款人及担保人的具体业务往来，被告 C 公司所辩称的 A 银行明知该笔款项的用途的事实是不存在的，A 银行不存在过错；

（3）借款人的每一笔款项的单据上都加盖有被告 C 公司法定代表人的名章，该名章与 C 公司在 A 银行印鉴卡片上预留的印鉴相同。也就是说，C 公司对 B 公司的款项的使用进行了监管。

（4）根据资金流向来看，A 银行是将款项打入了 B 公司的账户而不是打入了实际用款人 D 公司的账户。

（5）A 银行将相应的资金打入借款人 B 公司的账户以后，A 银行与 B 公司的借款合同就已经履行完毕，在此之后 B 公司通过 A 银行的付款行为，与该借款合同不是同一个法律关系，即使资金使用过程中存在着用途改变的情况，C 公司的担保责任也不能因此而解除。

综上所述，A 银行并无对 B 公司资金使用的监管义务，在该过程中并无过错。

二、授信合同的填写、审核及签订

目前，商业银行的授信业务合同多采用格式合同。格式合同又称标准合同或制式合同，是指当事人一方预先拟定合同条款，对方只能表示全部同意或者不同意的合同。授信合同通常由商业银行将合同文本框架列出，在单笔授信时只需要按照具体条件进行填空并划掉不适用项目即可。一些特殊情况，包括但不限于重大客户提供了格式合同或者根据授信业务的具体情况需要另行编写制定合同，不采用格式合同。

授信合同必须严格按照规定填写或编写，逐级审核，经有权签字人或授权签字人签署后才能生效。通常授信合同由主合同（借款合同）和从合同（担保合同）组成。主、从合同必须相互衔接。

1. 格式合同的填写和要求

合同填写工作通常由商业银行法规部门或市场部门的经办人员完成，填写时需注意以下几点。

（1）授信合同必须采用黑色签字笔或钢笔书写或打印，内容填制必须完整，正、副文本的内容必须一致，不得涂改。

（2）授信合同的授信业务种类、币种、金额、期限、利率或费率、还款方式和担保合同应与授信业务审批的内容一致。

（3）需要填写空白栏，且空白栏后有备选项的，在横线上填好选定的内容后，应对未选的内容加横线表示删除；合同条款有空白栏，但根据实际情况不准备填写内容的，应加盖"此栏空白"字样的印章。

（4）授信合同文本应该使用统一的格式合同，对单笔授信有特殊要求的，可以在合同中的其他约定事项中约定。

2. 授信合同的审核

授信合同填写完毕后，填写人员应及时将合同文本交给复核人员进行复核。一笔授信的合同填写人与合同复核人不得为同一人。

审核合同文本复核人员应就复核中发现的问题及时与合同填写人员沟通，并建立复核记录。商业银行通常要求合同填写人与复核人在合同每页下角签章，表明对合同内容负责。

3. 合同的签订

合同填写并复核无误后，授信人应负责与借款人（包括共同借款人）、担保人（抵押人、出质人、保证人）签订合同。签订合同时需注意以下问题。

（1）履行充分告知义务。在签订有关合同文本前，应履行充分告知义务，告知借款人（包括共同借款人）、保证人等合同签约方关于合同内容、权利义务、还款方式以及还款过程中应当注意的问题等。

（2）鉴证签章。商业银行市场部或法务部人员，须当场监督借款人、保证人、抵押人、质押人等签章。借款人、保证人为自然人的，应在当面核实身份证明文件之后由签约人当场签字；如果签约人委托他人代替签字，签字人必须出具委托人委托其签字并经公证的委托授权书。对借款人、保证人为法人的，签字人应为其法定代表人或授权委托人，授权委托人也必须提供经公证处公证的有效书面授权委托书。签章后，商业银行应核对预留印鉴，确保签订的合同真实、有效。商业银行鉴证签字人应为两人或以上，鉴证签字后，在合同签字处加盖见证人名章或签字。对采取抵押或质押等担保方式的，应要求抵押物或质押物共有人在相关合同文本上签字。

（3）有权签字人审查。借款人、担保人等签字或盖章后，商业银行应将有关合同文本、授信调查审批表和合同文本复核记录等材料送交银行有权签字人审查，有权签字人审查通过后在合同上签字或加盖按个人签字笔迹制作的个人名章，之后按照用印管理规定负责加盖商业银行授信合同专用章。

（4）合同公证。商业银行可根据实际情况决定是否办理合同公证。

（5）合同编号管理。商业银行合同管理部门对授信合同进行统一编号，并按照合同编号的顺序依次登记在授信合同登记簿上，合同管理部门应将统一编制的授信合同号填入授信业务合同和担保合同中；主、从合同的编号必须相互衔接。

三、担保合同的种类

以据两个或者多个合同相互间的主从关系为标准，可将合同分为主合同与从合同。所谓主合同是指不需要其他合同的存在即可独立存在的合同，这种合同具有独立性。从合同又称附属合同，是以其他合同的存在为其存在前提的合同。商业银行授信业务中，借款合同为主合同。抵押合同、质押合同、保证合同等相对于借款合同即为从合同。从合同的存在是以主合同的存在为前提的，故主合同的成立与效力直接影响到从合同的成立与效力。但是反之从合同的成立与效力不影响主合同的成立与效力。

1. 抵押合同

抵押合同的主要内容包括：抵押人及授信人的全称、住所、法定代表人；被担保的主债权种类、金额；主合同借款人履行债务的期限；抵押物的名称、数量、质量、状况、所在地、所有权权属或者使用权权属；抵押担保的范围；抵押物的登记与保险；双方的权利和义务；违约责任；合同的生效、变更、解除和终止；当事人认为需要约定的其他事项。

2. 质押合同

质押合同的主要内容包括：质押人及授信人的全称、住所、法定代表人；被担保的主债权种类、金额；主合同借款人履行债务的期限；质物的名称、数量、质量、状况；质押担保的范围；质物移交的时间；当事人认为需要约定的其他事项。

3. 保证合同

保证合同的主要内容包括：保证人及授信人的全称、住所、法定代表人；被保证的主债权种类及数额；主合同借款人履行债务的期限；保证方式；保证范围；保证期间；双方的权利和义务；违约责任；合同的生效、变更、解除和终止；双方认为需要约定的其他事项。

四、授信担保

授信担保是保障银行债权得以实现的法律措施，它为银行提供了一个可以影响或控制风险的潜在来源。在授信申请人丧失或部分丧失债务偿还能力后，充分且可靠的担保措施可以降低授信风险，减少银行的资产损失，从而确保银行经营秩序正常而有效地运行。

（一）授信担保的定义

担保是专门的法律概念，是指债的担保，也称做债权担保或债务担保。它是指督促债务人履行债务，保障债权人的债权得以实现的法律措施。从债权方面说，是为了确保债权的实现；从债务方面看，是为了督促债务人履行债务。授信担保是指为提高授信业务的质量，降低银行资金或信誉的损失，银行在授信时要求对方提供担保，以保障授信合同项下权利实现和义务履行的法律行为。银行与被授信人及其他第三人签订担保协议后，当被授信人财务状况恶化、违反授信合同或无法履行授信合同中规定的义务时，银行可以通过执行担保来实现既定的权利。对于资金授信业务而言，担保为银行提供了一个可以影响或控制的潜在的还款来源；对于非资金授信业务而言，担保为银行提供了一个可以使权利得以实现的安全保障。

（二）担保的特征

从法律上看，担保具有以下特征。

1. 担保性

担保性是担保的法律属性，是债的担保在其功能作用上的属性，体现了担保和债权的密切联系，是担保制度赖以产生和发展的法律动力。某一种担保方式的担保性强弱与否，是当事人决定取舍的重要参考。担保性主要体现在两个层次：一是债的担保的从属性，即债的担保的成立和存在，必须以一定的债的成立和存在为前提。它是一种从属于主债关系的从债关系，不能离开一定的债而独立存在。这种从属性表现在：债的担保的成立，必须以主债的成立而成立；债的担保的消灭，必须以主债的消灭而解除；债的担保的转移、变更必须随着主债权债务的转移而转移。债的担保总是与被担保之债共始终。二是不可分性，指债权人在全部债权清偿之前，原则上可就担保财产之全部来满足其债权清偿。担保物的部分变化或者债权债务的部分变化均不影响担保债权的整体性。如担保物的一部分消失时，其余部分仍然担保债权之全部；债权的一部分因清偿、抵销、混同等原因消灭时，债权人仍可就担保物之全部主张担保债权等。

2. 财产权性

财产权性是就担保的权利属性而言的，这是债的担保共同属性中居于核心层次的本质属性。债的担保一经成立，债权人的债权就因此成为有担保的债权。这种有担保的债权本质上是一种财产权，反映的是财产关系。

财产权通常分为两大类：一是物权，即直接支配、控制一定物的权利；二是债权，即请求他人为一定行为或不为一定行为的权利。财产权性也可随之分为物权性和债权性两个方面。因具体担保方式的不同，其财产权性质也就不同。如保证，其担保债权的财产权性质为债权，实为债权请求权。抵押，其财产权属性为物权或是债权，我国对其性质普遍主张为一种物权，即担保物权。

3. 变价性

变价性也称价值性，指设立担保的目的不是为了追求物的实体用益，而是为了从物的交换变值中实现债权。如保证担保，债权人不可能要求对于保证人的一般财产有什么实体性的处分权，只是在债务人不履行债务时，向保证人请求代为履行。在抵押等担保方式中，是以债务人或第三人的特定物来作为债权的担保，而且财产权性质上也属于担保物权，但是设立这种担保方式的目的不是为了追求物的实体用益，而是通过对担保物采取拍卖、变价受偿等手段来实现债权。正是这一点使担保物权与用益物权相区别。

综上所述，债的担保具有担保性、财产权性以及变价性三个共同的特征。

（三）担保的分类

1. 人的担保和财产担保

从理论上，依据标的划分担保可分为人的担保和财产担保两大类。

（1）人的担保

人的担保也称信用担保，是由债务人以外的第三人的信用作保证，担保债务人履行债务。债务人不履行债务时，由担保人以其一般财产清偿。这种担保方式实质上是把履行债务的主体及其财产范围，由债务人扩张至第三人，在债务人的全部财产之外，又附加上其他第三人的全部财产，以增加债权人受偿的机会。

人的担保的最典型的形态是保证，即由债务人以外的第三人作保证人，在债务人不履行债务时，保证人承担履行责任或连带责任。人的担保是基于人身信任而发生，赋予债权人的债权性的财产请求权。

（2）财产担保

财产担保是指债务人或者第三人以其自身的特定财产作为债务履行的保障。如债务人不履行债务，债权人可以通过处分用于担保的财产而优先得到清偿。财产担保实质上就是担保物权，主要有以下几种：一是法定担保和约定担保。这是根据设定方式不同划分的。法定担保是直接由法律规定的担保。如加工承揽关系中的留置权。留置的担保方式是根据法律规定直接产生的，不能由当事人自行约定。约定担保是由当事人自行约定的担保，即根据当事人的意志自主决定是否设立担保以及设立何种担保。例如抵押权、质权。二是占有性担保和非占有性担保。这是根据设定担保时是否转移担保物的占有状态划分的。占有性担保要求转移担保物的占有状态，以强化担保效果，如质押、留置。主要有动产或权利担保。在债权人占有担保物的情况下，本身就表明其公示性，即动产或权力以占有为公示，故称为不登记担保。非占有性担保不转移物的占有，仅以获得债权的优先受偿为满足，如抵押。主要有动产、不动产担保。由于不转移标的物的占有并且其标的为不动产或动产，因而不经登记无法起到公示作用，故称为登记担保。

2. 授信担保方式的选择

授信担保的方式主要有保证、抵押和质押三种。这些担保方式可以单独使用，也可以结合使用。同一担保方式的担保人（保证人、抵押人、出质人）可以是一人，也可以是数人。一笔贷款有两个以上保证人的，贷款行一般不主动划分各保证人的保证份额。如果保证人要求划分保证份额，双方可以在保证合同中约定。一笔贷款有两个以上抵押人或出质人的，贷款行一般不主动划分他们所担保的债权份额。如果抵押人或出质人要求划分其担保的债权份额的，双方可以在抵押合同或质押合同中约定。贷款行认为使用一种担保方式不足以防范和分散贷款风险的，可以选择两种以上的担保方式。一笔贷款设定两种以上担保方式时，各担保方式可以分别担保全部债权，也可以划分各自担保的债权范围。

选择保证保险作为贷款债权担保的，除应符合《中华人民共和国保险法》的有关规定外，还须符合下列要求。

（1）保险责任条款的约定应与借款合同中借款人的义务一致。

（2）保险标的的保险价值应包括贷款本金、利息、违约金和损害赔偿金。

（3）保险人对约定的保险责任承担无条件赔偿责任。

第三节　保证贷款、抵押贷款和质押贷款

贷款按有无担保划分，分为信用贷款和担保贷款。信用贷款是依据借款人的信用状况发放的贷款，不用找"保人"，也不用别的担保。担保贷款是指由借款人或第三方依法提供担保而发放的贷款。包括保证贷款、抵押贷款和质押贷款。如个人住房贷款和汽车消费贷款，是以住房或汽车作抵押发放的担保贷款。

一、保证与保证贷款

保证是指保证人与银行约定，当债务人不履行债务时，保证人按照约定履行或承担责任的行为。银行根据担保法中的保证方式向借款人发放的贷款称为保证贷款。

1. 保证的方式

保证担保的方式有一般保证与连带责任保证两种。

（1）一般保证

当事人在保证合同中约定，债务人不能履行债务时，由保证人承担责任的为一般保证。一般保证的保证人在主合同的纠纷未经审判或者仲裁，并就债务人财产依法强制执行仍不能履行债务前，对债权人可以拒绝承担保证责任。

（2）连带责任保证

当事人在保证合同中约定保证人与债务人对债务承担连带责任的，为连带责任保证。连带责任保证的债务人在主合同规定的债务履行期届满没有履行债务的，债权人可以要求债务人履行债务，也可以要求保证人在其保证范围内承担保证责任。如果当事人对保证方式没有约定或者约定不明确的，按照连带责任保证承担保证责任。

2. 一般保证和连带责任保证的区别

一般保证和连带责任保证的区别在于保证人是否有先诉抗辩权。一般保证人有（债务人不能履行），而连带责任保证没有（债务人不履行）。

保证贷款的操作要点（如图 4.2 所示）。

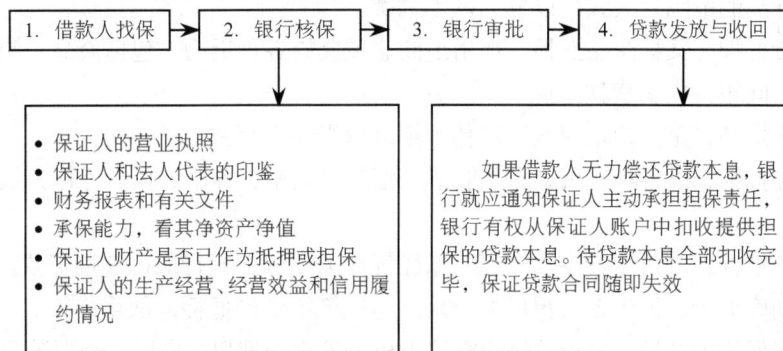

图 4.2　保有贷款的操作要点

案例 4.8

审查保证人的资格是否合格

F 公司是一家经营激光制版的中外合资企业，注册资本港币 800 万元，2014 年 1 月 29 日该公司在某银行 G 支行申请 200 万元人民币流动资金贷款，期限 6 个月，由 H 公司担保。F 公司由于经营不善，贷款到期后不能按期归还，客户经理多次催收都不见效果，于是上门找保证人 H 电子有限公司追讨债务，发现 H 电子有限公司已是人去楼空，到工商管理部门查询后得知，保证人 H 电子有限公司已于贷款发放前的两个月办理注销登记手续。已被注销的公司办理的担保手续显然无效，因此，该笔贷款变成了信用贷款。

2015 年 7 月，贷款行向法院提起该笔贷款的诉讼，根据分公司已无法清偿债务的事实，G 支行在法院破产庭申请 F 公司破产清盘，法院召集债权人会议进行调解，要求 F 公司在 4 个月内还清 G 支行的债务。调解期间，F 公司仅支付 G 支行欠息 23 万元，于是，法院破产庭再次召集债权人会议，宣布立即进入破产清算。经破产清算，各债权人按比例分配清偿金额，其结果是贷款行只收回本息 50 万元，造成损失 180 万元。

启发思考：

分析审查保证人的资格是否合格。

答：

保证人的资格不合格，因为保证人是被注销的公司，名为保证贷款，实为信用贷款。在对保证人的资格审查时，一定要作深入细致的调查和审查工作：看保证人是否还在生产经营，所有保证手续是否合法有效。必要时应向工商行政管理部门进行查询，以防止该类事件的发生。

二、抵押与抵押贷款

抵押是指债务人或者第三人不转移抵押财产的占有，将该财产作为债权的担保。银行以抵押方式作担保而发放的贷款，就是抵押贷款。抵押品通常包括有价证券、国债券、各种股票、房地产以及货物的提单、栈单或其他各种证明物品所有权的单据。贷款到期，借款者必须如数归还，否则银行有权处理其抵押品，作为一种补偿。

（一）抵押品的分类

根据抵押品的范围，大致可以分为以下六类。

（1）存货抵押，又称商品抵押，指用工商业掌握的各种货物，包括商品、原材料、在制品和制成品，向银行申请贷款。

（2）客账抵押，是客户把应收账款作为担保取得短期贷款。

（3）证券抵押，以各种有价证券如股票、汇票、期票、存单、债券等作为抵押，取得短期贷款。

（4）设备抵押，以机械设备、车辆、船舶等作为担保向银行取得定期贷款。

（5）不动产抵押，即借款人提供如土地、房屋等不动产抵押，取得贷款。

（6）人寿保险单抵押，是指在保险金请求权上设立抵押权，它以人寿保险合同的退保金为限额，以保险单为抵押，对被保险人发放贷款。

（二）抵押率的确定

抵押率又称"垫头"，是抵押贷款本金利息之和与抵押物估价值之比。通常以房产抵押的，抵押率最高不得超过 70%；以交通运输工具、通用机器设备和工具抵押的，抵押率最高不得超过 60%；以专用机器设备和工具、无形资产（含土地使用权）和其他财产抵押的，抵押率最高不得超过 50%。

1. 抵押率的影响因素

（1）贷款风险。贷款风险与抵押率成正向变化。抵押率越高，风险越大；抵押率越低，风险越小。所以贷款人对风险大的贷款，采用降低抵押率来减少风险；风险小的，抵押率可高些。

（2）借款人信誉。一般情况下，对那些资产实力匮乏、结构不当，信誉较差的借款人，抵押率应低些；反之，抵押率可高些。

（3）抵押物的品种。由于抵押物品种不同，它们的占管风险和处分风险也不同。按照风险补偿原则，抵押那些占管风险和处分风险都比较大的抵押物，抵押率应当低一些；反之，则可定得高一些。

（4）贷款期限。贷款期限越长，抵押期也越长，在抵押期内承受的风险也越大，因此，抵押率应当低一些。而抵押期较短，风险较小，抵押率可高一些。

2. 抵押率的计算公式

抵押率的计算公式为：

$$抵押率 = 贷款本息之和 \div 抵押物估价 \times 100\%$$

（三）抵押物的范围

1. 法律规定可抵押的财产范围

依照担保法和相关法律，可以抵押的财产包括以下几种。

（1）抵押人所有的房屋和其他地上定着物。前者包括私有房产、集体所有房产和企事业单位投资建筑的房屋。后者是指抵押人依法享有所有权的附着于地上的除房屋以外的不动产，如桥梁、隧道、林木、农作物等。

（2）抵押人所有的机器、交通运输工具和其他财产。机器主要指作为生产工具的设备，诸如机床、通信设备和装卸机械等；交通运输工具是指能运载人或物的机械性运具，包括飞机、船舶、火车和各种机动车辆等；其他财产为可以流通适于抵押的其他动产，如商品、原材料和牲畜等。

（3）抵押人依法有权处分的国有土地使用权、房屋和其他地上定着物。如果抵押人是以国有土地使用权抵押，抵押人必须对该土地使用权有处分权。如果是以固有房产为抵押，抵押人必须依法取得房屋所有权连同该房屋占用范围内的土地使用权。国有独资企业以重要资产抵押时，应取得上级有权机构的批准。但是，有经国务院授权行使资产所有者权利的，无须经国务院批准。

（4）抵押人依法有权处分的国有机器、交通运输工具和其他财产。国有企业只有在国家授予其对经营管理的财产享有占有、使用和依法处分的权利，才能以国有机器、交通运输工具和其他财产作为抵押物。

（5）抵押人依法承包并经发包方同意抵押的荒山、荒沟、荒丘、荒滩等（以下简称四荒地）的土地使用权以及乡（镇）、村企业的建筑物及其占用范围内的土地使用权。

（6）依法可以抵押的其他财产。如矿业权、海域使用权、取得土地承包经营权或林权证等证书的农村土地承包经营权。

2. 法律禁止抵押的财产

依照担保法和相关法律，禁止抵押的财产包括以下几种。

（1）土地所有权。包括国有土地的所有权和集体所有的土地所有权，因国家明令禁止国有土地流通，所以国有土地所有权不能抵押；集体所有的土地大多为农业用地，为发展农业生产，集体所有的土地也不得抵押。

（2）耕地、宅基地、自留地、自留山等集体所有的土地使用权。国家为保护耕地，保障农业生产的发展，禁止以耕地做抵押；为避免出现农民无住所的情况，禁止以宅基地土地使用权做抵押；自留地、自留山能给农民提供基本生活资料，为了保护农民的利益，也禁止以自留地、自留山作为抵押财产。

（3）学校、幼儿园、医院等以公益为目的的事业单位、社会团体的教育设施、医疗卫生设施和其他社会公益设施。公益设施与社会公共利益密切相关，为了避免实现抵押权而损害社会公共利益和社会公共福利，影响社会安定，禁止以公益单位的公益设施作为抵押。

（4）所有权、使用权不明或者有争议的财产。所有权、使用权不明或者有争议的财产是表示该财产所有权、使用权归属不明确，抵押人对该财产没有处分权，不符合抵押财产的前提条件，不能作为抵押财产。

（5）依法被查封、扣押、监管的财产。依法被查封、扣押、监管的财产表明原所有者已对该财产丧失了处分权，也不能作为抵押财产。

（6）依法不得抵押的其他财产。如国家机关的财产；违法、违章、临时建筑物；已依法公告列入拆迁、改造范围的房地产和土地使用权；城市规划区内的集体所有土地；列入文物保护的建筑物和具有重要纪念意义的其他建筑物等。

3. 抵押物的条件要求

作为抵押物的财产必须符合以下三个前提条件。

（1）必须是权属无争议的财产。该财产必须是抵押人享有所有权、处分权或经营权的财产，他人财产不能充当抵押物，不能自由处分的财产不得设定抵押。

（2）必须是法定可以抵押的财产，且其处置不妨碍公共利益。

（3）必须是价值稳定且依法可以流通转让的财产。银行接受抵押物并非为了取得抵押物，而是为了在借款人不履行债务时，处理抵押物并以其价款优先受偿。因此，抵押物必须是可以进入市场交易的财产，并且便于估价，易于变现，在抵押期及预计的变现期内经正常存放、使用不会损毁其价值或灭失。

~~~ 案例 4.9 ~~~

S大学向B银行借款是否符合资格

2014年11月10日，S大学为维修办公大楼，以维修办公室名义向B银行借款人民币500万元，期限1年，该笔贷款由该大学基建处担保。贷款到期后客户经理上门催收，发现借款单位维修办公室已经完毕，而该校基建处又新官不理旧账。学校领导班子换届后推说对当时的贷款情况不清楚。

启发思考：

分析 S 大学向 B 银行借款是否符合资格，有可能导致的风险是什么？

（1）该笔贷款的借款单位不符合贷款资格。《贷款通则》明确规定：借款人应当是经工商行政管理机关（或主管机关）核准登记的企业（事业）法人、其他经济组织、个体工商户或具有中华人民共和国国籍的具有完全民事行为能力的自然人。显然，S 大学维修办公室作为借款人是不符合《贷款通则》规定的。

（2）该笔贷款的保证人也不符合《中华人民共和国担保法》（以下简称《担保法》）的规定。《担保法》第 2 章第 7 条明确规定：具有代为清偿债务能力的法人、其他经济组织或公民，可以作为保证人。第 9 条又规定：学校、幼儿园、医院等以公益为目的的事业单位、社会团体不得作为保证。

（3）没有资金来源还款。贷款可能形成呆滞贷款。

（4）该案例告诉我们，在选择和审查借款人和保证人时，一定要严格按照《贷款通则》和《担保法》的要求来办。

（四）抵押物的产权设定与登记

1. 产权设定的定义

产权设定是指银行要证实并取得处分抵押物以作抵偿债务的权利。借款人要将财产契约交指定机构登记过户，明确银行为产权所有者和保险受益人。

2. 抵押登记的部门

根据我国《担保法》的规定，办理抵押登记的部门有：以下几个。

（1）以城市房地产或乡（镇）村企业的厂房等建筑物抵押的，抵押登记部门为县级以上地方人民政府规定的部门。

（2）以无地上定着物的土地使用权抵押的，抵押登记部门为核发土地使用权证书的土地管理部门。

（3）以林木抵押的，抵押登记部门为县级以上林业主管部门。

（4）以船舶、航空器、车辆抵押的，抵押登记部门为运输工具登记部门。

（5）以企业的设备和其他财产抵押的，抵押登记部门为财产所在地的工商行政管理部门。

（6）矿业权的抵押登记部门为审批发放探矿、采矿许可证的地质矿产主管部门。

（7）以海域使用权抵押的，抵押登记部门为原批准用海人民政府的海洋行政主管部门。

以下列财产抵押的，抵押合同自签订之日起生效，银行自登记之日起获得对抗第三人的权利，办理抵押物登记的部门为抵押人所在地的公证部门。

（1）个人、事业单位、社会团体和其他非企业组织所有的机械设备等生产资料。

（2）位于农村的个人私有房产。

（3）个人所有的家具、家用电器等生活资料。

（4）其他依法可以抵押的财产。

3. 抵押物登记的内容

抵押物登记的内容详见图 4.3。

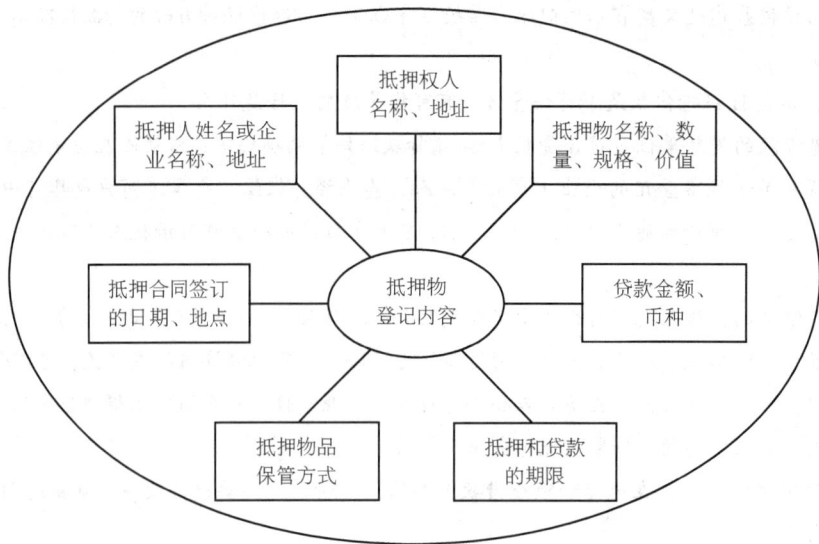

图 4.3　抵押物登记的内容

4．抵押物的占管、处分

（1）占管

根据《担保法》中规定的抵押方式设定抵押的财产，一般由抵押人占管，即抵押人不转移财产的占有；根据《担保法》中规定的质押方式设定的质物，一般由抵押权人占管。

（2）处分的条件

① 抵押合同期满，借款人不能履行还款。

② 抵押期间抵押人宣告解散或破产。

③ 个体工商户作为抵押人在抵押期间死亡、失踪，其继承人或受遗赠人不能偿还其债务。

（3）处分的方式

① 拍卖；② 转让；③ 兑现

案例 4.10 ～～～～～～～～～～～～～～～～～～～～～～～～～～～～～～～～～～～～～～

抵押债权的清偿

李某于 2015 年 1 月向 A 借款 5 万元，借期为一年半；同年 6 月，向银行抵押贷款 10 万元，以一处房子抵押，约定一年后还本付息，订立了抵押合同并登记。

半年后，他又向 B 借款 4 万元，仍以该房抵押，双方订立书面抵押合同并约定半年后偿还。上述借款全部到期后，李某无力偿还，只得变卖房屋，仅得 14 万元。

启发思考

（1）银行、A、B 的债权应如何受偿？

（2）若该房是李某的朋友托其看管的，抵押合同有无效力？

（3）若 2016 年 2 月该房失火，李某获得保险赔偿 10 万元，这笔款项该如何处理？

答：

（1）抵押债权优于一般债权，同是抵押债权按时间先后清偿，因此，设定了抵押债权的房屋出卖后应先清偿银行的 10 万元，再还 B 的 4 万元，A 的欠款用其他财产清偿。但要注意出卖时各个债权是否到期。

（2）无效，该房不属于李某，李某没权利设定抵押权。

（3）保险赔偿 10 万元仍然是银行的债权优先受偿。

三、质押与质押贷款

质押权是一种特别授予的所有权。在质押方式下，质权人在债务全部清偿以前占有债务人用作质押的质物或权利，而且在某些情况下，受质押人还有出卖该质物或权利的权力。以担保法中规定的质押方式发放的贷款称为质押贷款。

（一）质押的范围

1. 法律规定可质押的财产范围

商业银行可接受质押的财产有以下几种。

（1）出质人所有的，依法有权处分的机器、交通运输工具和其他动产。

（2）汇票、支票、本票、债券、存款单、仓单、提单。

（3）依法可以转让的基金份额、股权。

（4）依法可以转让的商标专用权、专利权、著作中的财产权等知识产权。

（5）依法可以质押的其他权利，包括合同债权，不动产如公路桥梁、公路隧道、公路渡口等受益权和租赁权，项目特许经营权，应收账款、侵权损害赔偿、保险赔偿金的受益转让权等。

2. 法律禁止质押的财产

商业银行不可接受质押的财产有以下几种。

（1）所有权、使用权不明或有争议的财产。

（2）法律法规禁止流通的财产或者不可转让的财产。

（3）国家机关的财产。

（4）依法被查封、扣押、监管的财产。

（5）珠宝、首饰、字画、文物等难以确定价值的财产。

（6）租用的财产。

（7）公益事业单位和社会团体的教育设施、医疗卫生设施和其他公益设施。

（8）不动产。

（9）依法不得质押的其他财产和权利。

~ 案例 4.11 ~

存款单未经权利人授权质押是否有效

2012 年 10 月 6 日，银行吸储员王某请朋友于某帮助吸储，于某将 5 万元现金交给王某代办存款。当日，王某将 5 万元现金存入银行，银行出具载明于某姓名的定期 5 年的存款单。次日，王某找到于某要求借其存款单到某信用社质押贷款，于某同意。同月 10 日，王某将借于某的存款单质押给甲，向甲借款 5 万元，借款期限 6 个月，并约定借款逾期后不归还借款，则存款单归甲所有。借款逾期后，王某未偿还借款，甲便将王某质押的存款单交付乙，以偿还其欠乙的债务 5 万元。2013 年 2 月 6 日，乙持存款单向银行要求提前支取 5 万元存款。银行因乙提前支取定期存款无存款人身份证而拒付。于某得知此情况，认为自己是存款单的所有权人，乙属非法持有存款单，要求银行向其支付存款。银行认为于某虽为存款人，但其未持有存款单，拒绝向于某支付存款。于某遂向法院起诉，要求银行支付 5 万元存款。

启发思考：

分析是否应支持于某要求银行支付存款的诉讼请求。为什么？

答：应支持于某要求银行支付存款的诉讼请求。

理由是：于某将存款单借给王某到信用社质押贷款，而王某违反约定，用存款单向甲质押借款，王某的行为并未得到于某的同意，其向甲质押借款属无权处分。甲因此不能取得存款单的所有权，其用存款单向乙偿还债务的行为亦为无效。所以，乙无权向银行要求支付存款，乙应将存款单返还给甲，甲将存款单返还给王某，王某再将存款单返还给于某，或乙直接将存款单返还给于某，于某可持返还的存款单或作为存款的所有权人直接要求银行支付存款。

（二）质权生效的界定

根据法律规定，质押合同是以质物或权利凭证移交于质权人占有或登记为生效要件。质押合同的生效因质物种类不同而分为三种情况，即实物交付生效、权利凭证交付生效、权利登记生效。

1. 动产质押质权生效的界定

动产质押采用实物交付生效，即以出质人将质物交给银行实际占有为授信业务质押合同的生效要件。

2. 权利质押质权生效的界定

权利质押有两种情况，若财产权利有财产凭证可移交的，如汇票、本票、支票、债券、存款单、仓单、提单等，采用权利凭证交付生效的原则，质押合同自财产权利凭证交付之日起生效。若财产权利没有凭证，如可转让股票、商标专用权、专利权、著作权等，或者虽有凭证但依法不能转交为他人占有的，以登记为合同生效要件。

需要强调的是：借款人或者第三人与银行订立了动产质押合同或权利质押合同，但法律规定应当交付质物或登记而未交付或登记的，质押合同不生效，出质人因此而给银行造成损失的，应当向银行承担赔偿责任。

问与答

问：质押与抵押的区别是什么？

答：质押与抵押虽都是物的担保的重要形式，本质上都属于物权担保，但毕竟是性质不同的两种担保方式，两者有着重要的区别。

（1）质权的标的物与抵押权的标的物的范围不同

质权的标的物为动产和财产权利，动产质押形成的质权为典型质权。我国法律未规定不动产质权。抵押权的标的物可以是动产和不动产，以不动产最为常见。

（2）标的物的占有权是否发生转移不同

抵押权的设立不转移抵押标的物的占有，而质权的设立必须转移质押标的物的占有，这是质押与抵押最重要的区别。

（3）对标的物的保管义务不同

抵押权的设立不交付抵押物的占有，因而抵押权人没有保管标的物的义务；而在质押的场合，质权人对质物则负有善良管理人的注意义务。

（4）受偿顺序不同

在质权设立的情况下，一物只能设立一个质押权，因而没有受偿的顺序问题。而一物可设数个抵押权，当数个抵押权并存时，有受偿的先后顺序之分。

（5）能否重复设置担保不同

在抵押担保中，抵押物价值大于所担保债权的余额部分，可以再次抵押，即抵押人可以同时或者先后就同一项财产向两个以上的债权人进行抵押。也就是说，法律允许抵押权重复设置。而在质押担保中，由于质押合同是从质物移交给质权人占有之日起生效，因此在实际中不可能存在同一质物上重复设置质权的现象。

（6）对标的物孳息的收取权不同

在抵押期间，不论抵押物所生的是天然孳息还是法定孳息，均由抵押人收取，抵押权人无权收取。只有在债务履行期间届满，债务人不履行债务致使抵押物被法院依法扣押的情况下，自扣押之日起，抵押权人才有权收取孳息。在质押期间，质权人依法有权收取质物所生的天然孳息和法定孳息。

补充阅读

XX 银行对 Z（集团）系列公司的调研报告

调研时间：2014 年 4 月 15 日下午

调研行：香江支行

调研成员：赵、钱、孙、李

主要内容：2014 年 4 月 15 日，省分行审批人到香江支行对贷款单位 Z（集团）系列公司进行实地调研，透过对 Z（集团）系列公司的实际经营、管理情况进行了解，反映物流商贸行业存在的风险问题，提出审批人对该行业的管理意见。

一、Z（集团）系列公司的背景材料和审批决策情况

Z 集团系列公司包括 4 家全资公司（含集团）及集团下属 6 家子公司。

目前 Z（集团）系列公司中使用我行贷款额度的，只有××地市香江区××贸易公司及××地市 A 电器有限公司，而这两家公司是 Z（集团）系列公司中的主要部分，也是 Z（集团）系列公司中实力最强的公司，而 Z（集团）系列公司前期资本积累基本通过这两家公司完成。

Z（集团）有限公司成立于 2012 年 11 月，注册资本 10 000 万元，股东包括：冯××，出资比例 90%；马××，出资比例 5%；莫××，出资比例 3%；黄××，出资比例 2%，公司法人代表为冯××。Z（集团）公司成立的目的是逐步将冯××直接投资或控股的一系列企业进行统一管理和运筹。但目前 Z 集团公司还未能完全发挥作用，也没有编制合并报表。目前 Z（集团）有限公司并没有贷款，只为下属子公司××地市香江区××贸易公司及××地市 A 电器有限公司贷款作担保。

××地市香江区××贸易公司是我行 AA 级信用企业，成立于 20 世纪 90 年代，前身为××贸易商行，后于 2004 年变更为现名，属集体所有制企业，主营业务为批发、零售各种饮料、食品、日用品等。目前，该公司注册资本 2680 万元，实收资本 15 000 万元，资产总额 62 443 万元，员工 500 多人，320 台大、中型运输车辆，拥有华南地区规模最大的物流中心。2012 年 8 月该公司被××地市政府评为优秀

民营企业，同年 9 月被我分行评为"双 50"工程的重点客户。

当前，公司经营已达一定规模，综合竞争力较强，主导销售产品中众多品牌获得区域内一级代理权，市场前景较好。

××地市 A 电器有限公司是我行 AA 级信用企业，成立于 2008 年 3 月 5 日，是一家以空调、冰箱、洗衣机及小家电为主的商业批零公司，现拥有资产 41 069 万元，员工 500 人，属下分公司分布市内各区和深圳特区、东莞、佛山、肇庆等地区，在同行业中有良好的声誉。随着企业经营规模的不断扩大，客户的市场竞争力也不断增强。

2014 年 2 月 11 日经省行审批通过给予 Z（集团）系列公司一般额度授信 20 000 万元，期限 2 年，其中流动资金贷款 7000 万元，银行承兑汇票 13 000 万元。具体额度分配为：××地市香江区××贸易公司一般额度授信 14 000 万元（其中流动资金贷款 5000 万元，银行承兑汇票 9000 万元）；××地市 A 电器有限公司一般额度授信 6000 万元（其中流动资金贷款 2000 万元，银行承兑汇票 4000 万元），同意的条件为：① 落实合法有效的第三方保证方式；② 开立银行承兑汇票按照总行有关规定交存保证金；③ 追加大股东冯××个人合法、有效的连带责任担保。

同时，会议要求我支行关注企业未来有无固定资产投资、企业的结算方式及经营方式的变化。

二、应收账款及存货占用大是商贸业的共性，也是银行面对的风险

商贸批发业应收账款回收不仅是企业自身同时也是银行所面对的风险。商贸批发企业对相当一部分大型超市、商场和分销商，都不同程度给予一定的赊销额，一旦大型超市、商场和分销商经营出现问题，商贸批发公司将面临货款不能回收、坏账等情况，必然影响银行贷款的回收，审批人对这些问题早已高度重视。通过对 Z 集团的调研，了解到该公司从管理人员到财务人员、检察部层层对应收账款把关，并制定了严谨的规章制度；并根据客户的信誉及偿还能力设定三级的资信等级，对每级制定不同的赊贷限额、结算期限等。同时让业务人员、送货人员与对应的客户挂钩，要求业务人员对客户进行高密度拜访，在每次送货或业务走访时均负责考察客户的经营情况和货物销售情况有无异常等，如发现客户经营情况发生变化，即刻提前催收或上门收回货款，缩短销期，同时对有关业务人员及送货人员进行处罚。这种措施在实际操作中非常有效，从而有效避免了坏账损失，保证了资金良性周转。

该公司在存货管理方面有一套完善的管理体制，并拥有较具规模的物流中心，同时拥有一支庞大的运输车队和专业装卸配送人员。其中香江区××公司已建立华南地区最大的物流中心，仓储总面积达 10 万平方米，并完成了部分货仓的电子化改造，目前已经达到每天吞吐货物量达 30 万件、日配送客户最多达 3000 家的水平，在物流行业中具有较强的竞争力。另外 A 公司正加紧建设一个现时化的电器产品配送的物流中心，以进一步提高工作效率及营运能力。目前两家公司正朝着集代理、配送、电子化仓储管理于一体的经营方向发展。对于储存货物，两家公司都有严格的进出货管理制度，通过安装电子信息系统，实时监控商品的进出及储存情况，并对储存商品实行先进先出法，有效提高了工作效率；同时对仓存商品保持在公司月销售配送量内，加快存货周转，以避免资金不合理占用，保证公司资金流动性。

由此可见，商贸行业应收账款和存货占用的风险防范，关键是由经办行贷前测算其合理量和贷后加以严格管理，并根据借款人周转次数和管理水平高低确定其流动资金的需求。

三、银行重点选择有诚信的商贸批发一级代理商为营销对象，避免银行的信贷风险

Z 集团两家公司所代理产品均为市场上适销、名牌饮料、食品、日用品、电器等产品，并且已取得这些品牌在××地市地区的独家代理权。同时分别在珠江三角洲地区建立了较大的销售网络及营销代

理队伍，并通过完善的经营管理、规范运作模式，向华南地区进行复制推广，建立相互支持、互相呼应的分销经营实体，并逐步扩张分销地域，构建一个稳定、完善的南中国消费品物流、配送、分销网络。在销售资金占用及回笼情况方面，两家公司相近。以××贸易公司销售资金占用及回笼情况为例说明，目前该公司已取得珠江啤酒、怡宝、可口可乐、娃哈哈、红牛等几十个产品的代理权，而仅珠江啤酒和怡宝蒸馏水产品年销售额就超 4 亿元。由于产品品种多、销售量较大，使公司增加对代理产品的购入存货，增加了公司资金占用。另外公司给予客户一定的赊销金额和结算期限及办理银行承兑汇票缴存的保证金也占用公司资金，致使××贸易公司占用资金相对较大。根据 2013 年××公司财务报表数据测算，销售资金占用约为 1.5 亿元，每年库存商品销售周转次数为 8 次。其中××公司 2013 年全年销售收入达 12.13 亿元，净利润达 3620 万元，比上年增长 20% 和 78%，每月回笼资金 11 000 万 ~ 12 000 万元。而 A 公司 2013 年全年销售收入达 7.3 亿元，净利润达 3719 万元，比上年增长 50% 和 72%，每月回笼资金约为 6000 万 ~ 7000 万元。由此可见一级代理商十分重视其经销权，其销售网络完善，经营和财务状况良好，还款来源充足，贷款回笼稳定，能保证以销售收入偿还银行贷款本息，一般不轻易对银行承诺违约。

四、审批人严格审查关联企业对银行信贷资金占用

Z 集团公司不直接参与下属子公司的经营，对于下属子公司短期资金需求，统一由集团公司调配，容易造成银行借款统一使用的风险。

Z 集团公司成立的目的是：把冯××直接投资或控股的一系列企业进行统一管理，集团公司不直接参与系列企业的经营。在集团下属子公司中只有××地市 A 电器有限公司、××地市香江区××贸易公司、××地市恒飞贸易有限公司、××地市胜美皮具服装有限公司在运作，而这些下属子公司经过多年发展，自身拥有一定的资金实力和市场竞争力，如下属企业想进一步扩大销售经营，而自有资金不足，可通过向金融机构融资取得。对于子公司之间的短期资金周转需求，统一由集团公司运筹调配；对下属子公司资金调配权主要由冯××审批调配——冯××是××集团公司的最大股东兼法人代表，也是香江区××贸易公司及 A 公司的创办人；集团公司规定对子公司间资金调配周期一般不能超过三个月，这样就存在银行信贷资金被挪用的可能，经办行必须高度重视对信贷资金的监管。

五、对 Z（集团）系列公司进行授信，我行应采取的风险防范措施

（1）积极利用市场信息印证搜集的信息，判断公司发展道路的准确性。

（2）定期通过人行系统查询 Z 集团公司、香江区××公司、A 公司三家企业在各家银行的总体负债情况，动态判断偿债压力，在保持我行一定业务份额的同时，注意我行在公司总体负债中的占比，避免承担过高风险。

（3）密切注意公司的发展动向，定期或不定期地对公司进行走访，动态掌握企业的经营状况与财务状况。通过收集第一手资料来正确检测财务分析的质量和准确性。另外定期对企业存货商品进行实地盘查，测算企业销售资金合理占比，判断企业资金的使用情况。

（4）建立完善的贷后跟踪机制，增强贷后管理的能动性。提高对企业存在的风险源、风险点、风险程度和风险趋势分析能力，并随时关注企业的市场表现和财务状况，判断企业的创新能力和发展潜力。

（5）加强对企业的信息收集、整理、分析和挖掘，动态分析企业的生命周期和所处的阶段，并及时发现和处置贷款风险，正确把握退出时机，最大限度地确保贷款资金安全。

本章小结

　　商业银行信贷业务部门与信贷管理部门分别为信贷业务的前台、中台、后台部门，前台、中台、后台部门及其相关岗位职责的相互独立与相互制约。

　　贷款流程包括贷款申请、贷款受理、贷款审查、贷款调查、贷款审批、贷款签约、贷款发放、贷后管理、贷款回收与处置等环节。

　　签订借款合同是贷款发放的一个主要环节，它是对签约双方产生法律约束力的标志。以两个或者多个合同相互间的主从关系为标准，可将合同分为主合同与从合同；贷款过程中授信担保是保障银行债权得以实现的法律措施，它为银行提供了一个可以影响或控制风险的潜在来源。

　　贷款按有无担保划分，分为信用贷款和担保贷款。信用贷款是依据借款人的信用状况发放的贷款。担保贷款是指由借款人或第三方依法提供担保而发放的贷款，包括保证贷款、抵押贷款和质押贷款。

第五章 商业银行资产业务（二）
——商业银行债券投资业务

【学习目标】

了解商业银行债券投资的功能；熟悉债券投资品种、债券投资市场和债券业务类型；掌握债券投资的风险及其防范；了解影响债券价格的因素；掌握证券投资收益率的计算方法；掌握债券投资的主要策略的优缺点；能对银行债券投资组合效果进行比较。

引　例

我国商业银行的债券投资状况

在我国商业银行的所有资产中，债券投资具有较大的流动性、较高的安全性和较好的收益性，已经成为仅次于贷款的第二大资产。由于我国商业银行债券资产的比例不断增大，债券投资在商业银行资产业务中的地位也在不断提升，在不久的将来，其必将成为商业银行最具灵活性和主动性的资产业务之一。

1. 国债交易量呈上升趋势

伴随着国债现货市场的快速发展，机构的避险需求日趋强烈。截至 2015 年 6 月底，我国商业银行持有国债 3.9 万亿元，占整个国债市场的 63.13%。

2. 债券投资净收益率逐年递增

国债投资收益已经成为商业银行除了贷款利息收入之外的第二大收益来源。商业银行持有 1 年内到期的债券平均到期收益率为 2.05%；1 年以上 3 年以下到期的债券平均到期收益率为 2.69%；3 年以上 5 年以下债券的平均到期收益率为 3.66%；5 年以上 7 年以下到期的债券平均到期收益率为 3.8%。

近年来我国商业银行开始涉足外国债券，投资范围包括美国、日本，以及欧洲、亚洲等许多国家的主权债券和企业债券。平均债券投资净收益率逐年递增。

3. 主要商业银行的投资策略各有不同

中国银行：中行投资的债券基本上以国债和央行发行的票据及部分金额债券为主。2013 年，我国的债券市场盈利率持续走高，坚持短久期操作。在预先控制风险增大这方面，中行用扩大浮动利率债券的投资来应对市场盈利率增高以及升息；在控制风险的同时，中行在投资短期融资债券以及企业债券方面合理地提高了其信用等级，以解决信用利差较大的问题。

建设银行：2015 年，建行面对瞬息万变的市场，小规模改善了其债券投资的方案方法。在本币运用方面，建行依照现存的国际走向，选取定量分析、精细化控制，并以谨小慎微的方案来面对如今的市场，最终使其投资管理能力更上一层楼。而在外币投资策略上，面对国际市场的复杂环境，其采取了多策略并加强组合的优化调整。

工商银行：2013 年，中国市场面临银行间市场利率的上升，而债券价格却有所下降。所以工行采用了短久期的方案，避免了债券价格持续下降所带来的一系列风险，稳固了风险的防治措施，在控制风险的同时提高了套利交易的效率，使建行的收益率呈上升趋势。

农业银行：目前，农行在省级分行设立了专门的投资银行部门，尽管各经营型投资银行业务起步较之总行稍迟，但发展却较为迅速。面对市场风险，农业银行借鉴花旗银行和德国全能银行的策略，在投资方面收益提高。

启发思考：

商业银行为什么积极投资债券市场？我国商业银行为什么大量地购买国债？

答：一家银行可能由于流动性问题而倒闭，或由于其他问题而倒闭，如系统性冲击、诈骗。银行的倒闭，特别是大银行，可能会扩散多米诺效应，迫使其他银行走向破产，并导致银行系统的崩溃。

对于商业银行来说，应努力从安全性、流动性和收益性这三个方面寻找资金运转的最佳配置。商业银行从事债券投资业务，其主要目的是增加收益、增强资产的流动性。近年来，我国商业银行大量购买国债，正是兼顾安全性、流动性和收益的现实选择。

商业银行债券投资是指商业银行依法对金融债券、政府债券和其他中央银行批准投资的有价债券进行投资的一项业务，它是商业银行资产业务的主要内容，就商业银行的实现利润、资金的运用、流转资金及经济发展等方面来说，它起着至关重要的影响。

第一节　商业银行债券投资业务概述

一、商业银行债券投资的功能

债券投资之所以能够发展到品种繁多、业务类型多样，且占到了很大的市场份额，都与债券投资的功能有着不可分割的关系。

1. 分散银行经营风险

降低风险的一个基本做法是实行资产分散化。债券投资为银行资产分散化提供了一种选择，而且债券投资风险比贷款风险小，形式比较灵活，可以根据需要在市场上随时买卖，有利于资金运用。

特别是国债，其本金及利息的给付是由政府作担保的，几乎没有什么风险，是具有较高安全性的一种投资方式。

2. 收益高于银行存款

在我国，债券的利率高于银行存款的利率。投资于债券，投资者一方面可以获得稳定的、高于银行存款的利息收入；另一方面可以利用债券价格的变动，买卖债券，赚取价差。

3. 保持银行资金流动性

商业银行现金资产无利息收入，为保持流动性而持有过多的现金资产会增加银行的机会成本，降低盈利性。变现能力很强的债券投资是商业银行理想的高流动性资产，特别是短期债券，既可以随时变现，又能够获得一定收益，是银行流动性管理中不可或缺的第二级准备金。

4. 合理避税

商业银行投资的债券多数集中在国债和地方政府债券上，政府债券往往具有税收优惠，银行可以利用债券组合投资达到合理避税的目的，增加银行的收益。除此之外，债券投资的某些债券可以作为向中央银行借款的抵押品，同时债券投资还是银行管理资产利率敏感性和期限结构的重要手段。

5. 逆经济周期的调节手段

经济高涨时期，可以发放贷款，风险较低；经济衰退时，可以投资证券，获取收益。

总之，银行从事债券投资是兼顾资产流动性、盈利性和安全性三者统一的有效手段。

问与答

问：贷款收益一般高于证券，为什么商业银行投资还要投资证券业务？在什么情况下商业银行才能做此业务？

答：商业银行为保证利润要满足贷款的需求，但是还要满足以下三方面的需要：① 法定准备金需要；② 确保银行流动性的需要；③ 满足属于银行市场份额的贷款需要。所以商业银行在满足贷款需要后，应将剩余资金投入证券业务。

二、债券投资品种

在我国，商业银行进行债券投资的主要品种有国债、央行票据、短期融资券、金融债券和企业债券等。

（一）政府债券

1. 中央政府债券

中央政府债券（又称国家债券）是指由中央政府的财政部发行的借款凭证。国家债券是银行债券投资的主要种类。

问与答

问：为什么商业银行喜欢投资国债？

答：安全性高、流动性强、抵押代用率高。

国家债券按期限长短可以分为短期和中长期国家债券，短期国家债券通常称为国库券，中长期国家债券通常称为公债。

（1）国库券。国库券是以贴息方式发行的短期政府债券。所谓贴息方式发行是指债券票面不标明收益率，而是按低于票面的价格出售给投资者，到期由财政部按面值收回债券，销售和收回的价格差异即为投资者的收益。

国库券发行的期限在 1 年以下，一般有 1 个月、3 个月、6 个月、9 个月、12 个月等不同期限。所筹资金主要用于中央财政预算平衡后的临时性开支。国库券期限短、风险低、流动性高，是商业银行证券投资最主要的组成部分。

（2）中长期国债。中长期国债是政府发行的中长期债务凭证，1~10年为中期国债，10年以上为长期国债，所筹资金用于平衡中央财政预算赤字。中长期债券一般在票面标明价格和收益率，购买时按票面价格支付款项，财政部定期付息，到期归还本金。由于中长期债券期限长，收益率比国库券高。

2. 市政债券或地方政府债券

一般义务债券：本息偿还由地方政府征税能力作保证而发行的债券，用于政府服务支出，如教育、治安。

收益债券：本息偿还以所筹资金投资项目的未来收益作保证（如收费公路、电力、自来水设施）而发行的债券。

特点：有一定的违约风险，有减免税的优惠，实际收益较高。

（二）金融类债券

1. 央行票据

央行票据于2003年首次发行，在这14年的发展历程里，它已经一跃成为最活跃的工具。它的优势在于，它是一种短期金融工具，银行和其他金融机构对短期流动性的管理更加方便、快捷。可以说国债期限现有的结构因为它的补充而变得更加完善。

2. 金融债券

金融债券的发行主体是商业银行和其他金融机构，主要是用来处理资金短缺和其来源稀少的问题。我国现在发行的金融债券主要为政策性金融债券，它主要针对商业银行和其他金融机构发行。

（三）公司债券

公司债券是企业对外筹集资金而发行的一种债务凭证。由于公司债券与政府债券相比税后收益率比较低，风险又比较高，所以，公司债券在二级市场上的流动性不如政府债券。为了保障商业银行投资的安全，许多国家在银行法中规定，仅允许商业银行购买信用等级在投资级别以上的公司债券。一旦公司债券信用等级降到可投资级别以下，银行要及时调整持有的债券品种，减少损失。

📖 知识点滴

股票是股份公司发行的证明股东在公司中投资入股并能据此获得股息的所有权证书，它表明投资者拥有公司一定份额的资产和权利。由于工商企业股票的风险比较大，因而大多数西方国家在法律上都禁止商业银行投资工商企业股票，只有德国、奥地利、瑞士等少数国家允许。但是随着政府管制的放松和商业银行业务综合化的发展，股票作为商业银行的投资对象已成为必然的趋势。

三、债券投资的风险及其防范

证券投资的收益与风险同在，收益是风险的补偿，风险是收益的代价。明确风险与收益之间的关系，主要是为了处理好二者的关系。

证券投资的风险包括两类：系统性风险和非系统性风险。

系统性风险是指由于某种全局性的因素引起的投资收益的可能变动，这种因素以同样的方式对所有证券的收益产生影响。它产生于企业外部，为企业所不能控制，又称不可分散风险。包括市场风险、利率风险（利率与证券价格呈反向变化）等。

非系统性风险又称可分散风险专指某一企业或行业所特有的风险。通常由某一特殊的因素引起，只对个别证券的收益产生影响。包括信用风险、经营风险等。

（一）信用风险

信用风险也称违约风险，指债务人到期不能偿还本息的可能性。由于银行投资主要集中在政府债券上，这类债券多以财政税收作为偿付本息的保障，故违约风险不高。银行债券投资中还有一部分是公司债券和外国债券，这部分债券存在着真实违约的可能性。在市场经济发达的国家里，银行在进行投资分析时，除了直接了解和调查债务人的信用状况外，更多的是依据社会上权威信用评级机均对债券所进行的评级分类，并以此为标准对证券进行选择和投资决策。表 5.1 中即为债券评级标准及划分依据。

抵御信用风险的办法是依据社会上权威信用评级机构对债券进行的评级分类为标准，对证券进行选择和投资组合。

表 5.1　债券评级标准及划分依据

穆迪	标准普尔	费奇	金融世界	评级标准
投资等级				
Aaa	AAA	AAA	A+	质量最高，风险最小
Aa	AA	AA	A	质量高，财务状况比上面略弱
A	A	A		财务能力较强，易受经济条件变化的影响
Baa	BBB	BBB	B+	中间等级，当期财务状况较强，缺乏优异的投资特征
投机等级				评级标准
Ba	BB	BB	B	具有投机特征，当期尚能支付利息，但未来不确定
B	B	B	C+	较高投机性，对本利的偿还不确定
Caa-	CCC	CCC	C…D+	高度投机，违约可能性很大
Ca	CC	DDD	D	已经违约

各国对信用风险的规避方法主要有：金融监管部门鼓励银行购买投资级债券，有些国家甚至不允许银行购买投机级债券，以保障银行投资组合的质量。

（二）通货膨胀风险（购买力风险）

通货膨胀风险是指由于不可预期的物价波动而使证券投资实际收入下降的可能性。通货膨胀期间，投资者实际利率应该是票面利率扣除通货膨胀率。若债券利率为 10%，通货膨胀率为 8%，则实际的收益率只有 2%。购买力风险是债券投资中最常出现的一种风险。

通货膨胀风险的规避方法是：对于购买力风险，最好的规避方法就是分散投资，以分散风险，使购买力下降带来的风险能为某些收益较高的投资收益所弥补。通常采用的方法是将一部分资金投资于收益较高的投资品种上，如股票、期货等，但随之带来的风险也增加。

（三）利率风险

利率风险指市场利率变化给银行债券投资带来损失的可能性。

（1）市场价格与市场利率反方向变动造成变现风险。市场利率上升使债券价格下跌，距离到期日越远，这种关系越显著。当银行因各种需要而在未到期前出售证券时，由于缺乏需求，银行只能以较低价格出售债券，从而降低证券投资收益率。变现能力风险的规避方法是：针对变现能力风险，商业银行应尽量选择交易活跃的债券，如国债等，以便于得到其他人的认同；同时信用评级低的债券最好不要购买。在投资债券之前也应准备一定的现金以备不时之需，毕竟债券的中途转让不会给债券持有人带来好的回报。

一般在市场不景气、交易量萎缩，而银行又因流动性需要，急需大量现金时，就会出现这种状况。

（2）利率变化会引起再投资（reinvestment）的风险。例如，长期债券利率为14%，短期债券利率为13%，为减少利率风险而购买短期债券。但在短期债券到期收回现金时，如果利率降低到10%，就不容易找到高于10%的投资机会，还不如当时投资于长期债券，仍可以获得14%的收益，所以再投资风险也是一个利率风险问题。

再投资风险的规避方法是：对于再投资风险，应采取的防范措施是分散债券的期限，长短期配合，如果利率上升，短期投资可迅速找到高收益投资机会；若利率下降，长期债券则能保持高收益。也就是说，要分散投资，以分散风险，并使一些风险能够相互抵消。

（四）经营风险

经营风险是指发行债券的单位管理与决策人员在其经营管理过程中发生失误，导致资产减少而使债券投资者遭受损失。

经营风险的规避方法是：为了防范经营风险，选择债券时一定要对公司进行调查，通过对其报表进行分析，了解其盈利能力和偿债能力、信誉等。由于国债的投资风险极小，而公司债券与政府债券相比其利率较高，但投资风险较大，所以，债券持有人需要在收益和风险之间作出权衡。

📖 知识点滴

按照我国《商业银行法》的规定，商业银行的证券投资仅限于信用可靠，安全性、流动性强的政府债券（如国库券）和金融债券，禁止从事企业债券和股票投资。按照规定，我国商业银行不得从事以下五种投资：不得从事信托投资；不得从事证券经营业务；不得投资于非自用不动产；不得向非银行机构投资；不得向企业投资，但国家另有规定的除外。这就为今后业务的拓展和扩大经营范围留有了余地。

第二节　商业银行的债券投资分析

对于债券投资而言，主要是以获取利息为主，还可以根据市场行情的高低，相机买卖，以赚取市场价差。证券市场越成熟，证券发行公司的经营管理和经营效益状况对证券价格的影响及对投资者的收益影响就越大。

一、影响债券价格的因素

影响债券投资的因素非常复杂，如果商业银行对政治、经济以及公司经营管理情况和问题一无所知或知之甚少，那么，其投资活动就将面临极大的风险。西方国家商业银行证券投资的对象通常有债券、股票等，但对股票投资一般都有限制。我国商业银行证券投资的对象是政府债券和政策性金融债券，我国法律禁止商业银行投资股票业务。

1. 影响债券价格的宏观因素

宏观因素包括经济因素和政治因素。经济因素包括经济周期、利率、货币供应量等方面，政治因素包括政府出台的一些法规和政策。

名人名言

美国学者泰勒提出，央行设定经济增长和通胀的目标水平以及中性利率水平，然后计算目前经济增长和通胀偏离目标幅度的加权平均值，这个数值加上中性利率水平就是联邦基金目标利率。也就是说，当经济增长或通胀低于目标水平时，央行将设置低于中性利率水平的基准利率，以刺激经济增长和避免通货紧缩；反之则央行将设置高于中性利率水平的基准利率，以抑制经济过热和通货膨胀。

影响证券价格的宏观因素很多，一般说来包括以下几项。

（1）国民生产总值。它反映了一国经济的基本形势，一般来说，国民生产总值增长率越高，说明该国经济发展越快，企业的利润水平上升，证券行情看好。

（2）通货膨胀。它对证券价格的影响是错综复杂的，一方面，它使企业的账面利润有所上升，使证券价格有上升的趋势；另一方面，过高的通胀会造成对企业未来经济状况恶化及政府紧缩政策的预期，致使股价下降。

（3）经济周期。它对证券价格尤其是股价影响明显，一般在经济复苏和高涨阶段，股价上升；在经济衰退阶段，股价则下跌。而且，股价变动往往先于经济周期波动，因而是经济的"晴雨表"。

（4）市场利率水平。它与证券价格密切相关，一般利率水平上升，证券价格下挫；而利率水平下跌，证券价格上涨。

（5）各种非经济因素。例如政权的更迭、国家领导人的更替、战争、内乱等，这些因素是通过影响经济因素来间接影响到证券价格的。

另外，还有许多影响证券行情的宏观经济因素，如国家证券方面的税收、汇率、贸易赤字、财政赤字、新证券的发行量等。

新闻摘要

2016 年中国债市大回顾

在 2016 年的最后一天，回顾今年的中国债市，令人癫狂，又让人迷茫。在此轮牛市行情的第三个年头，投资者经历了 4 月大型国企集中违约带来的触动，6～10 月间收益率大幅下行、"职业生涯只剩下 100BP"的疯狂行情，又在年底将至之时，遭遇了"一个多月跌掉差不多两年涨幅"的浩劫。

1．四月凛冽：违约打破"刚兑"信仰

2016年1月信贷数据高企之后，市场普遍将之解读为年初信贷冲量，难以持续。在经济继续下行和货币政策宽松的预期下，"资产荒"继续驱使资金通过直接或委外的形式快速进入债市。

直至3月公布的各项经济数据全面向好，市场方开始意识到政府刺激经济的成效。市场观点亦迅速切换画风：经济U形反转、过热和通胀的观点不绝于耳。

若仅是基于基本面的调整，影响并不会太大，但让市场始料未及的是：在高层对"打破刚兑"容忍度提高之际，信用债开始集中出现违约，叠加营改增等利空因素，一级、二级市场均受重大冲击，信用风险蔓延至流动性风险。

2016年4月，地方国企东北特钢陆续公告多只债券无法兑付，其存续期债券总计数十亿元；央企中铁物资则直接暂停168亿元债券的交易。在很短的时间里，央企、地方国企的投资信仰受到打击。雪上加霜的是，存续期债券超过180亿元的中城建公告揭示自身"非央企"的身份。

信用风险集中爆发，带动利率债市场到期收益率上升。其导致的结果，除了让信用债踩雷者欲哭无泪、投资者获利回吐，还传导至一级市场。整个4月，118家发行人取消了债券发行，总规模达1144亿元，创历年同期最高纪录。

一时间，投资者风格大变，从"什么都敢买"到"什么都不敢买"。诸多投资机构年初制定的收益目标，亦在此轮调整中成泡影，不得不对全年目标做出调整。

2．盛夏戏言：职业生涯只剩下100BP（BP：基点，一个基点等于1个百分点的1%）

4月的高资质发行人大规模债券违约，得到了中国高层的重视。随后，国资委出面，将中铁物资交由诚通集团接管；东北特钢亦陆续发公告，以绝不逃废债的姿态，安抚投资者。

之后，信用违约冲击波带来的影响逐渐减弱，市场重回"机构欠配，买买买"的看多逻辑，且来得更加猛烈。6月初开始，国债到期收益率快速下降，至8月中旬，10年国债收益率跌破2.7%关口。随后，申万宏源发布报告预计，此轮利率下降周期将继续刷新历史新低，10年期国债收益率将进一步下降到1.7%~2.1%。

基于这个预测，有交易员喊出的"职业生涯还剩下100BP（BP即0.01%）"戏谑之言被纷纷转发。

之后，尽管市场偶尔出现小调整，但在机构欠配逻辑的主导下，"加杠杆、加久期、降资质"模式下的"买买买"依旧占据主导，收益率很快又开始下行。至10月24日，10年国债收益率降至2.64%这一年度低点。

但这一切将在10月24日发生逆转，债牛并未如市场人士预期的那样，短暂调整后变身"慢牛"，而是随着之后爆出的"黑天鹅"事件，一去不复返。

3．寒冬突至：债熊还有转牛时？

10月25日，央行将银行理财纳入宏观审慎评估体系（MPA）考核的消息传出。从这一天开始，10年国债收益率重新回到上升通道，至11月底，逐步下跌。

而让债市跌入深渊的，则是机构间的违约事件。

2016年12月中旬，国海证券代持协议"萝卜章"事件在市场上发酵，牵涉机构多达数十家。本就被利空包围的债市，在这一事件刺激下，开始出现恐慌式下跌。

国债期货5年、10年品种首次出现跌停；银行收紧给非银机构拆出资金；银行间、交易所市场质押回购利率飙升，交易员四处高价跪求资金；货币基金遭躺枪遭遇巨量赎回……一时间，流动性风险之大，颇有"雷曼时刻"将至的既视感。

最终，在证监会的介入下，国海证券表示愿意承担损失，风险暂除。但当下的债市已是一头挣扎中的债熊：10年国债收益率12月20日触及3.37%，目前在3.1%~3.3%震荡。

"风起于青萍之末"。

实际上，7月26日中央政治局会议以后，中国政策发生了非常大的转向，决策层集中全部力量从8月开始集中做一个工作抑制资产泡沫。在那之后，中央非常强烈地把金融风险、抑制资产泡沫放在更重要的位置。回头寻找隐患何时埋下，投资者或只能责怪自己。

2. 影响证券价格的微观因素

微观因素不对整个证券市场发生直接影响，仅仅作用于单一证券或某一类的证券。微观因素有公司的资本结构、财务状况、经营管理水平、盈利能力、竞争实力等。对于商业银行来说，微观分析对保证证券投资的长期安全、稳定盈利有着极其重要的意义。

如股票的微观分析着重分析发行公司的盈利状况和潜力、资产规模和结构、负债结构、企业组织情况、管理效率、领导人能力、股利分配政策等因素，从而考虑该股票投资的安全性和预期可能的收益状况。

3. 影响债券投资收益的因素

对证券的基本分析还包括对证券内在价值的估计。

（1）债券的票面利率

债券的票面利率越高，债券的利息收入就越高，债券收益也就越高。债券的票面利率取决于债券发行时的市场利率、债券期限、发行者的信用水平、债券的流动性水平等因素。发行时市场利率越高，票面利率就越高；债券期限越长，票面利率就越高；发行者的信用水平越高，票面利率就越低；债券的流动性越高，票面利率就越低。

（2）市场利率与债券价格

债券的利率在发行时就确定的，一般比市场利率略高。当市场利率降低时，加大了债券与市场的利率差，债券的收益相对提升，人们购买债券的积极性提高，引起债券价格上涨；当市场利率提高时，减少了债券与市场的利率差，债券的收益相对降低，人们购买债券的积极性降低，引起债券价格下跌。

（3）债券的投资成本

债券投资的成本大致有购买成本、交易成本和税收成本三部分。购买成本是投资人买入债券所支付的金额（购买债券的数量与债券价格的乘积，即本金）。交易成本包括经纪人佣金、成交手续费和过户手续费等。目前，国债的利息收入是免税的，但企业债的利息收入还需要缴税，机构投资人还需要缴纳营业税，税收也是影响债券实际投资收益的重要因素。债券的投资成本越高，其投资收益也就越低。因此，债券投资成本是投资者在比较选择债券时所必须考虑的因素，也是在计算债券的实际收益率时必须扣除的。

（4）市场供求、货币政策和财政政策

市场供求、货币政策和财政政策会对债券价格产生影响，从而影响到投资者购买债券的成本，因此市场供求、货币政策和财政政策也是我们考虑投资收益时所不可忽略的因素。

债券的投资收益虽然受到诸多因素的影响，但是债券本质上是一种固定收益工具，其价格变动不会像股票一样出现太大的波动，因此其收益是相对固定的，投资风险也较小，适合于想获取固定收入的投资者。

二、证券投资收益率

商业银行进行证券投资的最主要目的就是为了获得收益。证券投资收益的高低，主要通过证券投资收益率来反映，它是投资收益额与投资额的比率。证券投资的收益由两部分组成，一部分是利息收益，如债息、股息红利等；另一部分是资本得利，即证券市场价格变动所带来的收益。

债券的利息收益在债券发行时就已确定，除了保值贴补债券和浮动利率债券以外，债券的利息收入不会改变，投资者在购买债券前就可得知。债券投资的资本利得是指债券买入价与卖出价或买入价与到期偿还额之间的差额。同股票的资本利得一样，债券的资本利得可正可负，当卖出价或偿还额高于买入价时，资本利得为正，这就是资本收益；当卖出价或偿还额低于买入价时，资本利得为负，此时可称为资本损失。投资者可以在债券到期时将持有的债券兑现或是利用债券市场价格的变动低买高卖从中取得资本收益，当然，也有可能遭受资本损失。

证券投资收益的计算方法有两种：一是单利法，二是复利法。西方各国银行多采用复利计算法，我国银行则采用单利计算法。

（一）债券收益率的衡量指标

债券收益率的衡量指标有票面收益率、本期（直接）收益率、持有期收益率、到期收益率等，这些收益率分别反映了投资者在不同买卖价格和持有年限情况下的实际收益水平。

1. 票面收益率

票面收益率又称名义收益率或票息率，指债券票面上注明或发行时规定的利率，即年利息收入与债券面额之比率。投资者如果将按面额发行的债券持有至期满，则所获得的投资收益率与票面收益率应该是一致的。

票面收益率只适用于投资者按票面金额买入债券持有直至期满并按票面金额偿还本金这种情况，它没有反映债券发行价格可能与票面金额不一致的情形，也没有考虑投资者中途卖出债券的可能性。

例如，一张面值 100 元的 2014 年国债，期限 2 年，票面利率为 13%，到期利随本清。这样，债券的名义收益率就是 13%。

由于债券的市场价格随着时间的推移会经常发生变化，受通货膨胀等因素的影响，其实际收益率往往与名义收益率有很大的差异，通常情况下是实际收益率低于名义收益率。

2. 本期收益率

本期收益率也称债券即期收益率、当前收益率、直接收益率，指的是债券的年利息收入与买入债券的实际价格之比率。由于买入时间不同，债券的买入价格可以是发行价格，也可以是流通市场上的当期交易价格，它可能等于债券面额，也可能高于或低于债券面额。其计算公式为：

直接收益率=票面金额×票面利率/实际买入价格×100%

例如：某债券面额为 1000 元，票面利率为 5%，投资者以 950 元的价格从市场购得，则投资者可获得的直接收益率为：（1 000×5%／950）×100%，即 5.26%。在本例中，投资者以低于债券面额的价格购得债券，所以其实际的收益率高于票面利率。（不考虑其他成本，以下同）

本期收益率反映了投资者的投资成本所赢得的实际利息收益率，这对那些每年从债券投资中获取一定现金利息收入的投资者来说很有意义。本期收益率也有不足之处，它是一个静态指标，和票面收益率一样，不能全面地反映投资者的实际收益，因为它忽略了资本损益，既没有计算投资者买入价格与持有债券期满按面额偿还本金之间的差额，也没有反映买入价格与到期前出售或赎回价格之间的差额。

问与答

问：一张 1000 元面值的债券，票面年利率为 10%，年利息收入为 100 元，投资者买进市场价格为 1050 元。则本期收益率是多少？

答：本期收益率=100/1050×100%=9.52%

3. 持有期收益率

持有期收益率是指买入债券后只持有一段时间，并在债券到期前将其出售而得到的收益率。它考虑到了持有债券期间的利息收入和资本损益。其计算公司为：

债券持有期间的收益率=[（卖出价格–买入价格＋持有期间的利息）/（买入价格×持有年限）]×100%

示例

一张债券面额 1000 元，期限为 5 年，票面利率为 10%。以 950 元的发行价向社会公开发行，某投资者认购后持有至第三年末以 990 元的价格卖出，问债券持有期的收益率是多少？

债券持有期间的收益率

=（卖出价格–买入价格＋持有期间的利息）/（买入价格×持有年限）×100%

=[（990–950+1000×10%×3）/（950×3）]×100%=11.93%

持有期收益率比较充分地反映了实际收益率。但是，由于出售价格只有在投资者实际出售债券时才能确定，是一个事后衡量指标，在事前进行投资决策时只能主观预测出售价格，因此，这个指标在作为投资决策的参考时，具有很强的主观性。

问与答

问：某银行于 1 月 1 日认购了一张债券，价格为 900 元，面值为 1000 元，期限是 5 年，票面利率为 5%。第三年末该银行以 960 元的价格卖出，则该债券的持有期收益率是多少？

答：持有期收益率=[（960–900+1000×5%×3）/（900×3）]×100%=7.78%

4. 到期收益率

货币是具有时间价值的，假设我们认为其每年应产生 5% 的收益，那么 100 元钱一年后的价值应为 105，相应地，一年后的 105 元，在 5% 的贴现率下，现在的价值为 100 元。更简练的说法，1 年后的 105 元在 5% 的贴现率下现值为 100 元。即理解为这种情况下"真实的收益率是多少"。

理解了这一点，债券的到期收益率就很好懂了。债券到期收益率即为使持有到期债券未来产生的所有现金流的现值之和等于其购买价格的这个贴现率。

例如，一张债券面值为 1000 元，息票率为 8%，年付息 1 次，还有 3 年到期，现价为 861 元。则据上述定义，有如下关系：

$861=8/（1+r）+8/（1+r）^2+8/（1+r）^3+1000/（1+r）^3$。解出 $r=6\%$，这就是到期收益率。

到期收益率是指银行在二级市场上买进二手债券后，一直持有到该债券期满时取得实际利息后的收益率。该指标是银行决定将债券在到期前卖掉还是一直持有至到期日的主要分析指标。其计算公式为：

到期收益率=[（到期利息总额+债券面值−债券买入价）/买入价×持有年数]×100%

示例

一张面值为 1000 元的债券，2015 年 1 月 1 日发行，期限是 5 年，票面年利率为 10%，银行于发行后第二年 2016 年 1 月 1 日买入，买入价格为 960 元，则到期收益率为：

[（1000×10%×4+1000−950）/960×4]×100%=11.72

以上公式适用于单利计息债券的收益率计算，如果是采用复利计息的债券，通常要采用现值法。

补充阅读

全球债券评级机构

三家著名公司：标准普尔公司、穆迪投资者服务公司、费奇投资服务公司。

10 家权威机构：① 加拿大债券评估服务公司；② 多米尼债券评估公司（加）；③ 欧洲评级有限公司（英）；④ 资金融通评估公司（法）；⑤ 日本公社债研究所；⑥ 日本投资服务公司；⑦ 日本信用评级社；⑧ 澳大利亚评级公司；⑨ 高丽商业研究及信息公司（韩）；⑩ 信用咨询局（菲律宾）。

（二）股票投资收益率的衡量指标

1．股票收益的来源及影响因素

股票收益是指投资者从购入股票开始到出售股票为止的整个持有期间的收入，由股利和资本利得两方面组成。股票收益主要取决于股份公司的经营业绩和股票市场的价格变化，但与投资者的经验与技巧也有一定关系。

2．股票收益率的计算

股票的收益率来源于股息或红利、市场买卖价差和股票增值三个方面。

实际收益以股息（或红利）和市场价差为主，股票增值来源于企业历年分配结余和伴随物价上涨使企业原有资产升值的部分。

（1）股票价格

由于投资者身份不同，人们对银行利率影响投资价格的看法也不同。一般个人投资者往往用同期银行存款利率去评价股价的高低并决定是否投资。

如果经测算，银行存款所获利息可以高于或等于股票投资所获股息，那么，投资者选择银行存款，因为存款的偿还性和风险性大大低于股票。而银行进行证券投资则要看贷款利率，如果贷款利率大大高于证券投资，银行则可能放弃或减少证券投资的数量。

已知银行现行 1 年期放款利率为 14%，某公司股票年红利水平为 15%，则该股票价格为：（15%×100）/14%=107（元）。

如果银行利率（贷款利率）调整为 16%，则该股票的价格为（15%×100）/16%=93（元）。

如果利率（贷款利率）降低到 11%，则该股票价格为（15%×100）/11%=136（元）。如此时股票价格超过 136 元，则银行应放弃购买；如低于 136 元，则将有利可图。

（2）市盈率

市盈率是指某种股票市价与该种股票上年每股税后利润（红利）的比率。这是银行确定是否投资的一个重要参考指标。其计算公式为：

市盈率=股票每股市价/每股税后利润

股票市盈率是个倍数，其高低对投资者的影响不同。市盈率高，倍数大，意味着股票的实际收益较低，不适宜长期投资。但市盈率高又反映了投资者对该股票投资的前景抱有信心，并愿意为此而付出更多的资金，意味着该股票的市场价格将呈进一步上涨趋势，短期投资可望获取较大收益。但市盈率过高，也意味着投资风险的进一步加大，以稳健经营为特征的银行不宜购买。

（3）股票的收益率

任何一项投资，投资者最为关心的就是收益率，收益率越高获利越多，收益率越低获利越少。投资者正是通过收益率的对比，来选择最有利的投资方式。银行从事证券投资的目的是为了保持银行经营的流动性和盈利性。因此，除了保留一部分信誉可靠的国债做长期投资外，银行也十分重视股票短期价格的涨落变化，力求通过机会和时间的选择，低买高卖，赚取投资差收益。

股票收益率是指收益占投资的比例，一般以百分比表示。其计算公式为：

收益率＝[（股息＋卖出价格－买进价格）/买进价格]×100%

一位获得收入收益的投资者，花 8000 元买进 1000 股某公司股票，一年中分得股息 800 元（每股 0.8 元），则

收益率＝[（800＋0－0）/8000]×100%＝10%

一位获得资本利得的投资者，一年中经过多次买进、卖出，买进共 30 000 元，卖出共 45 000 元，则

收益率＝[（0＋45 000－30 000）/30 000]×100%＝50%

问：一位投资者系收入收益与资本利得兼得者，他花 6000 元买进某公司股票 1000 股，一年内分得股息 400 元（每股 0.4 元），一年后以每股 8.5 元卖出，共卖得 8500 元。问：收益率是多少？

答：收益率＝[（400＋8500－6000）/6000]×100%＝48%

第三节 银行债券投资策略

因为证券的收益与风险是不断交替的，随着收益与风险的变化，银行需要不断地调整证券头寸，在调整过程中，应当坚持以下原则：在既定风险的条件下取得尽可能高的收益，或者在取得一定收益的情况下尽可能地少承担风险。

一、商业银行债券投资策略的含义

银行从长期从事债券交易的实践中得出了一条经验，即投资分散可以避免或减少风险。"不要把所有的鸡蛋都放在一个篮子里"就是这一观念最著名的表述。

商业银行证券投资的策略是指银行将投资资金在不同种类、不同期限的证券中进行分配，尽可能对风险和收益进行协调，使风险最小，收益率最高，从而获得有效证券组合，即对投资最有利的证券组合。也就是说在证券投资总额一定的条件下，承担的总风险相同但预期收益较高的证券组合，或者是预期收益相同但组合的总风险度最低的证券组合。

在进行多元化组合的过程中，银行必须考虑三个因素：① 债券组合中每一种债券的风险。各个债券的风险越小，组合的风险越小。② 债券组合中各种债券的比例。高风险债券所占比例越大，组合的总风险越大。③ 债券组合中各种债券收益的相关度。如果各种债券完全正相关，债券组合不能减少风险；如果各种债券完全负相关，债券组合可以完全消除风险。

二、商业银行债券投资策略

有效的债券投资管理对于追求自我经济效益的商业银行来说是非常重要的。债券投资的主要策略有分散投资法、期限分离法、灵活调整法和债券调换法。图 5.1 所示为商业银行债券投资策略示意图。

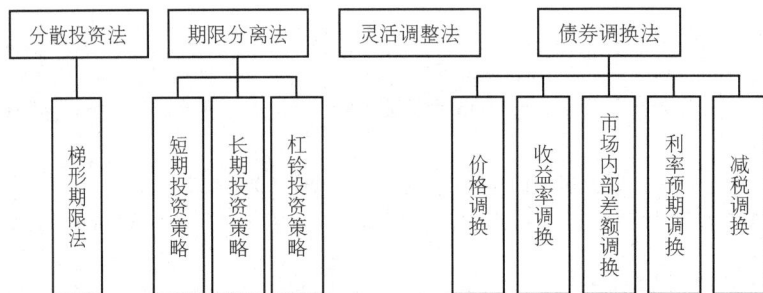

图 5.1 商业银行债券投资策略示意图

（一）分散投资法（梯形期限法）

分散投资法是指商业银行不应把投资资金全部用来购买一种证券，而应当购买多种类型的证券，这样可以使商业银行持有的各种证券收益和风险相互抵消，从而使商业银行能够稳妥地获得中等程度的投资收益，不会出现大的风险。

证券投资的分散主要有四种方法：期限分散法、地域分散法、类型分散法和发行者分散法。

在这些分散法中，最重要的就是期限分散法。它是指在债券的期限上加以分散，将资金分别投入到各种期限的债券上。因为债券的价格和利率之间有反向变化的关系，如果持有债券的期限集中，那么利率变动时，这种组合的风险防范能力就较低，从而使投资资金遭受损失。如果投资资金在各种期限的债券上分散，那么，在利率变化时，各种债券的价格变化方向不一致，从而可以抵消价格的变化，使资金不至于遭受损失。

📖 知识点滴

某银行准备投资 A、B、C 三种证券。经测算，这三种证券的预期收益率分别是 10%、8% 和 6%，三种证券占资产组合总价值的比率为 20%、30% 和 50%。则该资产组合的预期收益率为：

$$0.2×10\%+0.3×8\%+0.5×6\%=7.4\%$$

商业银行债券投资在期限上分散的主要方法是梯形期限法，即根据银行资产组合中分布在债券上的资金量，把它们均匀地投资在不同期限的同质债券上，在由到期债券提供流动性的同时，可由占比重较高的长期限债券带来较高收益率。由于该方法中的投资组合很像阶梯形状，故得此名。

💎 示例

假设某银行资产组合中有 8000 万货币单位资金将用于债券投资。该银行如果选择梯形期限投资法，可将债券均匀地分布在期限为 1~8 年政府债券上。在这种投资组合中，1 年期债券占总投资的 1/8，2 年期占 1/8，……8 年期占 1/8，每年将有 1000 万债券到期，到期的证券收入现金流再投资于 8 年期的证券上，连续地向前滚动，以此作为流动性准备或补充。如果银行现金资产正常，可将到期债券的资金投资于 8 年期政府债券，可以想象，通过不断地重复投资于最长期的政府债券，若干年后，银行可以在保持债券组合的实际偿还期结构不变的情况下获取更高的投资收益。图 5.2 所示为分散投资法示意图。

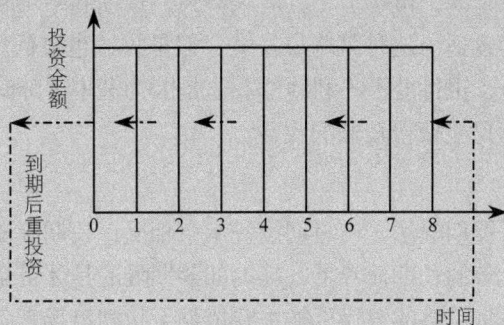

图 5.2　分散投资法示意图

1. 优点

梯形期限法是中小银行在债券投资中较多采用的，其优点比较明显。

（1）简便易行，只需把投资资金平均投资到各种期限的债券上即可。

（2）银行不必预测市场利率的变化。

（3）可以保证银行获得各种债券的平均利润率。

2. 缺点

（1）缺少灵活性。当有利的投资机会出现时，银行往往难以做出反应，将错失机会。

（2）流动性不高。由于这种方法中的短期债券持有量较少，因此，当银行面临较高的流动性需求时，短期债券往往不能满足其需要，此时，如果银行没有其他资金来源，就不得不出售长期债券，但长期债券的流动性本来就不高，若想迅速出售换取流动资产，就会大幅度压低价格出售，使银行遭受损失。

（二）期限分离法

期限分离法和分散化投资法正好相反。分散化投资法是将全部资金平均分摊在从短期到长期的各种证券上，而期限分离法是将全部资金投放在一种期限的证券上，或短期，或长期。如果银行投资的债券价格大幅度上涨，银行会得到很高的收益；但如果银行投资的债券价格大幅度下降，银行将遭受巨大损失。由此可以看出，这种投资方法具有很大的风险，不能保证银行获取中等程度的收益。但银行一旦获利，收益也会很高。

期限分离法有三种不同的战略：短期投资战略、长期投资战略和杠铃投资战略。

1. 短期投资策略（前置期限策略）

在这种策略下银行只持有短期债券，不持有长期债券。采用这种方法的目的是银行在面临高度流动性需求的情况下，且银行分析认为一段时期内短期利率将趋于下跌，银行把其绝大部分投资资金，全部投放在短期证券上，几乎不购买其他期限的证券。例如，商业银行在进行债券投资决策时，可以决定将贷款和现金储备无须动用的银行资金 100%投资于到期日为 2 年或 2 年以内的债券。这种方法强调将投资组合主要作为流动性来源而非收入来源。

短期债券投资策略旨在实现资产的高度流动性，同时也预期短期利率下降时获得较大溢价收益，图 5.3 所示为短期投资策略示意图。

这种策略的主要优点是可以加强银行的流动性头寸，并且如果利率上升，银行将债券持有至到期再出售，银行不会遭受资本损失，而变现所得又可以再投资于收益率上升的短期债券。一般在经济处于繁荣时期，市场上贷款需求量大，短期利率不断上升，为随时满足流动性需求而采取此策略较为合适。这种策略最安全，但是收益也较低。

缺点是当利率下降时，银行处于不利地位。这是因为利率下降时，到期债券变现所得资金再投资于新的短期债券只能获得较低的收益。

2. 长期投资策略

长期投资策略又称后置期限法，与短期投资策略相反，长期投资策略是银行将全部投资资金投资于期限为 5～10 年的长期债券上，其内部各期限的具体资金分配视银行投资的偏好和需求而定。实行长期投资策略的银行可能主要依赖于贷款市场来满足其流动性需求，之所以选择长期投资策略，其目的在于获得更多盈利，并在长期利率相对稳定的条件下减少风险，这种策略强调将证券投资组合作为收入的来源。图 5.4 所示为长期投资策略示意图。

长期投资策略的主要优点是：如果利率下降，能使银行债券投资的潜在收入最大化。缺点是这种方法强调债券投资给银行创造较高收益，但很难满足银行额外的流动性需求，而且风险大，利率的变动可能给银行投资带来损失。因此，在此策略下，银行一般也应持有少量的短期债券。

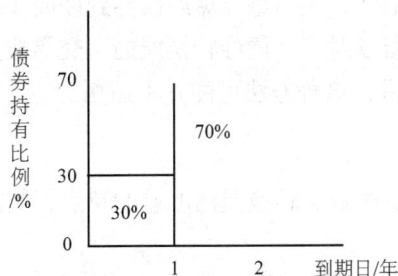

图 5.3　短期投资策略示意图

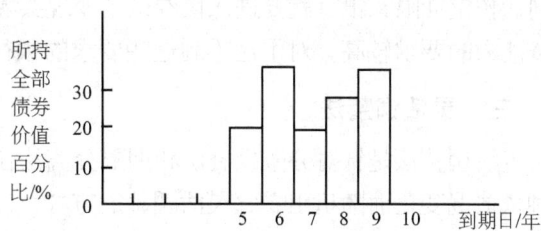

图 5.4　长期投资策略示意图

3. 杠铃投资策略

杠铃投资策略综合了上述两种方法，将其全部投资资金主要分成两部分：一部分投放在短期证券上，一部分投放在长期证券上，而对中期证券则基本不投资。比如银行将 50% 的可用资金购买 1～3 年期的债券，另外 50% 的资金购买 8～10 年期的债券，不购买 4～7 年期的债券（如图 5.5 所示）。图的形状看起来很像一个杠杆，因此称为杠杆投资策略。

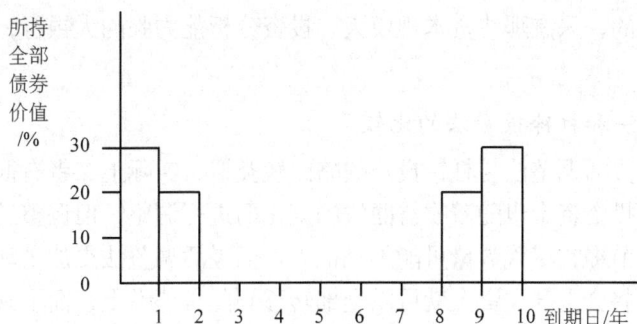

图 5.5　杠铃投资策略示意图

优点和缺点：

杠铃投资策略与短期投资策略和长期投资策略相比，其优势主要在于能使银行债券投资达到流动性、灵活性、盈利性的较好结合，有助于用短期证券满足流动性需要，用长期证券达到盈利目标。

（1）银行可以根据市场利率的变动，对其投资进行调整。

① 当市场利率上升时，长期债券市场价格下降，出售长期债券的资本利得减少，但到期短期债券的变现收入可投资于利率上升的新资产。

② 当市场利率下降时，出售长期债券资本利得增大，弥补了短期债券中投资收益率的降低。因此，这种策略投资组合的收益率一般不低于在梯形期限法下的投资组合收益率。

③ 如果利率不变，由于杠铃投资策略长期债券投资的期限比梯形期限法长，因此收益率也较高，但是杠铃策略短期债券的收益率较低，两种策略总收益率的大小取决于收益率曲线的形状。

（2）它可以抵消利率波动对银行债券投资总收益的影响。

（3）短期投资比重比较大，可以更好地满足银行资金流动性需要。

这种策略的缺点在于，其交易成本要高于梯形期限法，因为每当短期债券到期或长期债券到达预定期限，银行就要进入债券市场变现买卖，所以对银行债券转换能力、交易能力和投资能力的要求较高，对于达不到这些要求的银行来讲，这种方法可能并不适用。

（三）灵活调整法

灵活调整法是针对分散投资法和期限分离法在投资中资金转换灵活度差的特点，实施的一种依情况变化而随机组合、灵活调整的方式。

灵活调整法又称利率预期法，它是所有期限战略中最具有进取性的战略，银行按照对利率和经济的当期预测，不断调整所持有证券期限。当预测长期利率将下降，长期证券的价格将上涨时，商业银行就把短期投资资金转移到长期证券上；当预测短期利率将下降，短期证券的价格将上升时，商业银行就把长期资金转移到短期证券上。

1. 优点和缺点

灵活调整法的主动性强、灵活度大，如果预测准确的话，其收益率可以达到很高程度。但是，这种方法的风险性也相当大，银行对债券收益曲线的预测必须正确；如果发生错误，银行所遭受的损失将是十分惨重的。所以，对于一般的银行来说，如果没有太大的把握是不会采取灵活调整法的，只有那些资本规模大、投资分析能力强的大银行，才会将其作为增加收入的方法。

2. 灵活调整法和杠铃投资法的比较

从表面上看，灵活调整法与杠铃投资战略比较类似，实际上二者有很大的差别。在杠铃投资战略中，虽然投资资金也随着收益曲线的变化而进行调整，但调整过程仍以杠铃的另一端保持一定债券为前提，尽管数量可能不是很大。而灵活调整法更加主动，只要商业银行预测某种债券的价格将会上升，资金就可以全部转移到此种债券上，而不必考虑是否还要保留一定数量与之在期限上对称的债券。

（四）证券调换法

当市场处于暂时性不均衡而使不同证券产生相对收益方面的优势时，用相对劣势的证券调换相对优势的证券可以套取无风险的收益。调整的主要方法有以下几种。

1. 价格调换

价格调换是指当银行发现市场上有一种债券与自己已持有的债券在票面收益率、期限、风险等级和其他方面都一样，只是市价比较低时，就出售已持有的债券来换取这种债券，以赚取价格差异。

价格调换实质上就是套利行为，致力于收集非完全有效市场上所有债券的价格信息，一旦发现有价格高于或低于其真实价值的证券，随即对组合构成进行调换。

2. 收益率调换

收益率调换指银行发现市场上有一种债券与自己已持有的证券在期限、票面价值、到期收益率、风险等级等其他方面都一样，且该证券的票面收益率比较高时，就出售已持有的债券来调换票面收益率高的债券，以获取再投资的收益。

3. 市场内部差额调换

市场内部差额调换是指两种债券在期限、票面利率、风险等级等方面除了其中一项不同外，其他各项都一样，而这项不同将产生不同的价格或者收益，就可以将所持有的价格或者收益较差的债券调换较好的债券。当然，有时候仅仅出于流动性、风险的考虑，也需要将所持有的较劣证券更换成新的品种。

4. 利率预期调换

市场利率变化对各种不同证券的收益率影响效果是不同的。根据对利率走势的预测，将因利率变化对收益率产生较差影响的债券，调换为产生较好影响的债券。

5. 减税调换

西方国家一般规定，债券交易的收益要缴纳一定所得税，缴纳方法一般是超额累进制，即收益每增加一等级，纳税等级就增加一级。例如，1万元时所得税率为5%，5万元时所得税率为7%，10万元时所得税率为10%。如果债券持有者的资本收益超过某一限额，其必须多缴纳所得税，银行为了少缴税额，经常运用减税调换的方式。在资本收益达到或超过某一限额时，银行会将自己手中持有的价格下跌的债券在市场上出售，这样虽然会使其在资本上受到一定损失，但却使其资本收益保持在一定的限额之下，而适用较低的所得税率，从而使其获得更多的净收益。

案例 5.1

某商业银行计划发行1000万美元大额存单，这笔资金将专用于证券投资。大额存单年利率为8.2%，并必须对大额存款持有3%的法定存款准备金。现有两种可供银行投资选择的债券：一种是年收益率为10%的应税国债，另一种是年收益率为8%的免税市政债券，该银行所处边际税率等级为34%。

启发思考：

分析该银行应如何组合证券才能使投资收益最高。

答：表5.2展示了三种不同的组合方式对盈利的影响。

第一种组合：银行将970（1000-1000×3%）万美元的可用资金全部投资在应税国债上，产生应税利息收入97万美元（970×10%），扣除82万美元（1000×8.2%）的融资成本后，有税前净利息收入15万美元（97-82）。该笔收入按34%的所得税税率纳税后，银行得到的税后净收入是9.9万美元（15-15×34%）。

第二种组合：银行将970万美元的可用资金全部投资在免税市政债券上，产生了77.6万美元（970×18%）的利息收入，扣除82万美元（1000×8.2%）的融资成本，银行的投资亏损额为4.4万美元（77.6-82）。

第三种组合：银行将可用资金分成两部分，其中820万美元投资于应税国债，获得82万美元（820×10%）的利息收入；150万美元投资于免税市政债券，获得12万美元（150×8%）的利息收入，合计获得94万美元（82+12）的利息收入。应税国债的利息收入正好与82万美元的融资成本相抵消，这样该银行就不需缴纳所得税，税后净收入就是12万美元。很显然，第三种组合利用税负差异成功避税，使该种组合的投资回报水平最高。

表 5.2　银行债券投资组合效果比较　　　　　　　　　（单位：美元）

项　　目 \ 投资组合方式	第一种：全投资于应税国债	第二种：全投资于免税市政债	第三种：最佳组合投资
应税国债	9700000	0	8200000
免税市政债	0	9700000	1500000
损益的预期变化			
利息收入			
应税国债	970000	0	82000
免税市政债	0	776000	120000
利息收入总计	970000	776000	940000
利息支出			
大额存单	820000	820000	820000
净利息收入	150000	−44000	120000
按 34% 税率支付所得税	51000	0	0
谁后净收入	99000	−44000	120000

从上述分析可以看出，在对一种免税证券和一种应税证券组成的投资组合进行分配时，确定两种证券最佳持有量的关键在于使得投资于应税证券所得的利息收入与该组合的融资成本恰好互抵，则投资于免税证券所得的利息收入就是该组合的净收入。这种方法充分发挥了应税证券税前收益率高和免税证券税后收益率高的比较优势。

本章小结

商业银行债券投资同贷款业务一样，也是银行获得收益、降低风险、增强流动性的重要手段。在我国，商业银行进行债券投资的主要品种有国债、央行票据、短期融资券、金融债券和企业债券等。

构成债券投资总风险的因素较多，从是否能通过债券组合加以消除方面看，主要有系统性风险和非系统性风险；从风险的来源看，主要有信用风险、利率风险、通货膨胀风险及流动性风险等。

我国债券市场的类型主要有交易所债券市场以及银行间债券市场。通常债券投资类业务，可以分为持有至到期账户以及待出售账户。

对于商业银行来说，风险不可能完全消除，要获得最大收益，必须确定科学的投资原则，选择合适的投资策略。债券投资的主要策略有分散投资法、期限分离法、灵活调整法、债券调换法。在这些基础上，获得风险与收益最佳结合的有效债券组合。

第六章　商业银行负债业务

【学习目标】

了解商业银行负债的构成、特点、作用，掌握负债的有关理论及负债的经营管理要点，以及现代商业银行存款经营管理的一些原理和方法。了解并掌握非存款负债的种类、特点，存款负债和非存款负债的不同。了解我国商业银行负债业务管理的经营目标；熟知存款负债及存款负债的创新；掌握存款负债和各种借款负债的经营要点，并能应用存款成本分析、存款定价与营销的方法。

引　例

商业银行负债成本提升

当前，市场出现资金"宽松而贵"的矛盾现象，无论是银行间货币市场还是同业存款利率都呈现居高不下的局面。

近年来，利率市场化对商业银行负债成本的影响不容忽视。以国有银行为例，2013 年以前，活期存款在存款结构中占比高达 60%～70%，而随着余额宝的出现，占比降至 50%左右，其他负债成本大致在 4%～5%的高息负债。2014 年利率市场化明显加快，银行系宝宝类产品创新层出不穷，理财对活期存款分流作用更加明显，活期存款占存款的比例正在加速下降。

从上市国有银行 2014 年半年报可以看出，国有银行的生息负债收益率普遍提高，同时净息差不降反升，这样其对资产端的收益率要求会明显提升。对应到拆存放同业上，国有大行同存的利率提升幅度较大，尤其以农业银行更为明显，提升幅度达 137BP。利率市场化对商业银行资金成本的提升是显而易见的。

启发思考：

分析如何降低负债成本。（此答案可不唯一）

答：

（1）大力组织居民活期储蓄存款和对公存款，提高它们在存款总额中的比例。

（2）积极开发低成本存款储蓄种类和金融产品等。

（3）优化储蓄网点，减少业务费用支出。

（4）加强负债业务的成本核算工作，增强效益观念。

第一节　商业银行负债业务概述

商业银行是现代社会经济体系中资金供需方的媒介，负债业务为其资产活动奠定了资金基础。负债业务也因此与资产业务一起成为商业银行业务中最基础和最主要的业务品种，构成银行传统业务的两大支柱，成为商业银行的特征。负债业务是形成商业银行资金来源的业务，是银行贷款、投资及其他一切业务的基础和前提条件。

一、商业银行负债的概念及构成

1. 商业银行负债的概念

商业银行的负债作为银行的债务，是银行在经营活动中尚未偿还的经济义务，银行必须用自己的资产或提供的劳务去偿付。

2. 商业银行负债的构成

银行负债有广义和狭义之分。广义的负债是指除商业银行对他人的负债以外，还包括其资本金；狭义的银行负债由被动负债、主动负债和其他负债构成，通常把吸收存款称为被动负债，商业银行在金融市场上发行各种债务凭证进行融资、同业拆借、向中央银行借款称为主动型负债，图 6.1 所示为商业银行负债的构成。

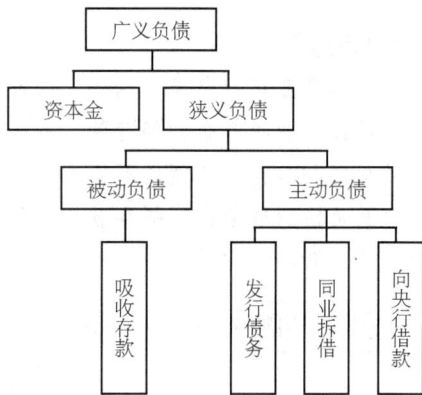

图 6.1　商业银行负债的构成

二、商业银行负债的作用

在商业银行的全部资金来源中，90% 以上来自负债。保证充足与稳定的资金来源是银行生存和发展的关键。美国花旗银行总经理说过："负债好比企业经营中的原材料，企业没有原材料无法进行加工制作，银行没有负债则无法进行信用活动。"

1. 负债业务是银行经营的先决条件，是开展资产业务和中间业务的基础

银行要开展资产业务，首先必须有资金，而银行是依靠负债经营的，银行的自有资本很少，也就是说，银行的资金大部分要依靠负债获得。因此，负债的期限和结构直接制约着资产的规模和结构。同时，在开展负债业务和资产业务的基础上，银行和社会各界建立了广泛的联系，这样就为银行开展中间业务提供了客户基础。

2. 负债业务是银行生存发展的基础

流动性是商业银行经营管理中必须坚持的原则，而银行负债是解决银行流动性的重要手段。负债业务能够保持银行对到期债务的清偿能力，也为满足合理的贷款需求提供了大量的资金来源。商业银行通过吸收存款贷放给工商企业，从后者的利润中分得部分利益，这种情况下银行要想获取社会平均利润，必须尽量扩大负债规模，使资产数倍于自有资本。可见，负债业务是商业银行生存发展的基础，对商业银行的经营活动至关重要。

3. 负债业务是银行维持资产增长的主要途径

在金融自由化、全球化的竞争环境下，银行出于生存和获利的动机，不断地扩张资产规模，将资产的增长率维持在一定的水平。而银行要保持资产的增长，必须保持负债规模的增长，负债保持一定的增长速度，才能给资产的增长提供后续资金，所以负债业务对于银行来说至关重要。

4. 银行负债是社会经济发展的强大推动力

银行负债业务有聚集社会闲散资金的功能，可以在社会资金总量不变的情况下扩大社会生产资金的总量。

三、商业银行负债业务经营管理的目标

银行负债经营的基本目标是在一定的风险水平下，以尽可能低的成本获取所需要的资金。商业银行负债业务经营管理水平，直接关系到整个商业银行的经营管理水平。因此，明确商业银行负债业务经营管理的目标具有重要意义。

（一）负债的期限结构及利率结构目标

由于负债的期限长短及利率高低直接影响着银行的成本，所以，它具有双重目标。

1. 负债与资产相匹配目标

负债与资产相匹配目标即负债的期限结构要与资产的期限结构相匹配，负债的利率结构要与资产的利率结构相匹配。其目的是为了保证资金流动性，减少风险，增加盈利。

2. 降低银行成本目标

一般来说，负债的期限长，则利率就会较高，相应地，负债成本也会高些;反之，期限短，利率低，银行的负债成本也会相对较低。不过，从另一个方面讲，负债成本包括利息成本和营业成本两部分。就活期存款与定期存款相比而言，活期存款的利息成本低于定期存款，而经营成本却高于定期存款，所以活期存款的总成本不一定比定期存款低。

（二）存款负债的规模与结构目标

存款是商业银行最主要的负债，一般占银行资金来源的 70%以上。存款数量的多少，结构是否合理已成为衡量一家银行经营成功与否的重要指标。

1. 规模目标

就是负债数额不仅能满足存款客户随时提存的需要，而且能满足必要贷款的合理需求。

2. 负债结构

就是要着眼于银行资产业务的资金需要，根据存款负债和借入负债的不同以及成本高低和期限长短进行选择组合，使银行的负债结构不但能和资产的需要相匹配，而且既能保持银行负债的流动性，又有利于盈利性目标的实现。

按照我国及国际银行业的有关规定，以下四个指标是必须遵从的。

（1）存贷款比率指标。即各项贷款与各项存款的比率不得超过 75%。

（2）流动性比率指标。即流动性资产与各项流动性负债的比率不得低于 25%。

（3）拆借资金比率指标。即拆入资金余额与各项存款余额的比率不得超过 4%，拆出资金余额与各项存款余额的比率不得超过 8%。

（4）规模对称目标。即资产规模与负债规模相对称，统一平衡。这里的对称不是一种简单的对等，而是建立在合理经济增长基础上的动态平衡。

（三）负债定价目标

负债定价是商业银行负债业务经营管理的任务。负债定价是影响银行利润和销量目标的

主要因素，市场力量、成本结构及推广均影响最优价格水平，负债定价的目标就是弥补成本支出，吸引客户，取得预定利润和销量目标。

当然，各项目标应与商业银行经营管理总目标相一致，即实现安全性、流动性、效益性的统一。

四、负债成本的内容

银行根据负债的资金成本确定资产的价格。如果筹集资金的成本过高，造成银行资产定价过高，将使银行在竞争中处于不利地位。所以，负债资金成本的测算和管理是银行负债管理的一个重要方面。

1. 筹资成本

筹资成本指商业银行向社会公众以负债的形式筹集各类资金以及与金融企业之间资金往来按规定的适用利率而支付的利息（包括存款利息支出和借款利息支出）。筹资成本是商业银行的主要成本。

利息指银行按约定的存款利率与存款金额的乘积，以货币形式直接支付给存款者的报酬。其计算公式为：

$$年利率=年利息/本金$$
$$月利率=年利率/12$$
$$日利率=年利率/360$$

（1）单利和复利

① 单利指不论存款期限长短，仅按本金计算利息，本金所产生的利息不再加入本金重新计算。计算公式为：

$$R=P\times r\times n$$

其中 R 为利息；P 为本金；r 为利率；n 为与利率相对应的期限。

本息和计算公式为：

$$A=P（1+r\times n）$$

② 复利是指将经过一定的时间所产生的利息加入本金，逐年计算利息的方法。其计算公式为：

$$R=P[（1+r）n-1]$$

其中 r 是复利。

本息和的计算公式为：$A=P（1+r）n$

银行为了吸引存款人的存款，在名义利率受到金融管理当局的限制时，常常通过缩短复利的期限来提高它实际支付的利率

📓 **问与答**

问：设按单利计算的年利率是 7.75%，某银行半年按复利计算一次利息，问实际年利率为多少？如果银行按月复利计算，问实际年利率为多少？

答：某银行半年按复利计算一次利息，则半年的利率为 3.875%，则年利率为：
$$（1+3.875\%）^2-1=7.9\%>7.75\%$$
如果银行按月复利，其月利率为 0.646%（7.75% / 12），则年利率为：
$$（1+0.646\%）^{12}-1=8.031\%>7.9\%$$

（2）固定利率和浮动利率

固定利率的优点在于银行很容易计算出利息成本，但要承受通货膨胀的风险。

浮动利率可降低利率风险，但不利于银行事先估算存款成本和贷款收益。

2. 经营管理费用

经营管理费用指商业银行为组织和管理业务经营活动而发生的各种费用，包括员工工资、电子设备运转费、保险费等经营管理费用。

3. 税费支出

税费支出包括随业务量的变动而变化的手续费支出、业务招待费、业务宣传费、营业税及附加等。

4. 补偿性支出

补偿性支出包括固定资产折旧、无形资产摊销、递延资产摊销等。

5. 准备金支出

准备金支出包括呆账准备金、投资风险准备金和坏账准备金支出。

6. 营业外支出

营业外支出是指与商业银行的业务经营活动没有直接关系但需从商业银行实现的利润总额中扣除的支出。

第二节　存款负债业务

在商业银行负债业务中，存款业务是其最基本、最主要的业务，是银行生存和发展的基础。银行存款来自个人、企业、社会团体、政府机构和其他组织及金融同业。对银行来说，存款负债是银行资产经营的基础和前提，存款的数量规模和种类结构制约着银行资产结构和规模，也是商业银行资金实力强弱的重要标志。

问与答

问：商业银行组织存款的意义是什么？

答：

（1）存款是银行信用中介和支付中介的支柱点。

（2）存款的规模制约着放款的规模和银行对经济调节的广度和深度。

（3）存款是银行签发信用流通工具的基础。

（4）存款是银行信用创造能力赖以发展的条件。

（5）存款能聚集闲散资金，增加社会积累，调节货币流通。

商业银行的存款种类很丰富，根据不同的标准可以对存款进行分类。我国对存款的分类：按存款的货币币种分类有人民币存款和外币存款；按存款是否以交易为目的分类有交易账户存款和非交易账户存款；按存款资金性质及计息范围划分有财政性存款和一般性存款；按存款的稳定性分类有定期存款和活期存款；按存款对象不同划分有单位存款和个人存款；按存款的形成来源分类有原始存款和派生存款；按存款的所有权分类有对公存款、对私存款和同业存款；按存款的经济主体分类有企业存款、储蓄存款和财政性存款等。

最常见的存款分类：传统种类，包括活期存款、定期存款、储蓄存款；创新种类，包括可转让定期存单、通知存款等。

新闻摘要

存款大战为何硝烟四起

面对央行突如其来的非对称降息，各家银行所展示出的应对策略有着天壤之别，有的银行开始担心存款将会快速流失，有的银行却抓住机遇，借力一炮而红……没错，银行业的天空开始变了，史上最惨烈的吸储战争已经悄然开始……

从总体上看，各家银行的应对策略可以很明显地分成三个梯队。

第一梯队是以工、农、中、建、交五大行外加招商银行为代表的"保守梯队"，存款利率上浮均小于或等于 1.1 倍基准利率，在各期限利率上均达成完全一致，似乎早有默契。

第二梯队由浦发、兴业、民生、光大、中信、华夏等股份制银行组成，这些银行的各档次利率呈现出百花齐放、各领风骚的局面，其中中信和华夏的利率上浮比例最高。

最为激进的第三梯队则以南京银行、宁波银行、江苏银行、恒丰银行等城商行为代表，大多将存款利率一浮到顶。其中南京银行表现特别突出，不但保留了 5 年期存款，还把利率一下子提高到了 5.4%！

显然，面对利率市场化的挑战，各家银行的应对策略很明显地和它们的知名度及规模成反比：知名度越高、规模越大的银行，存款利率的定价就越低。这到底是为什么呢？

一家国有银行上海分行负责人对记者表示，降息后，贷款利率降了，而存款利率如果不变的话，对银行的息差会有很大影响。但城商行的存款相对较少，压力不会这么明显，所以它们更愿以更高的利率来吸引储户。

与说话"酸溜溜"的国有银行工作人员相比，另一位城商行员工则说得更直白："如果人家银行把利率一浮到顶，你的利率却扭扭捏捏不肯上浮到顶，虽然利润率是保住了，但存款也会流失的。"面对突如其来的降息，之所以城商行跟进速度最快，并不是因为存款压力比较小，而是因为利率市场化对城商行的冲击更大，或者说面对激烈的市场竞争，城商行一直是银行业中市场化程度最高的，如果城商行再不抓住机会的话，就更难以实现对国有大银行的"逆袭"了。

之所以城商行与五大行此次应对降息的策略大相径庭，最关键的原因在于城商行的贷款端主要以中小微企业为主，银行的议价能力更强，贷款利率相对更高，所以对城商行来说，即便存款利率上浮到顶，依然有利可图。它们最担心的不是存贷差缩小，而是存款流失以至巧妇难为无米之炊。

相反的是，五大行的对公存款占比较高，零售这一块相对较少。对公存款一般金额较大，大多采取协议存款模式，对利率最敏感的是针对普通公众的零售存款这一块。从贷款端来看，五大行相当一部分贷款投向了利率较低的国有企业和地方政府融资平台，利率较高的中小微企业贷款相对较少，这也就决定了五大行的存贷差压缩空间比城商行更小。因此，在"保存款"还是"保利润"的两难选择上，五大行会更倾向于保住后者，并希望依靠自己的网点优势和品牌溢价来争夺客户。

一、传统意义上的存款业务

传统意义上的存款业务包括活期存款、定期存款和储蓄存款（见图 6.2）。

（一）活期存款

1. 活期存款的含义

活期存款主要是指可由存款户随时存取和转让的存款，它没有确切的期限规定，银行也无权要求客户取款时做事先的书面通知。持有活期存款账户的存款者可以用各种方式提取存款，如开出支票、本票、汇票、电话转账、使用自动柜员机或其他各种方式等手段。由于各种经济交易包括信用卡、商业零售等都是通过活期存款账户进行的，所以在国外又把活期存款称为交易账户。

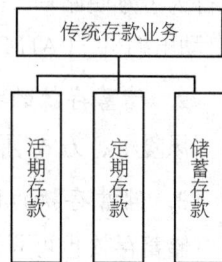

图 6.2　传统存款义务

2. 活期存款的特点

（1）具有很强的派生能力。在非现金结算的情况下，银行将吸收的原始存款中的超额准备金用于发放贷款，客户在取得贷款后，若不立即提现，而是转入活期存款账户，这样银行一方面增加了贷款，另一方面增加了活期存款，创造出派生存款。

（2）流动性大、存取频繁、手续复杂、风险较大。由于活期存款存取频繁，而且还要提供多种服务，再者活期存款成本也较高，因此活期存款较少或不支付利息。

（3）活期存款相对稳定部分可以用于发放贷款。尽管活期存款流动性大，但在银行的诸多储户中，总有一些余额可用于对外放款。

（4）活期存款是联系银行与客户关系的桥梁。商业银行通过与客户频繁的活期存款的存取业务，建立比较密切的业务往来，从而争取更多的客户，扩大业务规模。

（二）定期存款

1. 定期存款的含义

定期存款是相对于活期存款而言的，是指客户与银行预先约定存款期限的存款。其期限固定而且比较长，是商业银行稳定的资金来源。定期存款的期限通常有 3 个月、6 个月、1 年、3 年、5 年甚至更长的期限。其利率水平也是随着期限的延长而提高，利息构成存款者的收入和银行的成本。

2. 定期存款的特点

（1）定期存款带有投资性。由于定期存款利率高，而且风险小，因而是一种风险最小的投资方式。对于银行来说，由于期限较长，按规定一般不能提前支取，因而是银行稳定的资金来源。

（2）定期存款所要求的存款准备金率低于活期存款。因为定期存款有期限的约束，有较高的稳定性，所以定期存款准备金率就可以要求低一些。

（3）手续简单，费用较低，风险性小。由于定期存款的存取是一次性办理，在存款期间不必有其他服务，因此除了利息以外没有其他的费用，因而费用低。同时，定期存款较高的稳定性使其风险性较小。

（三）储蓄存款

1. 储蓄存款的含义

储蓄存款主要为个人积蓄货币并取得利息收入而开办，是一种非交易用的存款，一般使用存折，不能签发支票。利息被定期加到存款余额上。随着计算机和电子网络技术的发展，银行为了方便储户，一方面推出通存通兑服务；另一方面推出了储蓄卡，储户可以在各地的"自动出纳机"（ATM）上自助存取款项。

2. 储蓄存款的特点

风险小、方式期限灵活多样、简单方便、收益相对较低。

3. 储蓄存款的种类

储蓄存款也可分为活期存款和定期存款。

（1）活期储蓄存款

"活期储蓄"是指无固定存期、可随时存取、存取金额不限的一种比较灵活的储蓄方式。其特点如下：随时存取，办理手续简便。

📖 知识点滴

人民币一元起存。外币活期存款起存金额为不低于人民币 20 元的等值外汇。

人民币个人活期存款按季结息，按结息日挂牌活期利率计息，每季末月的 20 日为结息日。未到结息日清户时，按清户日挂牌公告的活期存款利率计息到清户前一日止。

人民币个人活期存款采用积数计息法，按照实际天数计算利息。

活期储蓄存款采取积数计息法。积数计息法就是按实际天数每日累计账户余额，以累计积数乘以日利率计算利息的方法。积数计息法的计息公式为：

$$利息=累计计息积数×日利率$$

其中

$$累计计息积数=账户每日余额合计数$$

◇ 示例

利率的计算

某储户活期储蓄存款账户变动情况见表 6.1（单位：人民币元），2016 年 3 月 20 日适用的活期存款利率为 0.72%。到 2016 年 3 月 20 日营业终了，银行计算该活期存款的利息为多少？

表 6.1 某储户活期储蓄存款账户变动情况

日期	存入	支取	余额	计 息 期	天数	计息积数
2016.1.2	10 000		10 000	2006.1.2—2016.2.2	32	32×10 000=320 000
2016.2.3		3000	7000	2016.2.3—2016.3.10	36	36×7000=252 000
2016.3.11	5000		12 000	2016.3.11—2016.3.20	10	10×12 000=120 000
2016.3.20			12 000			

答：利息=累计计息积数×日利率=（320 000+252 000+120 000）×（0.72%÷360）=13.84（元）

---

① 活期"一本通"

活期"一本通"是为客户提供的一种综合性、多币种的活期储蓄，既可以存取人民币，也可以存取外币。

② 人民币定活两便存款

人民币定活两便储蓄存款是存款时不确定存期，一次存入本金随时可以支取的业务。

（2）定期储蓄存款

定期储蓄存款的取款日期固定，一般不能提前支取。定期储蓄存款的利率较高，是个人获取利息收入的重要手段。

① 整存整取定期存款

整存整取定期存款是在存款时约定存期，一次存入本金，全部或部分支取本金和利息的业务。

人民币整存整取定期存款采用逐笔计息法计算利息。逐笔计息法是按预先确定的计息公式逐笔计算利息的方法。采用逐笔计息法时，银行在不同情况下可选择不同的计息公式。

计息期为整年（月）时，计息公式为：利息=本金×年（月）数×年（月）利率

计息期有整年（月）又有零头大数时，计息公式为：利息=本金×年（月）数×年（月）利率+本金×零头天数×日利率

银行也可不采用第一、二种计息公式，而选择以下计息公式：利息=本金×实际天数×日利率，其中实际天数按照"算头不算尾"原则确定，为计息期间经历的天数减去一。逐笔计息法便于对计息期间账户余额不变的储蓄存款计算利息，因此，银行主要对定期储蓄账户采取逐笔计息法计算利息。

按转存期限续存。

（3）可质押贷款：如果定期存款临近到期，但又急需资金，客户可以办理质押贷款，以避免利息损失。

（4）可提前支取：如果客户急需资金，亦可办理提前支取。未到期的定期存款，全部提前支取的，按支取日挂牌公告的活期存款利率计付利息；部分提前支取的，提前支取的部分按支取日挂牌公告的活期存款利率计付利息，剩余部分到期时按开户日挂牌公告的定期储蓄存款利率计付利息。

（5）逾期支取的，超过存单约定存期部分，除约定自动转存外，按支取日挂牌公告的活期储蓄存款利率计息。

示例

利率的计算

某客户 2016 年 3 月 1 日存款 10 000 元，定期 6 个月，当时 6 个月定期储蓄存款的年利率为 2.43%，客户在到期日（即 9 月 1 日）支取，采取两种方法计算利息是多少？

解：

（1）这笔存款计息为 6 个月，属于计息期为整年（月）的情况，银行可选择"利息＝本金×年（月）数×年（月）利率"的计息公式。

利息＝10 000×6×（2.43%÷12）＝121.50（元）

（2）银行也可选择"利息＝本金×实际天数×日利率"的计息公式，这笔存款的计息期间为 2016 年 3 月 1 日至 9 月 1 日，计息的实际天数为 184 天。

利息＝10 000×184×（2.43%÷360）＝124.20（元）

② 定期"一本通"

定期"一本通"是为客户提供的一种综合性、多币种的定期储蓄账户。一个定期"一本通"账户，可以存取多笔本外币定期储蓄存款。

③ 人民币零存整取定期存款

人民币零存整取存款是指客户按月定额存入，到期一次支取本息的业务。

人民币零存整取定期存款按存入日挂牌公告的相应期限档次零存整取定期储蓄存款利率计息。遇利率调整，不分段计息，利随本清。

客户中途如漏存一次可在次月补齐，未补存或漏存次数超过一次的视为违约，对违约后存入的部分，支取时按活期存款利率计付利息。

知识点滴

1. 零存整取存款起点金额与存期

零存整取存款人民币 5 元起存，多存不限。零存整取存款存期分为 1 年、3 年、5 年。存款金额由客户自定，每月存入一次。

2. 特色

（1）积少成多，可培养理财习惯。

（2）可提前支取。

（3）可约定转存。

（4）可质押贷款。

④ 人民币整存零取定期存款

整存零取指在存款时约定存期及支取方式，一次存入本金，分次支取本金和利息的业务。

知识点滴

1．整存零取定期存款起点金额与存期

整存零取存款1000元起存。整存零取存款存期分为1年、3年、5年。

2．特色

（1）多次支取本金，取款灵活。

（2）按存入日挂牌公告的相应期限档次整存零取储蓄存款利率计息。遇利率调整，不分段计息，利随本清。

⑤ 人民币存本取息定期存款

存本取息指存款本金一次存入，约定存期及取息期，存款到期一次性支取本金，分期支取利息的业务。

人民币存本取息定期存款，执行存入日挂牌公告的相应期限档次利率，采用逐笔计息法计算利息，遇利率调整不分段计息。提前支取本金时，按照整存整取定期存款的规定计算存期内利息，并扣除多支付的利息。

知识点滴

人民币存本取息定期存款起点金额与存期

存本取息定期存款5000元起存。存本取息定期存款存期分为1年、3年、5年。存本取息定期存款取息日由客户开户时约定，可以一个月或几个月取息一次；取息日未到不得提前支取利息；取息日未取息，以后可随时取息，但不计复息。

⑥ 人民币教育储蓄

教育储蓄是指为接受非义务教育积蓄资金，实行优惠利率，分次存入，到期一次支取本息的业务。开户对象为在校小学四年级（含四年级）以上学生。教育储蓄可享受税务优惠。

知识点滴

1．人民币教育储蓄存期与起点金额

教育储蓄50元起存，每户本金最高限额为2万元。教育储蓄存期分为1年、3年、6年。

2．人民币教育储蓄存取要求

（1）1年期、3年期教育储蓄按开户日同期同档次整存整取定期储蓄存款利率计息；6年期按开户日5年期整存整取定期储蓄存款利率计息。遇利率调整，不分段计息。

（2）客户按约定每月存入固定金额，中途如有漏存，应在次月补齐，未补存者按零存整取定期储蓄存款的有关规定办理。

（3）提前支取，教育储蓄提前支取时必须全额支取。提前支取时，客户能提供"证明"的，按实际存期和开户日同期同档次整存整取定期储蓄存款利率计付利息，并免征储蓄存款利息所得税；客户未能提供"证明"的，按实际存期和支取日活期储蓄存款利率计付利息，并按有关规定征收储蓄存款利息所得税。

（4）逾期支取，其超过原定存期的部分，按支取日活期储蓄存款利率计付利息，并按有关规定征收储蓄存款利息所得税。

（5）人民币教育储蓄存款采用积数计息法计算利息。

二、创新的存款业务

随着社会经济的不断发展，传统的银行存款业务已不能满足社会的需求，同时银行同业竞争也日趋激烈，这都促使商业银行不断创新存款产品种类。另外，中央银行等政府管理部门过时的管理规定也束缚着商业银行存款创新的手脚，突破这些限制成为历史发展的必然。

存款创新是指商业银行为达到规避管制、增加同业竞争能力和开辟新的资金来源的目的，不断推出新型存款类别的活动。

1. 大额可转让定期存单

（1）大额可转让定期存单的含义

大额可转让定期存单（negotiable certificate of deposit，CDs）是银行向存款人发行的固定面额、固定期限、可以转让的大额定期存款。在我国，大额可转让定期存单是银行发行的一种固定面额、固定期限、不记姓名、可以转让的大额存款凭证。

（2）可转让定期存单的特点

① 期限为 3~12 个月，以 3 个月居多，最短的 14 天。

② 面额较大且固定。

③ 种类多样化、利率较高。

④ 不记名，可转让。

大额存单对个人发行部分，其面额不得低于 500 元；对单位发行部分，其面额不得低于 5 万元。这主要因为发行大额存单的目的是为了吸取市场上的大额短期流动资金。

2. 通知存款

通知存款是一种不约定存期、支取时需提前通知银行、约定支取日期和金额方能支取的存款。

通知存款有单位通知存款和个人通知存款，都分为一天通知存款和七天通知存款两个品种。通知存款为记名式存款。通知存款的币种为人民币、港币、英镑、美元、日元、欧元、瑞士法郎、澳大利亚元、新加坡元。

（1）个人通知存款

人民币个人通知存款最低起存金额为 5 万元，外币最低起存金额为 1 000 美元等值外币，2014 年初的利息是年利率 1.71%，与活期储蓄 0.72% 的年利率相比要高出近 1 个百分点。

> **示例**
>
> 股民张某在股市低迷期间，将 100 万元炒股资金存入七天通知存款。两个月后，张某可获取的利息与活期存款相比是多少？

（2）单位通知存款

单位通知存款起存额为 50 万元，须一次性存入，可以选择现金存入或转账存入，存入时不约定期限。

知识点滴

（1）单位通知存款单笔全额支取，存款单位需出具单位通知存款证实书。

（2）单位通知存款部分支取。部分支取须到开户行办理。部分支取时账户留存金额不得低于 50 万元，低于 50 万元起存金额的，作一次性清户处理，并按清户日挂牌活期利率计息办理支取手续并销户。

（3）留存部分金额大于 50 万元的，银行按留存金额、原起存日期、原约定通知存款品种出具新的通知存款证实书。

3. 西方国家创新的存款业务

（1）可转让支付命令存款账户

可转让支付命令存款账户（negotiable order of withdrawal account，NOW）主要针对个人和非营利性机构，它实际上是一种不使用支票的支票账户。

开立这种存款账户，存户可以随时开出支付命令书，或直接提现，或直接向第三者支付，其存款余额可取得利息收入。由此满足了支付上的便利要求，同时也满足了收益上的要求。

（2）超级可转账支付命令存款账户

超级可转账支付命令存款账户（super negotiable order of withdrawal account，super NOW）是一种计息、允许转账且无转账次数限制的储蓄存款账户。它是由可转账支付命令账户发展而来的，创办于 1983 年的美国。这种账户和可转账支付命令账户的区别在于没有转账次数限制，利率较高，且有最低存款余额要求。

（3）自动转账服务存款账户

自动转账服务存款账户（automatic transfer service accounts，ATS）与可转让支付命令存款账户类似，是在电话转账服务基础上发展而来。发展到自动转账服务时，存户可以同时在银行开立两个账户：储蓄账户和活期存款账户。银行收到存户所开出的支票需要付款时，可随即将支付款项从储蓄账户上转到活期存款账户上，自动转账，即时支付支票上的款项。

（4）协定账户——自动转账服务的创新形式

协定账户（agreement account）的基本内容是银行与客户达成一种协议，客户授权银行将款项存在活期账户、可转让支付凭证账户或货币市场存款账户中的任何一个账户上。对活期存款账户或可转让支付凭证账户一般规定一个最低余额，超过最低余额的款项由银行自动转入同一客户的货币市场存款账户上，以便取得较高的利息；若不足于最低余额，银行可自动将货币市场存款账户的款项转入活期存款账户或可转让支付凭证账户，以弥补最低余额。

（5）个人退休金账户

这是专为工资收入者开办的储蓄养老金的账户，如果存款人每年存入 2000 美元，可以暂时免税，利率不受 Q 条例（即美联储关于限定存款利率的 Q 字条例）限制，到存款人退休后，再按其支取金额计算所得税。这种存款存期长，利率略高于储蓄存款，是银行稳定的资金来源，也深受存款人的欢迎。

第三节　商业银行非存款负债

非存款负债是指商业银行主动通过金融市场或直接向中央银行融通资金。在商业银行负债业务中，非存款负债业务对商业银行的资金来源有着重要的影响，也是商业银行负债的一个重要组成部分。

问与答

问： 比较借入负债与存款负债有哪些不同？

答： 存款负债属于银行经营的买方市场，借入负债属于银行经营的卖方市场；借入负债比存款负债具有更大的主动性、灵活性和稳定性。

一、非存款负债的构成

商业银行对外借款根据时间不同，可分为短期借款和长期借款，如图 6.3 所示。

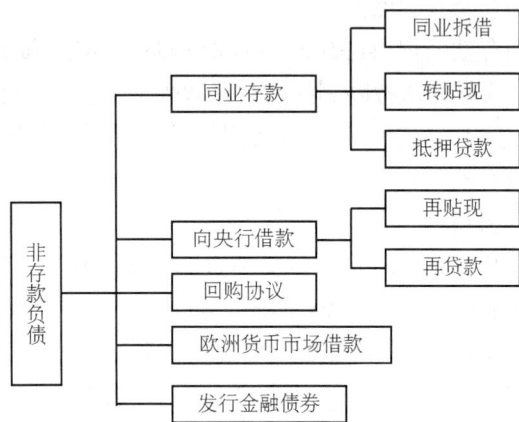

图 6.3　非存款负债的构成

（一）短期借款

短期借款是指偿还期限在一年以内的债务，包括同业借款、向中央银行借款和其他渠道的短期借款。在现代经营理念下，通过借入短期资金，商业银行既可获得短期的流动性需要，又可持有较高比例的缺乏流动性的高收益资产。

1. 商业银行短期借款的特征

（1）对时间和金额上的流动性需要十分明确。

短期借款在时间和金额上都有明确的契约规定，借款的偿还期约定明确，商业银行对于短期借款的流动性需要在时间和金额上既可事先精确掌握，又可计划地加以控制，为负债管理提供了方便。

（2）对流动性的需要相对集中。

短期借款不像存款对象那样分散，无论是在时间还是在金额上都比存款相对集中。

（3）存在较高的利率风险。

在正常情况下，短期借款的利率一般要高于同期存款，尤其是短期借款的利率与市场的资金供求状况密切相关，导致短期借款的利率变化因素很多，因而风险较高。

（4）短期借款主要用于短期头寸不足的需要。

2. 短期借款的构成

（1）银行同业借款

同业借款是指金融机构之间的短期资金融通，主要用于支持日常性的资金周转，它是商业银行为解决短期余缺，调剂法定准备金头寸而融通资金的重要渠道。由于同业拆借一般是通过中央银行的存款账户进行的，实际上是超额准备金的调剂，因此又称为中央银行基金，在美国则称为联邦基金。

银行同业借款具有同业性、短期性、市场性、优惠性、信用性的特点。

银行同业借款有银行同业拆借、转贴现借款和转抵押借款几种形式。

银行同业拆借是商业银行之间的短期借贷行为。这种借款一般是通过电话或电传进行。资金拆出的银行通知中央银行将款项从其储备账户转到拆入银行的账户，中央银行则借记和贷记双方账户。银行同业拆借的期限多为1~7个营业日。随着经济环境的变化和资金转移技术的进步，同业拆借市场实际上已经成为商业银行稳定的筹措资金的场所。

转贴现借款指商业银行对商业票据承兑贴现后，若发生临时性准备金不足，可把已贴现、未到期的票据在二级市场上转售给其他商业银行。

转贴现借款实际上是中央银行以外的投资人在二级市场上进行票据交易的行为。转贴现的期限一般从贴现之日起到票据到期日止，按实际天数计算。转贴现利率可由双方议定，也可以贴现率为基础参照再贴现率来确定。

转抵押借款指商业银行在资金紧张时，通过抵押的方式，向其他同业银行取得资金。

转抵押借款大部分是客户的抵押资产（包括动产和不动产），银行将其转抵押给其他银行。这种转抵押的手续较为复杂，技术性也很强，需要严格的操作，所以商业银行也把自己的借款资产（如票据、债券、股票等）作抵押向其他银行取得借款。

📖 **知识点滴**

目前我国同业拆借市场有着不同于西方的特点：发达国家的同业拆借市场是无形市场，而我国的则为有形市场。发达国家的同业拆借多为几天以内的头寸市场，而我国同业拆借市场由1~7天的头寸市场和期限为120天以内的借贷市场组成。商业银行要严格控制拆借额度，必须依自身的承受能力来确定拆借额度。拆出资金应以不影响存款的正常提取和转账为限，拆入资金必须以自身短期内的还债能力为度。

（2）向中央银行借款

当商业银行出现资金不足时，除了可以在金融市场上筹资外，还可以向中央银行借款。其目的一是用于银行调剂头寸、补充准备金不足和资产的应急调整，二是在特殊情况下满足强化国家计划、调整产业结构、避免经济萧条的资金需要。

商业银行向中央银行借款主要有两种形式：一是再贴现，二是再贷款。

① 再贴现

再贴现是指商业银行资金紧张，周转发生困难时，可将贴现所得的未到期的商业票据，向中央银行申请再次贴现，融通资金的行为，也称间接借款。

在市场经济发达的国家中，由于商业票据和贴现业务广泛流行，再贴现就成为其商业银行向中央银行借款的主要渠道；而在商业信用不太发达、商业票据不太普及的国家，则主要采取再贷款的形式。

知识点滴

商业银行在进行再贴现时，必须将有关票据债务人的情况以及自身的财务报表和其他有关情况呈报给中央银行，中央银行据此判断是否给予贴现。

---

② 再贷款

再贷款是中央银行向商业银行的信用放款，也称直接贷款，多为解决其季节性或临时性的资金需求，具有临时融通、短期周转的性质。

知识点滴

根据《中国人民银行对金融机构贷款管理暂行办法》第8条的规定，人民银行对金融机构贷款根据贷款方式的不同，可以划分为信用贷款和再贴现两种。信用贷款是指人民银行根据金融机构资金头寸情况，以其信用为保证发放的贷款。又根据《中国人民银行法》第22条和第27条的规定，信用贷款是指中央银行向商业银行提供的贷款，不包括商业银行之外的其他金融机构。所以，在中国，再贷款即指中央银行向商业银行提供的信用贷款。

商业银行向中央银行借款并非随心所欲。在一般情况下，商业银行向中央银行的借款只能用于调节头寸，补充储备不足和资产的应急调整，而不能用于贷款和证券投资。

向中央银行借款，一般情况下按期限划分为年度性借款、季节性借款和日拆性借款三种。

（1）年度性借款用于解决商业银行因经济合理增长而引起的年度性资金不足，其期限为1年，最长不超过2年。

（2）季度性借款主要解决商业银行资金先支后收或存款季节性下降、贷款季节性上升等因素引起的暂时资金不足，其期限为1个月，最长不超过4个月。

（3）日拆性借款主要解决商业银行因汇划款项未达等因素造成的临时性资金短缺，其期限为10天，最长不超过20天。

（3）回购协议

回购协议就是商业银行在出售金融资产获得资金的同时，同对方签订一个协议，同意在一定时期按预定价格再购回此项金融资产。回购协议一般以政府债券为工具，通常，回购协议是隔夜回购，但也可以是较长时期，但最长不得超过3个月。实际操作中主要有两种方法：

一种是交易双方同意按相同的价格出售与再购回证券，购回时，其金额为本金加双方约定的利息额；另一种方法是把回购时的价格定得高于出售时的价格，其价格差就是另一方的收益。

商业银行通过回购协议借款的优点主要有两个方面：一是商业银行通过回购协议而融通到的资金可以不提缴存款准备金，从而有利于借款实际成本的减少；二是与其他借款相比，回购协议又是一种最容易确定和控制期限的短期借款。

（4）欧洲货币市场借款

欧洲货币也称境外货币，泛指存放在本国境外的外国银行，主要是西欧银行和本国银行西欧分行的本国货币银行存款。如欧洲美元，是指以美元表示的，存在美国境外银行的美元存款。

欧洲货币市场是指经营非居民的境外货币存放款业务，且不受当地政府法令约束的国际信贷市场。

在欧洲货币市场上，可以不受利率管制，借款利率由交易双方根据伦敦同业拆借利率具体商定，在税收及存款方面的要求也较宽松，不受任何国家的政府管制和纳税限制，借款条件灵活，不限制用途，存款利率相对较高，贷款利率相对较低，资金调度灵活，手续简便，短期借款一般不签协议，无须担保，主要凭信用。

（二）长期借款

长期借款是指偿还期限在 1 年以上的借款。商业银行的长期借款主要采取发行金融债券的形式。金融债券可分为资本性债券、一般性金融债券和国际金融债券。

1. 发行金融债券与存款的不同

（1）筹资的目的不同

吸收存款是为了扩大银行资金来源总量，而发行金融债券是为了增加长期资金来源和满足特定用途的资金需要。

（2）筹资的机制不同

吸收存款是经常性的、无限额的，而金融债券的发行是集中的、有限额的；吸收存款是被动型负债，而发行金融债券是银行的主动型负债。

（3）所吸收资金的稳定性不同

金融债券有明确的偿还期限，一般不能提前还本付息，资金的稳定程度高；而存款的期限则有弹性，资金稳定程度相对要低一些。

（4）资金的流动性不同

一般情况下，存款关系基本固定在银行与存户之间，不能转让；而金融债券一般不记名，有较好的流通市场，具有比存款更高的转让性。

2. 金融债券的局限性（与存款相比）

（1）金融债券发行的利率、期限都受到管理当局有关规定的严格限制，银行筹资的自主性不强。

（2）金融债券除利率较高外，还要承担相应的发行费用，筹资成本较高，受银行成本负担能力的制约。

（3）债券的流动性受市场发达程度的制约，在金融市场不够发达和完善的发展中国家，金融债券种类少，发行数量也远远小于发达国家。

3. 金融债券的分类

金融债券有资本性债券、一般性债券和国际金融债券

（1）资本性金融债券

商业银行为了弥补资本金的不足而发行的资本性债券，是一种介于存款负债和股票资本之间的债券，这种债券在《巴塞尔协议》中被统称为附属资本或次级长期债务。它对银行收益和资产分配的优先权，也同样是介于存款负债和股票资本之间，在银行存款和其他负债之后，而在普通股和优先股之前。

（2）一般性金融债券

① 按照债券是否有担保，可分为担保债券和信用债券

担保债券包括有第三方担保的债券和以发行者本身的财产作抵押的抵押担保债券。

信用债券又称为无担保债券，是完全以发行银行的信用作保证发行的债券。

商业银行尤其是大银行发行的金融债券，因为有着近乎绝对的信用而具有坚实的可靠性，一般都为信用债券。正因如此，世界各国政府对发行金融债券的银行有着相当严格的限制。

② 固定利率债券和浮动利率债券

固定利率债券是指在债券期限内利率固定不变，持券人到期收回本金，定期取得固定利息的一种债券。有的债券利率按期限内不同的时间段事先确定利率差别，从本质上看也属于固定利率债券类型。

浮动利率债券则是指在期限内，根据事先约定的时间间隔，按某种选定的市场利率进行利率调整的债券。银行发行浮动利率债券，可在市场利率下降时减少资金成本；投资者购买浮动利率债券可避免因市场利率上升而导致的利息收益损失。

③ 普通金融债券、累进利率金融债券和贴现金融债券

普通金融债券是定期存单式的、到期一次还本付息的债券。这种债券的期限一般在3年以上，利率固定，平价发行，不计复利。普通金融债券有些类似定期存单，但又具有金融债券的全部本质特征。

累进利息金融债券是指银行发行的浮动期限式、利率与期限挂钩的金融债券。期限通常在1~5年，债券持有者可以在最短与最长期限内随时到发行银行兑付，但不满1年不能兑付。

贴现金融债券又称贴水债券，是指商业银行在一定时间内按一定的贴现率以低于债券面额的价格折扣发行的债券。

④ 附息金融债券和一次性还本付息金融债券

附息金融债券是指在债券期限内，每隔一定的时间段（一般为6个月或1年）支付一次利息的金融债券，此债券在发行时券面上通常附有每次付息的息票，银行每支付一次利息就剪下一张息票，所以又称它为剪息金融债券。

一次性还本付息金融债券是期限在5年以内、利率固定、发行银行到期一次偿付本息的金融债券。其优点是：分期付息可有效减轻债务到期时集中付息的压力。

（3）国际金融债券

① 外国金融债券

外国金融债券指债券发行银行通过外国金融市场所在国的银行或金融机构，组织发行的

以该国货币为面值的金融债券。其基本特点是：债券发行银行在一个国家，债券的面值货币和发行市场则属于另一个国家。

② 欧洲金融债券

欧洲金融债券指债券发行银行通过其他银行或金融机构，在债券面值货币以外的国家发行并推销债券。因为是利用欧洲的某一个金融市场来发行的，所以称为欧洲金融债券。其主要特点是：债券发行银行属于一个国家，债券在另一个国家或几个国家的金融市场上发行，而债券面值所使用的货币又属于第三国。由于在欧洲金融市场上发行债券选择的币种（如美元或日元等）不同，又可具体分为欧洲美元金融债券和欧洲日元金融债券

③ 平行金融债券

平行金融债券指发行银行为筹措一笔资金，在几个国家同时发行债券，债券分别以各投资国的货币标价，各国债券的筹资条件和利息基本相同。实际上这是一家银行同时在几个国家发行的几笔外国金融债券。

问与答

问：我国银行通过日本的银行或金融机构在日本东京市场发行日元债券；我国银行在伦敦市场发行美元债券。

它们分别属于何种国际金融债券？

答：依据外国金融债券的特点，债券发行银行在一个国家，债券的面值货币和发行市场则属于另一个国家。则我国银行通过日本的银行或金融机构在日本东京市场上发行的日元债券为外国金融债券。另外，根据欧洲金融债券的特点，我国银行在伦敦市场发行美元债券为欧洲美元金融债券。

二、选择非存款性负债需要考虑的因素

1. 相对成本因素

商业银行在选择借入负债的种类时，要充分考虑它们各自的筹资成本。从成本角度看，央行的贴现借款成本较低，而发行中长期金融债券成本则较高。但银行更应注重市场利率的变化，并充分考虑自身需求资金的期限，以便获得成本最低的资金。

2. 风险因素

商业银行在选择借入负债的种类时，必须考虑以下两种风险。

首先是利率风险，即信贷成本的波动性。一般而言，采用固定利率融资方式的利率风险较大，而采用浮动利率的融资方式则利率风险较低。

另一风险是信用风险。任何信贷市场不能保证贷款人愿意并且能够贷款给每一个借款人。当中央银行实行紧缩银根政策时，借款银行就面临着难以从信贷市场上获得借款或必须支付较高的价格才能获得借款的风险。

3. 所需资金的期限

银行应根据所需资金的期限来选择适当的筹资方式，如果需要即时资金，可以通过银行同业拆借市场或央行贴现获取；如果需要较长期限的资金，则可以考虑通过欧洲美元市场或发行金融债券来获得。

4. 借款银行的规模和信誉

一般而言，银行的规模越大、信誉越好，则其信用评级就越高，这家银行筹资的方式就越多，并且可以筹集到的资金就越多。而对于一些规模较小的银行来说，筹资形式较少，而且所能筹集到的资金较少。

5. 政府的法规限制

各国中央银行都借助于货币市场实施货币政策，对宏观经济加以调节。中央银行对货币市场上借款方式的条件、借款数量、期限、资金的使用甚至利率的浮动幅度都有规定（发展中国家居多），这些都将改变借入负债的成本和风险。因此商业银行在选择筹资方式时，必须注意银行所在国家或地区法律法规对借款金额、频率和使用用途的限制和有关规定，以免造成不必要的损失。

三、借入负债的经营策略及管理

（一）短期借款的管理重点

1. 选择恰当时机

（1）商业银行应根据自身在一定时期的资产结构及变动趋势，来确定是否利用和在多大程度上利用短期负债。

（2）根据一定时期金融市场的状况来选择时机，在市场利率较低时适当多借入一些资金；反之，则少借或不借。

（3）要根据中央银行货币政策的变化控制短期借入负债的程度。当中央银行采取扩张的货币政策时，短期借入负债的成本相对较小，此时可以适当地多借一些资金；反之，应少借一些。

2. 确定合理的结构

（1）从成本方面看，一般情况下应尽可能地多利用一些低息借款，少利用高息借款，从而降低负债成本。如果预期高收益的低息借款难以取得，可以适当借入一些高息负债。

（2）比较国内外金融市场的借款利率，如果国际金融市场的借款较国内便宜，就应当增加国际金融市场借款；反之，则应减少它的比重，增加国内借款。

（3）从中央银行的货币政策来看，如果中央银行提高再贷款利率和再贴现率，此时应减少向中央银行借款的比重；反之，则可适当增加向中央银行借款的比重。

3. 控制适当规模

（1）商业银行必须根据自身的流动性、盈利性目标来安排短期借入负债的规模。在借入负债时，应权衡借入负债和吸收存款的成本，如果利用短期借款付出的代价高于从中获得的利润，则不应继续增加借款规模，而应通过调整资产结构的办法来保持流动性，或者通过进一步挖掘存款潜力的办法扩大资金来源。

（2）商业银行在资产负债管理中，必须充分考虑流动性、安全性、盈利性之间的关系，以确定一个适度的短期借入负债的规模。

（二）长期借款的管理重点

在发行长期债券之前要做好债券发行和资金使用的衔接工作，注重利率变化和货币选择，掌握好发行时机，研究投资者心理。

（1）发行申报和发行机构。我国是向中央银行申报。

（2）信用等级的评定。信用等级的评定看三项指标：盈利能力、资本充足率和资产质量。

（3）发行数额和运用范围。通常规定发行总额，即多次发行的累计额，不得超过银行资本加法定储备合计额的一定倍数。我国规定是偿还到期债券和新增特定贷款。

（4）发行价格与出售的规定。溢价发行，即出售价高于票面价格；折价发行，即出售价低于票面价格；等价发行，即出售价等于票面价格。我国是固定利率等价发行。

📖 本章小结

商业银行作为区分其他工商企业的特点是负债经营，负债经营有赖于负债业务。负债业务就是商业银行吸收资金的业务。

商业银行负债由存款负债和非存款负债组成，其中，存款负债占了很大的比重，是商业银行负债业务的重点；其他存款负债可区分为短期负债和长期负债。

商业银行是现代社会经济体系中联系资金盈余方和资金短缺方的中介，负债业务通过吸收盈余资金为其向资金短缺方发放贷款奠定基础。负债业务也因此与资产业务一起构成商业银行的信用业务，成为商业银行的特征。

商业银行吸收资金是需要成本的，成本的计算是商业银行负债定价的内容。商业银行负债定价直接关系到商业银行能否吸收到足够资金以及达到一定的盈利水平。

第七章　商业银行财务报表

【学习目标】

认识商业银行财务报表；会分析商业银行资产负债表、损益表、现金流量表；会进行银行绩效评价。

引　例

某商业银行资产负债简表（如表 7.1 所示）

表 7.1　某商业银行资产负债简表

资　产	金　额	负　债	金　额
现金	1 000	存款	6 700
存放中央银行存款	760	同业拆借	1 810
存放同业存款	1 500	实收资本	50
证券投资	200	法定盈余公积	12
信用贷款	800	未分配利润	10
担保贷款	2 800	呆账准备金	8
票据贴现	1 550	坏账准备金	20
合计	8 610	合计	8 610

启发思考：

问从某商业银行资产负债简表（见表 7.1）中可以看出什么内容？

答：

（1）从资产部分，可以看出商业银行资金运用的结构和规模。

（2）从负债部分，可以看出商业银行资金来源和负债规模。

（3）从资产负债比，可以看出商业银行的负债率。

（4）从所有者权益部分，可以看出商业银行的所有者权益构成，盈利情况。

（5）可以计算出该银行的存贷款比例为：（800+2 800+1550）/6700≈76.87%。

财务报表是商业银行提供信息最基本的工具，其汇集了能够反映银行各项业务开展情况的基本数据，银行每天要阅读资产负债表等相关报表，了解银行资金来源和运用的状况，掌握各个部门的工作是否按计划进行。月末、季末、年末，银行通过损益表和现金流量表分析银行的经营管理绩效，以便总结工作经验和发现不足，制订下一阶段的业务计划。银行还会通过查阅竞争对手的财务报表，分析对手的经营策略，发现可能对本银行产生的威胁，从而调整和制订本银行的发展策略。上市银行根据法规会定期公布相关财务报表，公众可以通过网站查阅这些银行的财务数据。

为了使一家银行的信息很容易同另一家银行作比较，要求财务报告具备一定的标准格式，以便展现这些数据。需要的财务报表包括以下几个。

（1）资产负债表：银行的底子，主要描述银行的资产和债务。

（2）利润表：银行的面子，主要表现一家银行的盈亏情况。

（3）现金流量表：银行的蓄水池，主要介绍银行资金的来源和使用情况。

第一节 资产负债表

银行资产负债表（balance sheet of financial position）是反映银行在特定日期全部资产、负债和所有者权益的报表。资产负债表反映了一家银行特定日期的财务状况，因而也称为财务状况表。

资产负债表的基本结构是根据"资产=负债+所有者权益"这一平衡原理设计的，反映的是商业银行在某个时间的资产和负债状况，是一个静态时点数。

一、资产负债表的内容

下面以我国某银行2015年末的资产负债表为例进行分析，如表7.2所示。

表7.2　某银行资产负债表（2015年12月31日）　　　（单位：元）

资　产		负债及股东权益	
一、流动资产		一、流动负债	
货币资金（1）	19 18 715 000	短期存款（49）	$2.731\ 18\times10^{11}$
贵金属（2）	0	短期储蓄存款（50）	63 952 957 000
存放中央银行存款（3）	54 860 062 000	财政性存款（51）	10 877 359 000
存放同业款项（4）	10 639 246 000	向中央银行借款（52）	0
存放联行款项（5）	0	同业存放款项（53）	33 893 169 000
拆放同业（6）	62 628 450 000	联行存放款项（54）	0
拆放金融性公司（7）	1 929 999 000	同业拆入（55）	0
短期贷款（8）	$1.604\ 26\times10^{11}$	金融性公司拆入（56）	0
抵押贷款（9）	$1.604\ 26\times10^{11}$	应解汇款（57）	0
应收进出口押汇（10）	1 548 582 000	汇出汇款（58）	495 475 000
应收账款（11）	0	委托存款（59）	0
其他应收款（12）	796 112 000	应付代理证券款（60）	0
其他应收款净额（13）	745 168 000	卖出回购证券款（61）	5 422 664 000
减：坏账准备（14）	146 444 000	应付账款（62）	0
应收款项净额（15）	745 168 000	预收账款（63）	0
预付账款（16）	0	其他应付款（64）	1 525 112 000
贴现（17）	6 308 565 400	应付工资（65）	480 325 000

资 产		负债及股东权益	
短期投资（18）	13 299 073 000	应付福利费（66）	107 499 000
应收利息（19）	1 582 194 000	应付股利（67）	58 020 000
委托贷款及委托投资（20）	0	应交税金（68）	946 145 000
自营证券（21）	0	其他应交款（69）	0
代理证券（22）	0	预提费用（70）	31 538 000
买入返售证券（23）	20 009 640 000	发行短期债券（71）	0
一年内到期长期债权投资（24）	6 813 377 000	一年内到期长期负债（72）	0
其他流动资产（25）	0	其他流动负债（73）	0
流动资产合计（26）	$3.431\ 21\times10^{11}$	流动负债合计（74）	$4.529\ 53\times10^{11}$
中长期贷款（27）	$1.47\ 82\times10^{11}$	二、长期负债	
逾期贷款（28）	5 191 463 000	长期存款（75）	70 667 592 000
减：贷款呆账准备金（29）	4 991 491 000	长期储蓄存款（76）	10 140 679 000
应收租赁款（30）	0	保证金（77）	344 435 000
租赁资产（31）	0	应付转租赁租金（78）	0
长期资产合计（32）	$1.480\ 2\times10^{11}$	发行长期债券（79）	0
二、长期投资		长期借款（80）	0
长期股权投资（33）	50 000 000	应付债券（81）	7 263 878 000
长期债权投资（34）	59 455 922 000	长期应付款（82）	0
长期投资合计（35）	59 637 579 000	住房周转金（83）	0
减：长期投资减值准备（36）	131 657 000	其他长期负债（84）	306 746 000
长期投资净额（37）	59 505 922 000	长期负债合计（85）	88 723 330 000
三、固定资产		负债合计（86）	$5.416\ 77\times10^{11}$
固定资产原价（38）	4 210 781 000		
减：累计折旧（39）	1 008 888 000		
固定资产净值（40）	3 201 893 000		
减：固定资产减值准备（41）	8 970 000	三、股东权益	
固定资产净额（42）	3 192 923 000	股本（87）	7 258 779 000
在建工程（43）	1 705 659 000	资本公积金（88）	4 207 435 000
固定资产合计（44）	4 898 582 000	盈余公积金（89）	1 182 831 000
无形资产（45）	117 957 000	其中：公益金（90）	0
长期待摊费用（46）	363 755 000	未分配利润（91）	1 696 860 000
无形资产及其他资产合计（47）	1 294 837 000	股东权益合计（92）	15 459 479 000
资产总计（48）	$5.571\ 36\times10^{11}$	负债及股东权益总计（93）	$5.571\ 36\times10^{11}$

说明：表格中（1）～（93）的数字序号是为了阅读方便，原表格中没有。

资产负债表的基本结构：

负债及所有者权益=存款+借入款+股东权益

资产=现金资产+持有证券+贷款+其他资产

资产负债表的平衡公式：

资产总额=负债总额+股东权益总额

问：分析以下资产负债表编制得是否合理？（见表7.3）

表7.3 资产负债表   ×年×月 ×日（单位：百万美元）

	期　初	期　末
一、资产		
现金及存放同业	2 300	1 643
证券投资	3 002	2 803
交易账户证券	96	66
同业拆出及回购协议下证券持有	425	278
贷款总值	15 412	15 887
减：贷款损失准备金	195	394
预收利息	137	117
贷款净值	15 080	15 376
银行房产、设备净值	363	365
对客户负债的承诺	141	70
其他资产	1 179	1 104
资产合计	22 586	21 705
二、负债		
存款		
支票存款	3 831	3 427
储蓄存款	937	914
货币市场存款	1 965	1 914
定期存款	9 981	9 452
在国外分支机构存款	869	787
总存款额	17 853	16 494
借入资金		
同业拆入及回购协议下证券出售	1 836	2 132
其他短期债务	714	897
长期债务	639	617
应付未结清承兑票据	111	70
其他债务	423	348
负债合计	21 306	20 558
三、所有者权益		
普通股	212	212
优先股	1	1
资本公积	601	603
未分配利润	466	332
减：库藏股	0	1
所有者权益合计	1 280	1 147
负债和所有者权益合计	22 586	21 705

二、资产负债表分析

表 7.2 列举了在 2015 年 12 月 31 日这个特定的时点，某银行资产、负债和股东权益（也称所有者权益）的规模。分析上面的报表可以发现：

资产负债表主要由资产、负债和所有者权益三大项目组成，负债和所有者权益共同构成了银行的资金来源。

（1）负债项目由流动负债和长期负债组成。

（2）负债项目中的各子项目的比例关系反映了银行负债的结构。

（3）报表中的"股东权益"项目反映了银行股东投资的数量和结构。

（4）流动资产、长期资产、长期投资、固定资产组成资产项目，也称为银行的资金运用，资产项目中各个子项目的比例关系反映了银行资产的结构。

（一）资产项目

银行资产主要项目的分类如下：①现金资产（C）；②存放在其他金融机构的存款（P）；③在金融市场购买的证券（S）（包括国库券和企业债券）；④向客户提供的贷款（L）；⑤其他资产（MA）。表 7.4 所示为银行资产项目分类。

表 7.4　银行资产项目分类

项目代号	分　类	表 7.2 中资产项目	表 7.2 中余额
C	现金资产	库存现金、存放中央银行存款、存放同业款项、存放联行款项	（1）1918 71 5000＋（3）54860062000＋（4）10639246000＋（5）0＝67418023000
P	与其他金融机构往来	拆放同业、拆放金融公司	（6）626 28450000＋（7）1929999000＝64558449000
S	持有证券	自营证券、代理证券	（21）0＋（22）0＝0
L	贷款	短期贷款、贴现、中长期贷款、逾期贷款	（8）$1.604\ 26\times10^{11}$＋（17）6308565400＋（27）$1.478\ 2\times10^{11}$－（28）51 91463000＝309363102400
MA	其他资产	股权投资、固定资产等	（20）0＋（42）3192923000＝3192923000
	合计		4.44532×10^{11}

分析表 7.4，三个项目资产余额合计为 5.57136×10^{11} 元。列举的项目是商业银行的主要资产业务，在银行总资产中的占比＝[（4.44532×10^{11}）÷（5.57136×10^{11}）]×100%＝79.79%。

这个数据表明：

（1）某商业银行的主要资金运用（投资项目）仍然以贷款为主，对这一点报表中的数据可以给予有力支持。银行的贷款包括短期贷款、中长期贷款、逾期贷款和贴现。其中的贷款损失准备金账户余额可以用于抵扣银行的损失贷款。

（2）此报表中，持有证券余额为 0，这个数字反映了中国银行体系的问题。中国银行业实行的是"分业经营体系"，银行经营范围与非银行金融机构经营范围之间有严格的区分，银行不能经营租赁业务、证券投资业务（证券自营）和代客证券投资业务。

（3）观察现金资产分类中，库存现金是为了满足存款客户提取存款的需要，也就是银行常常提到的满足银行流动性的需要；存放央行存款，是商业银行用于满足央行关于存款准备金比率的要求，以及银行支付结算中清算资金的需要；存放同业款项，是银行用于获得其他银行为本行客户提供代理服务，在服务代理银行存入的活期存款。在库存现金不能满足银行流动性的需求时，存放央行存款中的超额存款准备金，可以迅速转化为现金作为银行流动性需求的补充。

（二）负债项目

银行负债项目主要包括两项：机构和个人存放在银行中的存款（D）；银行从金融市场借入的资金（NDB），也称非存款资金或借入款。

（1）存款。存款是银行通过向家庭和机构提供金融服务，吸引家庭和机构，将盈余资金存入银行而获得的资金，是银行主要的和最稳定的资金来源。其中交易账户存款、定期存款和储蓄存款被称为核心存款。

（2）借入款。借入款是银行为了满足流动性、贷款资金需求从金融市场借入的资金。在近代负债管理理论的指导下，借入款已经逐步成为现代商业银行，特别是大型商业银行的重要资金来源。表 7.5 为银行负债项目分类情况。

表 7.5　银行负债项目分类

项目代号	分类	表 7.2 中负债项目	表 7.2 中余额
D	个人和机构存款	短期存款、短期储蓄存款、长期存款、长期储蓄存款、保证金	（49）$2.73\,118\times10^{11}$+（50）63 952 957 000+（75）70 667 592 000+（76）10 140 679 000+（77）344 435 000=418223663000
NDB	金融市场借款	向中央银行借款、同业存放款项、财政性存款、应付债券	（52）0+（53）33 893 169 000+（51）10 877 359 000+（81）726 878 000=45497406000
	合计		463 721 069 000

分析表 7.5，两个项目负债余额合计为 5.41677×10^{11} 元。

（1）列举的负债项目的两个分类是商业银行的主要负债业务，在银行总负债中的占比 =[（4.63721×10^{11}）÷（$5.41\,677\times10^{11}$）]×100%≈85.61%。

（2）家庭和机构的存款是银行的最基本资金来源，银行从金融市场上获得的借入款主要弥补了存款资金的不足。该银行的"应付债券"是银行通过金融市场发行的长期可转换债券。

（三）股东权益（资本金）

股东权益（EC）项下的资金规模常常被看作一个银行实力的象征，用来衡量银行抵御不可预测风险的能力及保护存款人利益的能力。

（1）股东权益比率=股东权益/总资产×100%

股东权益比率反映了企业资产有多少由股东投入，其大小好坏取决于企业的经营情况，如果稳定经营，势头强进，则股东权益比例小反而好，这说明企业能利用更多的资源从而获得更大的收益，反之则不然。对于商业银行来说，由于是高负债经营的特有模式，股权比例可能非常小，当然，要符合国际《巴塞尔协议》的要求。

（2）分析该银行股东权益比率

该银行股东权益比率=股东权益/总资产

×100%=15459479000/5.57136×10¹¹×100%=2.77%

权益比率的分析要结合国际《巴塞尔协议》的要求的资本充足率分析（见第二章）

（四）项目之间的关系

1．股东权益（净资产）=资产总额-负债总额

三者的关系如下：

资产负债表中记载的负债和股东权益数额代表银行持有的资金来源的数量，决定银行进行投资项目（资产）的购买力，负债和股东权益的结构揭示了资金来源的不同渠道。

（1）资产总额代表银行累计的资金运用的数量，银行通过资金运用获得收益，为银行带来收入，并向存款人支付利息和银行日常的运行费用。

（2）资产的结构揭示了银行资金运用的方向。

2．银行资金运用数量=银行资金来源数量

（1）资产负债表中每一项资产（资金运用）必须由一定的负债（资金来源）来支持。所以，银行所有资金运用项目的数量总和必须等于银行资金来源项目的数量总和。

（2）银行的资金运用分为管理项目和投资项目。银行在预留了必须满足日常管理项目需要的资金数量（如库存现金、存款准备金等）后，剩余部分资金才能用于投资项目（如贷款、买入证券和其他投资），因此，银行资金运用项目中投资项目的数额一定小于银行的资金来源数额。银行家经常讲的一句话，"资金来源的数量决定银行贷款投资的数量，决定银行的盈利能力"，从这里可以得到解释。

案例 7.1

A 银行资产负债表如表 7.6 所示。

表 7.6 A 银行资产负债表

编制单位：A 银行　　2016 年 12 月 31 日　　　　　　　　（单位：人民币百万元）

资　产	期末余额	年初余额	负　债	期末余额	年初余额
现金及存放中央银行款项	1 455 370	1 247 053	向中央银行借款	6	6
存放同业款项	100 679	28 425	同业及其他金融机构存放款项	776 582	448 461
贵金属	9229	5160	拆入资金	31 968	53 192
拆出资金	23 143	28 426	交易性金融负债	7992	3975
交易性金融资产	10 251	44 491	衍生金融负债	7894	18 103
衍生金融资产	7730	20 335	卖出回购金融资产	2625	864
买入返售金融资产	588 706	208 548	客户存款	7 955 240	6 342 985
应收利息	40 129	38 297	应付职工薪酬	26 708	24 807
客户贷款及垫款	4 626 024	3 639 940	应交税费	25 549	35 310
可供出售金融资产	649 979	55 156	应付利息	59 442	59 652
持有至到期投资	1 408 465	1 041 783	预计负债	1344	1806

资　　产	期末余额	年初余额	负　债	期末余额	年初余额
应收款项债券投资	499 575	551 818	已发行债券证券	98 383	52 531
长期股权投资	8816	4670	递延所得税负债	22	—
固定资产	74 098	63 723	其他负债	20 057	21 321
无形资产	18 304	18 462	负债合计	9 013 812	7 063 012
商誉	—	—	股东权益		
递延所得税资产	11 323	8059	股本	233 689	233 689
其他资产	33 310	26 222	资本公积	90 266	90 241
			投资重估储备	13 213	11 138
			盈余公积	37 421	26 922
			一般风险准备	46 209	46 200
			未分配利润	130 785	55 867
			外币报表折算差额	−264	−501
			股东权益合计	551 319	463 556
资产总计	9565131	7526568	负债及股东权益合计	9 565 131	7 526 568

启发思考：

分析 A 商业银行资产负债简表。

答：

（1）A 银行 2016 年末的总资产为 95651.31 亿元，较上年增长 20385.63 亿元，增幅 27.08%。其中，增幅最大的是存放同业款项、买入返售金融资产和长期股权投资。客户贷款和垫款总额较上年增加 9860.84 亿元，增幅 27.09%，主要是去库存和供给侧改革的宏观经济政策背景下，在有效控制风险的基础上，加大对优质项目和重点客户的贷款投放规模，同时加强对市场发展潜力大和客户需求突出的民生领域支持力度。现金及存放中央银行款项较去年增加 2083.17 亿元，增幅 16.7%，主要是客户存款增加而引起的法定存款准备金增加。

（2）买入返售金融资产较上年增加 3180.58 亿元，在总资产中的比重从 2015 年末的 2.77% 上升到了 6.15%，增长 3.38%。

（3）负债总额为 90138.12 亿元，较上年增长 19508.00 亿元，增幅 27.62%。增幅较大的负债项目是卖出回购金融资产、交易性金融负债、已发行债券证券、同业及其他金融机构存放款项。客户存款期末余额为 79552.40 亿元，较上年增加 16122.55 亿元，增幅 25.42%。

（4）股东权益总额为 5513.19 亿元，较上年增长 877.63 亿元，增幅 18.93%。其中，股本没有变化。盈余公积增加 104.99 亿元，这是从净利润中按一定比例提取的。未分配利润增加 749.18 亿元，这是本年净利润减去已分配部分转入的。

第二节　银行损益表、现金流量表

银行损益表也称为利润表，是反映银行在一段时期内各项业务收入和支出情况的财务报表。报表中记载的数据和信息反映了银行的盈亏状况，体现了银行的经营效率、管理效率和盈利能力。

损益表是反映银行在一定时期内盈亏状况的动态报表。银行的资产负债表和损益表之间有着密切的联系，资产负债表中的资产投资活动产生损益表中利息收入等收入项目，负债活动和银行管理活动产生损益表中的利息支出和费用支出等支出项目。报表使用者可以通过损益表了解银行的利润状况，了解银行的收入渠道分布状况、利息支出分布状况和费用支出分布状况。银行可以通过研究损益表发现银行哪一项资产业务发展不够，还可以给它行带来更多的收益；哪个负债项目费用过高，需要进一步控制费用支出。

一、银行损益表的内容

损益表的主要组成部分：主营业务收入、主营业务支出、净利润和可供股东分配的利润。表 7.7 所示为某银行损益表，以此为例进行分析。

表 7.7　某银行损益表（2015 年 1 月 1 日—12 月 31 日）　　　　（单位：元）

项目	金额	项目	金额
一、主营业务收入	23 800 377 000	减：存货跌价损失	0
其中：利息收入	17 491 718 000	管理费用	0
金融企业往来收入	3 225 771 000	财务费用	0
手续费收入	494 049 000	五、营业利润	4 240 326 000
证券销售差价收入	0	加：投资收益	236 4000
证券发行差价收入	0	营业外收入	0
租赁收益	0	减：营业外支出	0
汇兑收益	221 894 000	六、利润总额	4 242 690 000
房地产经营收入	0	减：所得税	1 540 171 000
其他营业收入	0	少数股东权益	0
二、主营业务支出	18 538 942 000	七、净利润	2 702 519 000
其中：利息支出	7 822 305 000	加：年初未分配利润	1 999 595 000
金融机构往来支出	3 210 984 000	盈余公积转入	0
手续费支出	121 717 000	外币未分配利润折算差	0
营业费用支出	6 006 507 000	八、可分配利润	4 702 114 000
汇兑损失	0	减：提取法定盈余公积	270 252 000
房地产经营成本	0	提取法定公益金	135 126 000
房地产经营费用	0	九、可供股东分配的利润	3 096 736 000
其他营业支出	19 436 000	减：应付普通股股利	362 931 000
三、主营业务税金及附加	1 021 109 000	提取任意盈余公积金	0
四、主营业务利润	4 240 326 000	十、未分配利润	1 696 860 000
加：其他业务利润	0		

二、银行损益表分析

通过损益表可以了解银行的利润状况。损益平衡表公式：

$$收入－支出＝利润$$

（一）主营业务收入

银行收入包括银行资金运用带来的利息收入和银行向个人和机构提供金融服务手续费收入两部分。其中，银行资金运用收入项目包括：贷款（L）利息收入、证券投资（S）利息收入、拆放同业和金融机构形成的金融机构往来利息收入。服务手续费收入包括：银行为个人和机构办理支付结算服务的汇兑收入，银行为个人和机构办理其他金融服务（如办理挂失、代理缴费等）的手续费收入，这部分收入也称中间业务收入。表7.8为某银行2015年损益表中主营业务收入结构情况。

表 7.8　某银行 2015 年损益表中主营业务收入结构情况　　（单位：元）

业务种类	收入项目	余　额
贷款	利息收入	17 491 718 000
拆放同业款项、存放同业款项 拆放金融公司	金融机构往来收入 （利息收入）	3 225 771 000
支付清算	汇兑收益	221 894 000
表外业务、中间业务	手续费收入	494 049 000

由表 7.8 可知：

贷款和金融往来利息收入占银行总收入的比率为：

$$（17\ 491\ 718\ 000+3\ 225\ 771\ 000）/23\ 800\ 377\ 000≈87\%$$

手续费和汇兑收入（中间业务收入）占银行总收入的比率为：

$$（221\ 894\ 000+494\ 049\ 000）/23\ 800\ 377\ 000≈3\%$$

计算结果显示中间业务收入占比仅为 3%。这是目前政府和银行普遍担心的一个问题，即银行的盈利结构单一化。当一个国家的金融市场逐步完善，更多的企业会通过资本市场筹集资金，放弃银行的贷款。金融专家普遍预测，商业银行的贷款市场将随着中国资本市场的发展而不断萎缩，这意味着商业银行的盈利能力将不断下降。如何扩大中间业务收入，改善银行的盈利结构，改变银行对于贷款绝对的依赖关系，这是商业银行必须积极应对的问题。

（二）主营业务支出

主营业务支出包括利息支出和营业费用支出两部分。银行的利息支出包括银行支付给存款人的利息支出和金融市场借入款的利息支出，这是银行的主要费用支出部分。营业费用支出包括向银行职员支付的工资、奖金和福利部分，银行房屋和各类设备的日常运行费用或租金等。表7.9为某银行2015年损益表中主营业务支出结构情况，以此为例说明。

表 7.9　某银行 2015 年损益表中主营业务支出结构情况　　（单位：元）

业务种类	支出项目	余　额
存款	利息支出	7 822 305 000
同业拆放款项、同业存放款项、金融公司拆入	金融机构往来支出（利息支出）	3 210 984 000
发行债券	手续费支出	121 717 000

由表 7.9 可知：

存款利息支出占比：7 822 305 000/18 538 942 000=42.19%

金融机构往来支出占比=3 210 984 000/18 538 942 000=17.32%

营业费用占比=6 006 507 000/18 538 942 000=32.40%

从上面的数据可见，该银行资金成本占比为 59.51%，营业费用占比为 32.40%，营业费用占比较大。从这个数据可以理解现代商业银行的一些管理措施，比如实施严格的内部管理制度：控制日常费用开支、控制营业场地面积、控制电子设备的更新速度等。这些做法也是银行管理者降低营业支出，提高利润的一种手段。

（三）利润

银行主营业务收入扣除主营业务支出、主营业务税金和附加，得到主营业务利润，计算方式如下：

主营业务利润=主营业务收入−主营业务支出−主营业务税金及附加

利润总额=主营业务利润+投资收益

净利润=利润总额−所得税

可分配利润=净利润+上年未分配利润

根据上述公式，计算表 7.7 有关数据如下：

主营业务利润=23 800 377 000−18 538 942 000−1 021 109 000=4 240 326 000（元）

利润总额=4 240 326 000+2 364 000=4 242 690 000（元）

净利润=4 242 690 000−1 540 171 000=2702519000（元）

可分配利润=2 702 519 000+1 999 595 000=4 702 114 000（元）

分析上述公式可知，银行要提高收益可以采取的策略有：① 提高资产利息收入；② 重新安排资产结构，提高盈利资产占比；③ 降低存款和借入款的利息支出；④ 重新安排资金来源结构，降低高利息存款和借入款的占比；⑤ 降低员工的工资和福利；⑥ 降低设备和房屋的费用；等等。

当然，在实际操作中，银行面对的情况要复杂得多。如：某项资产收益率高，银行财务人员主张发放这样的贷款，但是银行风险管理经理则认为高利率的贷款意味着高信用风险而予以否定。又如：银行存款中活期存款成本率最低，但是过多的活期存款意味着银行将承担更大的流动性风险，银行必须存放更多的现金资产（非盈利资产）以满足流动性的需要，这样活期存款的综合成本可能大于定期存款。在实际操作中银行家们反而青睐于成本相对较高的定期存款。

~~~ 案例 7.2 ~~~~~~~~~~~~~~~

B 银行利润表如表 7.10 所示。

表 7.10　B 银行利润表

编制单位：B 银行　　　　　　　　2016 年度　　　　　　　　（单位：人民币百万元）

项　　目	本 期 金 额	上 期 金 额
一、营业收入	262 654	263 813
利息净收入	210 318	223 841

项　目	本期金额	上期金额
利息收入	337 741	355 438
利息支出	127 423	131 597
手续费及佣金净收入	47 413	37 841
手续费及佣金收入	49 080	39 386
手续费及佣金支出	1 667	1 545
投资收益/损失	4 993	−875
其中：对联营和合营企业的投资收益	—	—
公允价值变动收益/损失	−185	1 047
汇兑损益	−478	1 631
其他业务收入	593	328
二、营业支出	−127 319	−147 441
营业税金及附加	−15 923	−15 767
业务及管理费	−85 870	−80 819
资产减值损失	−25 263	−50 739
其他业务成本	−263	−116
三、营业利润	135 335	116 372
加：营业外收入	1 889	2 395
减：营业外支出	−1 246	−1 285
四、利润总额	135 978	117 482
减：所得税费用	−30 992	−26 715
五、净利润	104 986	90 767
六、基本和稀释每股收益	0.46	0.40
七、其他综合收益	2 337	−5 715
八、综合收益总额	107 323	85 052

启发思考：

分析 B 银行利润情况。

答：

（1）2016 年 B 银行实现利润 1359.78 亿元，较上年增长 15.74%；净利润 1049.86 亿元，较上年增长 15.67%。利润总额和净利润同比增长超过 10%。主要得益于：一是加强风险管理，资产质量持续改善，资产减值损失较上年较少 254.76 亿元，降幅 50.21%；二是积极开展服务与产品创新，手续费及佣金净收入保持持续快速增长，同比增加 95.72 亿元，增幅 25.30%；三是适度加大信贷投放力度，生息资产月增幅 29.32%，在一定程度上抵消了 2015 年底人行大幅度降息的不利影响。

（2）2016 年 B 银行实现利息净收入 2103.18 亿元，较上年减少 135.23 亿元，降幅 6.04%。主要受央行下调存贷款基准利率、个人住房贷款浮动下限放宽以及市场利率下行等因素影响，客户贷款和垫款、债券投资、买入返售金融资产等主要生息资产收益率较上年大幅下降；同时，收益率较低的买入返售金融资产平均余额在总生息资产中所占的比例较去年上升，导致整体生息资产平均收益率较去年下降。

（3）手续费及佣金净收入 474.13 亿元，较上年增加 95.72 万元，增幅 25.30%。主要得益于积极发展中间业务，这部分收入来源有顾问和咨询业务、代理业务、银行卡业务、托管及其他受托业务、清算业务、担保业务、信用承诺业务等。投资收益 49.93 亿元，主要得益于金融市场的逐步好转，在控制市场风险和信用风险的前提下，适时调整债券品种和期限结构，利用市场机会，实现价差收益。业务及管理费 858.70 亿元，较上年增加 50.51 亿元，增幅 6.25%。

三、银行现金流量表的内容

现金流量表也称资金流量表，是反映一定时期银行资金来源和资金运用变化情况的财务报表。

银行现金流量表主要回答两个问题：银行在某一时期使用的资金来自何方？资金用到哪里去？银行现金流量表由经营活动现金流量、筹资活动现金流量、投资活动现金流量三部分组成。表 7.11 为某银行现金流量表。

（一）银行经营业务产生的资金的流入和流出

（1）贷款利息收入、金融机构往来收入、其他营业收入、活期存款吸收与支付净额、吸收的定期存款、收回的中长期贷款、收回已核销的贷款、与中央银行往来现金净额、与金融机构往来现金净额、收到的其他与经营活动有关的现金。

（2）存款利息支出，金融机构往来支出，其他营业支出，支付给职工以及为职工支付的现金，支付定期存款本金，短期贷款发放与收回净额，中长期贷款，支付营业税金及附加，支付所得税，支付除营业税金及附加、所得税以外的其他税费，支付其他与营业活动有关的现金。

（二）银行筹资业务产生的资金的流入和流出

（1）吸收权益性投资所收到的现金、发行债券所收到的现金、收到其他与筹资活动有关的现金。

（2）偿还债务所支付的现金、发生筹资费用所支付的现金、分配股利或利润所支付的现金、偿还利息所支付的现金、减少注册资本所支付的现金、支付的其他与筹资活动有关的现金。

（三）投资活动产生的现金流入和流出

（1）收回投资所收到的现金，分得股利或利润所收到的现金，取得债券利息收入所收到的现金，处置固定资产、无形资产和其他长期资产所收到的现金净额，收到其他与投资活动有关的现金。

（2）购建固定资产、无形资产和其他长期资产而支付的现金，权益性投资所支付的现金，债权性投资所支付的现金，支付其他与投资活动有关的现金。

问与答

问：为什么要有现金流量表？

答：资产负债是一张存量报表，不能揭示财务变动的原因；利润表虽然是动态报表，但它着眼于银行的盈利情况，不能反映资金运动的全貌，也不能揭示银行财务变动的原因。所以在资产负债表和损益表之外必须编制现金流量表，以弥补前两者的不足，将利润同资产、负债、所有者权益的变动结合起来，并揭示银行财务状况变动的原因。

四、银行现金流量表的计算

现金流量表三部分现金流量满足恒等式：某一时期银行获得的资金=某一时期银行使用的资金。

下面以表 7.11 某银行现金流量表进行分析。

表 7.11 某银行现金流量表（2015 年 1 月 1 日—12 月 31 日）　　（单位：元）

一、经营活动产生的现金流量	
贷款利息收入收到的现金（1）	20 528 319 000
金融机构往来收入（2）	0
其他营业收入收到的现金（3）	0
活期存款吸收与支付净额（4）	36 725 190 000
吸收的定期存款（5）	0
收回的中长期贷款（6）	45 030 925 000
同业存放和系统内存放款项吸收与支付净额（7）	0
与其他金融机构拆借资金净额（8）	0
金融机构其他往来收到的现金净额（9）	0
租赁收入（10）	0
证券及租赁业务现金增加净额（11）	0
收到的其他与经营活动有关的现金（12）	0
手续费收入收到的现金（13）	494 049 000
汇兑净收益收到的现金（14）	0
债券投资净收益收到的现金（15）	0
经营活动现金流入小计	$1.027\ 784\ 83 \times 10^{11}$
存款利息支出支付的现金（16）	102 284 434 000
金融企业往来支出支付的现金（17）	0
手续费支出支付的现金（18）	121 717 000
营业费用支付的现金（19）	0
其他营业支出支付的现金（20）	0
支付给职工以及为职工支付的现金（21）	2 356 723 000
支付的定期存款（22）	0
短期贷款收回与发放净额（23）	0
发放的中长期贷款（24）	78 258 329 000
支付营业税及附加（25）	0
支付的所得税款（26）	1 269 071 000
购买商品接受劳务支付的现金（27）	0
支付的其他与经营活动有关的现金（28）	0
经营活动现金流出小计	$9.223\ 428\ 34 \times 10^{10}$
经营活动产生的现金流量净额（29）	$1.054\ 419\ 96 \times 10^{10}$
二、投资活动产生的现金流量	
收回投资所收到的现金（30）	51 127 263 000
分得股利或利润所收到的现金（31）	0

取得债券利息收入所收到的现金（32）	2 386 367 000
处置固定无形和长期资产收回的现金（33）	3 852 000
收到的其他与投资活动有关的现金（34）	0
投资活动现金流入小计	$5.351\,748\,2 \times 10^{10}$
购建固定无形和长期资产支付的现金（35）	1 285 969 000
权益性投资所支付的现金（36）	0
债权性投资所支付的现金（37）	54 553 645 000
支付的其他与投资活动有关的现金（38）	0
投资活动现金流出小计	$5.583\,961\,4 \times 10^{10}$
投资活动产生的现金流量净额（39）	$-2.322\,132 \times 10^{10}$
三、筹资活动产生的现金流量	
吸收权益性投资所收到的现金（40）	0
发行债券所收到的现金（41）	1 114 891 000
借款所收到的现金（42）	0
收到的其他与筹资活动有关的现金（43）	0
筹资活动现金流入小计	1 114 891 000
偿还债务所支付的现金（44）	0
发生筹资费用所支付的现金（45）	0
分配股利或利润所支付的现金（46）	32 944 600
偿付利息所支付的现金（47）	0
融资租赁所支付的现金（48）	0
支付的其他与筹资活动有关的现金（49）	0
筹资活动现金流出小计	32 944 600
筹资活动产生的现金流量净额（50）	1 081 946 400

说明：表格中（1）~（50）的数字序号，是为了读者阅读方便，原表格中没有。

对表 7.11 中的数据进行归纳，可以得出以下结果：

银行经营活动现金流入量=（1）贷款利息收入+（4）吸收活期存款+（6）收回的中长期贷款+（13）手续费收入

=20528319000+36725190000+45030925000+494049000

=1.02778483×1011（元）

银行经营活动现金流出量=（16）存款利息支出+（18）手续费支出+（21）支付职员工资+（24）发放贷款+（26）支付税金

=10 228 443 400+121 717 000+2 356 723 000+（24）78 258 329 000+（26）1269071000

=9.22342834×1010（元）

银行经营活动现金净流量=1.02778483×1011−9.22342834×1010=1.05441996×1010（元）

案例 7.3

C 银行现金流量表如表 7.12 所示。

表 7.12 C 银行现金流量表

编制单位：C 银行 2016 年度 （单位：人民币百万元）

项　　目	本期金额	上期金额
一、经营活动产生的现金流量		
客户存款和同业及其他金融机构存放款项净增加额	1 940 153	981 691
拆出资金净增加额	—	10 019
卖出回购金融资产净增加额	1761	—
已发行存款证净增加额	5886	1882
拆出资金净减少额	6287	6729
收取的利息、手续费及佣金的现金	375 876	322 484
交易性金融资产的净减少额	34 105	—
交易性金融负债的净增加额	4017	—
收到的其他与经营活动有关的现金	3354	26 266
经营活动现金流入小计	2 371 439	1 349 068
客户贷款和垫款净增加额	−1 010 637	−536 906
存放中央银行和同业款项净增加额	−260 370	−197 723
拆除资金净增加额	—	—
买入返售金融资产净增加额	−380 158	−71 322
拆入资金净减少额	−21 248	—
卖出回购金融资产净减少额	—	−107 171
支付的利息、手续费及佣金的现金	−127 250	−110 274
支付给职工以及为职工支付的现金	−48 335	−44 195
支付的各项税费	−61 409	−48 178
交易性金融资产的净增加额	—	−18 968
交易性金融负债的净减少额	—	−6834
支付的其他与经营活动有关的现金	−34 861	−28 848
经营活动现金流出小计	−1 944 268	−1 170 419
经营活动产生的现金流量净额	427 171	178 649
二、投资活动产生的现金流量		
收回投资收到的现金	1 166 201	965 592
收取的现金股利	105	172
处置固定资产和其他长期资产收回的现金净额	483	563
投资活动现金流入小计	1 166 789	966 327
投资支付的现金	−1 565 573	−912 007
购建固定资产和其他长期资产支付的现金	−21 417	17 490
取得子公司、联营和合营企业支付的现金	−4146	−26
对子公司增资支付的现金	—	−638
投资活动现金流出小计	−1 591 136	−93 0161
投资活动产生的现金流量净额	−424 347	36 166
三、筹资活动产生的现金流量		
发行债券收到的现金	79 880	2982
筹资活动现金流入小计	79 880	2982

项　目	本期金额	上期金额
分配股利支付的现金	−19 558	−40 937
偿付已发行债券利息支付的现金	−1972	−2005
偿还债务支付的现金	−40 000	—
筹资活动现金流出小计	−61 530	−42 942
筹资活动产生的现金流量净额	18350	−39 960
四、汇率变动对现金及现金等价物的影响	21	−3164
五、现金及现金等价物净变动额	21 195	171 691
加：年初现金及现金等价物余额	354 393	182 702
年末现金及现金等价物余额	375 588	354 393

启发思考：

分析 C 银行现金流量表。

答：

（1）C 银行 2016 年经营活动产生的现金流量净额为 4271.71 亿元，较上年增加 2485.22 亿元。其中，现金流入 23714.39 亿元，较上年增加 10223.71 亿元，主要是由于客户存款和同业及其他金融机构存放款项增长；现金流出 19442.68 亿元，较上年增长 7738.49 亿元，主要是客户贷款和垫款买入返售金融资产增长。

（2）投资活动产生的现金流量净额为−4243.47 亿元，较上年减少 4605.13 亿元。其中，现金流入 11667.89 亿元，较上期增加 2004.62 亿元，主要是收回投资收到的现金增加；现金流出 15911.36 亿元，较上年增加 6609.75 亿元，主要是投资支付的现金增加。

（3）筹资活动产生的现金流量净额为 183.50 亿元，较上年同期增加 583.10 亿元，主要来源于发行次级债券。

第三节　其他报表

为了更全面地反映银行的经营状况，商业银行（特别是上市银行）会公布一些其他的财务报表作为补充信息。这些报表包括股东权益变动表和表外业务报告表等。

一、股东权益变动表

股东权益变动表反映了银行股东对本银行投资变化的情况和银行盈利的分配情况。股东对银行的投资（也称为股本）是商业银行抵御不可预测风险的最重要也是最后的屏障。因此，政府监管当局高度关注股东权益变动表。另外，股东权益变动表列举了股东的权益实现，也备受股东的关注。下面以表 7.13 某银行股东权益变动表进行分析。

表 7.13　某银行股东权益变动表分析（2015 年 8 月 30 日）　　（单位：元）

一、实收资本（或股本）		任意盈余公积	0
期初余额（实收资本）	5 184 447 000	储备基金	0
本期增加数（实收资本）	1 037 588 000	企业发展基金	0
资本公积转入	0	法定公益金转入数	0
盈余公积转入	0	本期减少数	0
利润分配转入	0	弥补亏损	0
新增资本（或股本）	0	转增资本	0
本期减少数（实收资本）	0	分派现金股利或利润	
期末余额（实收资本）	6 222 035 000	期末余额	496 756 000
二、资本公积		法定盈余公积	0
期初余额（资本公积）	4 948 491 000	储备基金	0
本期增加数（资本公积）	2 640 000	企业发展基金	0
资本（或股本）溢价	0	三、法定公益金	0
接受捐赠非现金资产准备	0	期初余额	280 697 000
接受现金捐赠	0	本期增加数	0
股权投资准备	0	从净利润中提取数	0
拨款转入	0	本期减少数	0
外币资本折算差额	0	集体福利支出	0
资本评估增值准备	0	期末余额	280 697 000
其他资本公积	0	四、未分配利润	
本期减少数（资本公积）	0	期初未分配利润	1 999 595 000
转增资本	0	本期净利润	1 268 009 000
期末余额（资本公积）	495 113 000	本期利润分配	1 399 876 000
法定和任意盈余公积	0	期末未分配利润	1 867 728 000
期初余额	496 756 000	年初余额	0
本期增加数	0	本年增加数	0
从净利润中提取数	0	本年减少数	0
法定盈余公积（增加数）	0	年末余额	0

表 7.13 反映出该银行在本期实收资本增加 1 037 588 000 元，银行抗风险能力增加，但是原股东股权被稀释。"本期利润分配"数大于"本期净利润"，分配动用上期末未分配利润，是为了保持银行的股本收益率不会有太大的降幅而采取的措施。

案例 7.4

以下为 D 银行所有者权益变动表。

启发思考：

分析 D 银行所有者权益变动情况。

表7.14 D银行所有者权益变动表

编制单位：D银行 （单位：百万元）

项　目	股本	资本公积	投资重估储备	盈余公积	一般风险准备	未分配利润	外币报表折算差额	股东权益合计
一、上年年末余额	233 689	90 241	11 138	26 922	46 200	55 867	−501	463 556
加：会计政策变更								
前期差错更正								
二、本年年初余额	233 689	90 241	11 138	26 922	46 200	55 867	−501	463 556
三、本年增减变动金额		25	2075	10 499	9	74 918	237	87 763
（一）净利润						104 986		104 986
（二）直接计入股东权益的利得和损失		25	2075				237	2337
1. 可供出售金融资产公允价值变动净额			2075				237	2337
2. 权益法下被投资单位其他股东权益变动的影响								
3. 与计入股东权益项目相关的所得税影响								
4. 其他		25						
上述（一）和（二）小计		25	2075			104 986	237	107 323
（三）所有者投入和减少资本								
1. 所有者投入资本								
2. 股份支付计入股东权益的金额								
3. 其他								
（四）利润分配				10 499	9	−30 068		−19 560
1. 提取盈余公积				10 499		−10 499		
2. 提取一般风险准备					9	−9		
3. 对股东的分配						−19 560		−19 560
4. 其他								
（五）所有者权益内部结转								
1. 资本公积转增股本								
2. 盈余公积转增股本								
3. 盈余公积弥补亏损								
4. 一般风险准备弥补亏损								
5. 其他								
四、本年末余额	233689	90266	13213	37421	46209	130785	−264	551319

答：从表7.14可以看出，期初股东所有者权益为4635.56亿元，期末为5513.19亿元，本期增加877.63亿元。当期实现净利润1049.86亿元，按净利润的10%提取盈余公积104.99亿元，提取一般风险准备0.09亿元，分配现金股利195.60亿元，未分配利润增加749.18亿元。从所有者权益各组成部分来看，本期增加最多的是未分配利润，是由净利润引起的；投资重估储备增加207.5亿元，是由可供出售金融资产公允价值变动引起的；股本没有变化，当期没有变化，当期没有所有者投入或减资的情况。

二、财务报表附注

　　财务报表附注是对资产负债表、利润表、现金流量表和所有者权益变动表等报表中列示项目的文字描述或明细资料，以及未能在这些报表中列示项目的说明等。附注是财务报表的重要组成部分，内容包括银行的基本信息、财务报表的编制基础、遵循企业会计准则的声明、重要会计政策和会计估计、会计政策和会计估计变更以及差错更正的说明、重要报表项目的说明及其他说明的主要事项。

　　商业银行应当按照规定披露附注信息，主要包括下列内容。

　　（1）商业银行的基本情况。

　　（2）财务报表的编制基础。

　　（3）遵循企业会计准则的声明。

　　（4）重要会计政策和会计估计。

　　（5）会计政策和会计估计变更以及差错更正的说明。

　　以上1~5项，应当比照一般企业进行披露。

　　（6）报表重要项目的说明。

本章小结

　　商业银行的主要财务报表有资产负债表、损益表、现金流量表和其他报表。银行通过财务报表向大家展示了银行通过资本、人力、信用和网络技术生产金融服务产品、销售产品的效果。资产负债表是最主要的银行财务报表，通过股东权益、负债和资产三部分，详细列举了银行的资本数量和结构，负债的规模、负债资金结构和负债服务产品，资产的规模、投资渠道、投资结构和资产质量，是了解银行、评价银行业绩的主要数据来源。损益表由收入和支出两部分组成，列举了银行收入结构、费用开支状况。如果要更加深入地了解银行的管理状况和业务开展情况，还需要通过其他的报表，如现金流量表、股东权益变动和表外项目报表等。

第八章 商业银行中间业务与表外业务

【学习目标】

了解商业银行中间业务的概念、特点和分类，区分狭义中间业务和表外业务的异同；了解国际银行业中间业务的发展趋势；熟悉狭义中间业务和表外业务所包含的各类子业务的经营内容；在了解商业银行表外业务经营风险的基础上，熟悉并掌握各类表外业务的风险管理策略。

引 例

2016 年上半年银行行业中报回顾与未来展望

改革开放在利率市场化推进及新资本协议实施的背景下，各银行纷纷大力发展中间业务，中间业务增长良好，银行卡、代理和托管业务表现突出。

2016 年上半年上市银行手续费及佣金净收入平均同比增速达到 30.84%。分类看，由于基数较高，国有银行中间业务增速低于行业平均水平；股份制银行中，浦发银行中间业务净收入增速最高，达到 51.69%，华夏、中信和招商银行增速也较高，分别同比增长 29.82%、21.83% 和 21.49%；城商行中间业务增长最快，平均同比增速达到 71.80%，贵阳银行同比增长高达 105.71%。

分业务结构看，各银行加大银行卡业务力度，银行卡手续费收入呈现快速增长。此外，代理基金、代理保险业务不断发展，代理类业务手续费收入保持上升趋势。受活期存款低利息、金融脱媒以及利率市场化的影响，居民理财意识增强，受托理财等财富管理业务收入发展迅速，成为中间业务的重点。

从占比看，2016 年上半年上市银行手续费及佣金净收入占比整体同比上升 3.08 个百分点，至 24.30%。仅建设银行、中国银行和华夏银行三家银行收入占比同比下降，分别下降 0.28%、2.52% 和 6.19%。从绝对水平看，光大银行的中间业务收入占比最高，达到 44.54%，同比上升了 14.76 个百分点。

启发思考：

商业银行为什么重视中间业务和表外业务？

答：中间业务和表外业务都是传说中的"影子银行"，这些业务不计入银行资产负债表，更不受相关监管部门的监管，商业银行的自主性高，更重要的是中间业务是无风险的，表外业务风险不高。这两项业务的低风险加无监管促使商业银行要重视发展这两项业务。

资产、负债和中间业务是商业银行的三大支柱业务。全球商业银行中间业务由于其本身具有风险小、收益高的优点发展迅猛，中间业务收入已成为商业银行的主要收入来源。随着商业银行经济活动范围的日益扩大，要求信用服务形式更加多样化，这就使得中间业务和表外业务产生并迅速地发展起来。

第一节　商业银行中间业务和表外业务概述

商业银行开展的中间业务和表外业务，是指商业银行不动用或很少动用自己的资金，而是利用其信誉、技术、人才、设施等方面的优势，以中间人的身份替客户办理收付和其他委托事项，并收取手续费的业务。这类业务具有收入稳定、风险程度低等特点，它集中体现了商业银行的服务性功能。随着社会经济的不断发展，中间业务和表外业务的领域也正在不断拓展。

一般来说，中间业务都是表外业务，但表外业务不一定是中间业务，关键看是否涉及银行自身。表外业务可以涉及银行自身，但是根据会计准则不体现在资产负债表上；而中间业务则是不涉及银行，银行只起到中间人的作用。比如开立银行承兑汇票，就属于表外业务，但不能归入中间业务。图 8.1 所示为商业银行表外业务与中间业务。

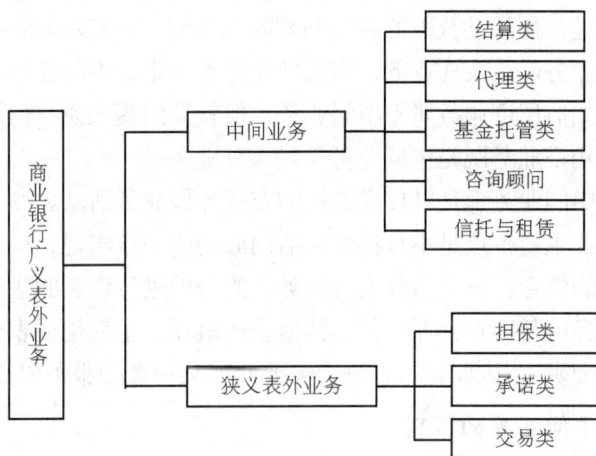

图 8.1　商业银行表外业务与中间业务

一、中间业务和表外业务的含义

1. 中间业务的含义

中间业务也称无风险业务，是银行不需要动用自己的资金而代理的委托事项，以收取手续费。比如汇兑、承兑、代收等，形成银行非利息收入。

中间业务不构成商业银行表内资产或负债，具有以下几个特点：① 不需要银行提供资金；② 以收取手续费为主要目的；③ 无风险；④ 以接受客户委托的方式开展业务。

> **问与答**
>
> **问**：举出商业银行中间业务的例子。
> **答**：替客户办理资金的转账、代收代付款项、代买代卖外汇、出租保管箱等。

2. 表外业务的含义

表外业务是指那些虽未列入银行资产负债表内，但在一定条件下却可影响资产负债业务或者说可以转化为表内的业务。银行在从事表外业务时，不仅以中间人的身份为客户提供服务，而且在一定的条件下会参与其中，因而会导致资产负债业务即表内业务量的改变。因此有时候表外业务又被称为或有资产和或有负债业务。广义的表外业务既包括传统的中间业务，也包括一些有风险的业务，如互换、期权、期货等金融工具交易，以及提供备用信用额度等。一般说的表外专指有风险的一类，这些表外业务会增加银行的风险。

表外业务具有以下几个特点。① 灵活性强；② 透明度低；③ 风险低；④ 高杠杆作用交易；⑤ 高度集中。

二、表外业务与中间业务的联系与区别

表外业务与中间业务都是独立于资产负债业务之外的业务，两者既有联系又有区别。

1. 表外业务与中间业务的联系

（1）表外业务与中间业务都是收取手续费的业务。手续费是银行向客户提供各种服务所得的报酬，与银行通过信用活动获取的存贷利差收入不同。（贷款承诺）

（2）传统的中间业务都是表外业务，但表外业务不一定是中间业务，表外业务与中间业务之间有一些重合。如信用证业务属于中间业务，但就其内涵来说，信用证业务又具有担保业务的性质，因此信用证业务既是中间业务又是表外业务。

（3）表外业务与中间业务都是以接受委托的方式开展业务活动。商业银行在从事各类表外业务和中间业务时的主要特点是不直接作为信用活动的一方出现，一般情况下，不动用或较少动用自己可使用的资金，不以债权人或债务人的身份进行资金的融通，只是以中间人的身份提供各类金融服务或替客户办理收付和其他委托事项，也就是说表外业务是一种受托业务（主要是应客户的要求）。因此，银行是否需要开展某种金融服务要看客户的需要。

2. 表外业务与中间业务的区别

（1）中间人的身份不同

在中间业务中，如支付结算、信托、代理等业务，银行都是以交易双方当事人之外的第三者身份接受委托，扮演中间人的角色；而表外业务却在业务发展中可能发生银行中间人角色的移位，成为了交易双方的一方，即成为交易的直接当事人。

如贷款承诺，就是由银行和客户签订的信贷承诺协议，并在协议签定时无信贷行为发生，也就不在资产负债表上做出反映，因而是典型的表外业务，但是一旦具备了协议所列的某项具体贷款条件，银行就必须履行协议规定的向客户提供贷款的责任；再如目前商业银行所从事国际业务的各种金融工具交易，除接受客户委托以中间人身份进行的代客交易外，还常常出于防范、转移风险的需要，及实现增加收入的目的，作为直接交易的一方出现。目前国际商业银行正大力发展表外业务，并带来了与表内业务平分秋色的收益。

（2）业务风险不同

如前所说，商业银行的中间业务，是不直接作为信用活动的一方出现的，不动用或较少动用自己可使用的资金，虽然业务经营中也要承担一定的风险，但其风险程度要明显低于信用业务。

随着金融创新的发展及业务领域的不断拓宽，大量与信用业务密切相关的高风险业务也随之发展，如银行在提供服务的同时，还以某种形式垫付资金，从而形成了银行和客户之间的另一种债权债务关系，其风险度可想而知地加大。

（3）发展的时间长短不同

表外业务是近二十年才发展起来的，与国际业务的发展、国际金融市场及现代通信技术的发展紧密联系；而在我国通常被称为银行中间业务的金融服务类业务，大部分与银行的资产负债业务相伴而生的、长期存在的。

中间业务与表外业务的界限有时很难区分清楚，因为二者间存在相互交叉的现象。例如：当银行为客户提供票据承兑服务时，就不单纯是一种中间性的服务。因为这种业务同时还是银行利用自己的信用为客户提供付款担保，一旦票据到期，客户不具支付能力，银行便须承担付款责任，尽管银行在办理此项业务时会考虑到这种风险，如要求客户事先将票款存入银行，或确认客户具有支付能力的条件下，才为其提供承兑服务。

表内业务、表外业务、中间业务的关系如表 8.1 所示。

表 8.1　表内业务、表外业务、中间业务的比较

项　目	表内业务	表外业务	中间业务
	贷　款	贷款承诺	代理收费
向客户提供	资金	信誉	服务
向客户收取	利息	手续费	手续费
银行的地位	主动	角色移位	中介人
风险状况	风险大	潜在风险	无风险

三、国际银行业中间业务的发展趋势

从古巴比伦的寺庙开始，在长达四千年漫长而曲折的演进历程中，银行业一刻也没有停止过变革与发展的主旋律。每一天，你的身边都可能有新诞生的银行，也可能有没落甚至退出历史舞台的银行，优胜劣汰，适者生存，银行业的发展同样遵循着自然界的更替规律。

在国际金融发展史上，商业银行中间业务的发展已有 160 多年的历史，尤其是近些年来，许多西方国家商业银行的中间业务收入不仅成为其经营收入的主要来源，而且大有赶超利息收入之势。

随着金融创新的加剧，商业银行中间业务的内涵和外延发生了重大变化，纵观国际银行业中间业务的发展趋势呈现以下三个特点。

1. 经营范围广泛，品种繁多

西方国家商业银行经营的中间业务种类繁多，为满足客户各种需求，商业银行的经营品种日新月异，层出不穷。中间业务的范围除涵盖了传统的银行业务外，还涵盖了信托业务、投资银行业务、共同基金业务和保险业务等。它们既可以从事货币市场业务，也可以从事商业票据贴现及资本市场业务。

2. 业务规模日趋扩大，收入水平不断上升

过去 20 年间，美国商业银行业的投资银行业务、资产服务、资产证券化、保险业务和其他运营性收入的增长使得非利息收入在营业净收入中的占比增加了 15.4%。而且，大型商业银行的非利息收入在银行总收入中占比从 82.9%增加到 93.0%。目前，世界主要国家的非利息收入在银行全部收入中的比重一般都在 20%以上，个别银行甚至高达 70%，非利息收入已经成为决定银行整体收入状况的一个极其重要的因素。据统计，目前非利息收入在银行全部收入中的比重，美国和加拿大平均为 45%，欧洲国家为 44%，澳大利亚等亚太国家为 28%。经济越发达，非利息收入所占比重越高。

3. 服务手段先进，科技化程度高

科技程度的提高为商业银行发展中间业务提供了强大的技术支持和创新基础，特别是近年来出现的可以在任何时候和任何地点以任何方式为客户提供个性化服务的网络银行促进了中间业务的发展。拥有先进技术的国际性银行凭借其强大的支付系统在中间业务方面获得了巨额的服务费收入。

第二节　商业银行中间业务

纵观国际银行业的发展趋势，随着金融市场的发展和银行职能的不断转化，商业银行信用媒介的角色日益淡化，结算、投资、信托、基金、代理、咨询等广阔的中间业务领域已经成为商业银行不愿放弃的"淘金阵地"。

一、结算类中间业务

结算业务是由商业银行的存款业务衍生出来的一种业务，是银行代客户清偿债权债务、收付款项的一种传统中间业务。具体地讲，就是各部门、各企事业单位以及个人之间所发生商品交易、劳务供应和资金调拨等经济活动时，借助于银行的结算工具来实现债权债务的货币收付行为，通称为银行结算。

结算分为现金结算和转账结算两种形式。发生经济活动的双方，以现金方式来完成经济往来的货币收付行为称为现金结算；收付双方通过银行的账户间划转款项来实现收付的，称为非现金结算，也称转账结算。

1. 结算工具

由于各国的习惯与法律规定不同，结算工具有所差异，通行的结算工具有汇票、本票和支票三大类。

（1）汇票

汇票是出票人签发的，委托付款人在见票时或者在指定日期无条件支付确定的金额给收款人或者持票人的票据。按照出票人不同分为银行汇票和商业汇票。

一般企业间用的较多的是银行汇票和银行承兑汇票，前者是要求企业在银行有全款才能申请开出相应金额的汇票。

如果你要在开户行开 100 万元的银行汇票，则在该行账户上必须有 100 万元以上的存款；后者要看银行给企业的授信额度，一般情况是企业向银行交一部分保证金，余额可以使用抵押等手段（如开 100 万元的银行承兑汇票，企业向银行交 30%保证金 30 万元，其他 70 万元企业可以用土地、厂房、货物仓单等抵押；企业信誉好的话，也可能只需交部分保证金就可以开出全额）。

案例 8.1

真假汇票

2015 年 1 月 30 日下午 3 时左右，客户吴德秀来到工行某分行营业部柜台前，要求办理 50 万元的银行现金汇票，该行经办人按程序为其办理了一张银行汇票，汇票要素为：号码 IXII00077761，出票日期为 2015 年 1 月 30 日，代理付款行为工行×省×市×县支行，收款人为吴德秀，金额为 50 万元。

2015 年 3 月 5 日，某市分行营业部经办人接到×县支行电话查询，询问银行汇票真伪。该经办人请工行×县支行通过资金汇划系统发来查询，且按操作规程抽出银行汇票卡片联，多余款收账通知联进行核对，在核对时发现金额与原汇票不符。某市分行营业部当即要求对方提供汇票传真件，当收到传真件后，即确认收款人及金额及压数都被涂改，某市分行营业部立即通知工行×县支行将持票人扣住。但持票人一看不对马上溜走了。

经过核对该伪造银行汇票的主要疑点有以下两个。

（1）压数金额已经改为 960000.00，且字迹和字体均与原汇票不同。

（2）大写金额也被改为"现金玖拾陆万元整"。

启发思考：

如何预防票据诈骗？

答：预防票据诈骗必须从严审查票据。防范措施有以下几个。

（1）运用法律手段，严厉打击伪造金融票据的犯罪行为。

（2）银行员工要树立法制观念，提高警惕，树立防范票据欺诈意识。

（3）银行要有针对性地加强技术防范。

（4）加强对大额汇票解付前的查询工作。

（5）加强银行内部监督。

（2）本票

本票是由发票人签发的载有一定金额，承诺于指定到期日由自己无条件支付给收款人或持票人的票据，本票的基本关系人只有发票人和受票人。

本票按发票人不同，划分为银行本票和商业本票。银行本票是银行签发的，承诺自己在见票时无条件支付确定金额给收款人或持票人的票据。银行本票具有款随人到、见票即付、视同现金、允许背书转让、信誉高等特点。商业本票是企业签发的承诺自己在见票时无条件支付确定金额给收款人或持票人的票据。商业本票是以商业信用为基础的票据。此外，本票还可依收款人不同分为记名本票和不记名本票；依付款日不同分为即期本票和远期本票；依有无保证分为保证本票和无保证本票；依有无利息分为无息本票和有息本票；等等。

（3）支票

支票是活期存款账户的存款人委托其开户银行，对收款人或持票人无条件支付一定金额的支付凭证。支票是一种委托式的支付凭证，具有三个关系人，即发票人、收款人和付款人。我国的支票一律记名，经中国人民银行批准的地区，转账支票允许背书转让。目前，各国商业银行中使用的支票种类较多，主要有记名支票、不记名支票、保付支票、划线支票、旅行支票等。

支票具有以下几个特点：① 支票为即期票据，各国票据法都不承认远期支票；② 支票具有自付性质，即支票的债务人实质上是发票人，但付款人是银行，是银行替发票人付款；③ 支票具有支付手段，即为见票即付票据。

按支付方式分，我国的支票可分为现金支票和转账支票，现金支票可以转账，转账支票不可支取现金。我国支票的提示付款期限为自出票日起 10 日内，超过提示付款期限提示付款的，开户银行不予受理，付款人不予付款。出票人签发空头支票、签章和预留银行签章不符的支票、支付密码错误的支票，银行予以退票，并按票面金额处以 5%但不低于 1000 元的罚款。持票人有权要求出票人支付支票金额 2%的赔偿金。对于屡次签发类似支票的出票人，银行应停止其签发支票。

知识点滴

票据虽然本身无价值，但代表了某一项权利或利益，是能够证明某项权利的书面凭证。银行用于结算的票据必须具备六大要素，缺一不可。一是必须用文字载明权利和义务；二是票据所载权利必须是货币数量，并用货币支付；三是票据所载数量在票据成立时一经确定，不得更改；四是必须用文字标明是何种票据；五是票据均需无条件支付；六是必须注明发票地、付款地及发票日期。

2. 中间业务创新

中间业务创新主要是传统型结算工具及结算支付系统的创新。

（1）传统型结算工具创新——银行卡

银行卡是商业银行发行的、用以代替支票来完成支付与清算的手段，是支票系统的创新，标志着传统的以支票为中心的支付与清算的飞跃。银行卡属商业银行吸纳创新。现代电子通信技术的支持和银行卡国际组织的推动，使银行卡发展日新月异。主要有以下几种。

① 借记卡。持卡人须在卡内存有货币，然后持卡人可以通过银行设置的自动取款机（ATM）进行自动转账，支付现金；也可以在设有 POS 终端的商户进行购物记账支付等。

② 贷记卡。贷记卡是指发卡银行给予持卡人一定的信用额度，持卡人可在信用额度内先消费，后还款的信用卡。贷记卡是真正意义上的信用卡，具有信用消费、转账结算、存取现

金等功能。它具有以下特点：先消费后还款，享有免息缴款期（最长可达 56 天），并设有最低还款额，客户出现透支可自主分期还款。

③ 存储信用卡。用于各种复杂交易，纳入计算机系统进行各种费用支付和清算。特别是 20 世纪 70 年代末法国发明的 IC 卡，上面装有一个微电子芯片，能够记载大量持卡人的信息，因而具有许多功能，而且不易伪造。

案例 8.2

美国人的信用卡

美国是一个信用制度非常完善的国家，在日常生活中信用卡的使用非常普遍，如果你看一个美国人的钱包，里面很少有现金，有的只是一大把各种各样的信用卡。日常生活中人们购物和支付各种费用，大部分都是用信用卡来完成的。人们得到信用卡的渠道也非常多，不仅可以在银行申请信用卡，而且在很多超市和商店也可以申请信用卡。如果在你家的附近有一个超市，而你经常要在那里采购日常用品，则就可以考虑在那里申请一个信用卡。

申请信用卡的时候，超市首先要审查你的社会安全号，在确认你没有什么不良记录以后，你就可以成功地得到一张该超市的信用卡了。初次得到信用卡的额度也许不会很高，500 美元也许是你能拿到的额度。当然，如果你从其他地方已经得到了另一张信用卡，那么在这里也许你能得到更高的额度；如果你还有贷款买车的记录，那你能得到的额度还会更高；依次类推，你借钱的记录越多，得到的信用额度就会越高。你一定不明白为什么，下面详细分析。你在超市得到的这张信用卡的 500 美元额度不是超市给你让你存起来的，而是让你在这个超市花掉，当下个月还款期到了的时候，切记，不要全部足额地把钱还给他们，你只要把利息还了，再稍微还点就可以了，一般是还百分之十几或二十几，这样，到了下个月，或者下下个月，你的额度就有可能增长到 800 美元了。继续把它们花出去，然后还是只还百分之二十左右，依此下去，你的信用额度就会越长越高。如果人家借给你 500 美元，你花完了，到期马上足额地还上了，那你下个月的额度还是 500 美元，不会增长。

你又不明白了吧？信用卡公司是不是有病啊，你借的钱越多，你的信用额度就越高？是的，他们没病，因为你借的钱越多，他们得到的利息就越多，这是一个数学问题，你回去好好算算就明白了。如果一个美国人没有信用卡，或者失去了信用而得不到信用卡，那么，基本上这个美国人就没办法生存了。这话虽然夸张了点，但事实的确如此。比如，你找到了一份工作，到发薪水的时候，老板一般不会直接付你现金，而是打到你的账号上，这样既安全又快捷。你花钱的时候，一刷卡，也就完成了，同样安全快捷。如果你没有信用卡，那也就没有账号了，那就惨了，别人没法付你钱，你也没法花钱，怎么生活啊？

启发思考：

分析信用卡的收入有哪些。

答：

（1）信用卡利息收入。持卡人透支信用额度所支付的利息，这一部分是信用卡收入的主要部分。如持卡人逾期、还最低还款额时，利息就产生，日息 0.5‰。

（2）信用卡年费收入。银行每年向持卡人收取信用卡管理费的收入，大部分是针对白金卡、钻石卡或一些特定的不免除年费的信用卡。此项收入也是银行信用卡很高的固定收入来源。

（3）信用卡取现收入和惩罚性收入。持卡人取现，需要支付取现手续费，即便是自己多存进去的钱（即溢缴款），这个取现手续费就是银行的取现收入；持卡人因为未还款导致逾期会产生滞纳金或者超限刷卡的超限费，这些就是银行的惩罚性收入。

（4）信用卡手续费收入。持卡人办理分期业务缴纳的手续费，就是银行的手续费收入。近年来，分期业务十分火热，银行自然也喜欢持卡人分期，分期的人越多，收入就越高。

（5）其他收入。信用卡补卡费、挂失费等费用。这部分费用比例占比比较少。

（6）信用卡刷卡手续费收入。客户在商家买东西，商家要拿出交易额的一定比例分给银行。

（2）结算支付系统创新

结算支付系统创新主要是将现代的电子通信技术应用于银行的结算支付管理中，其突出表现有以下内容。

① 票据交换所自动交换转账系统。同普通的交换所性质一样，同是办理银行间的资金清算机构，但自动交换所处理的已不是纸质的凭证，而是电子化货币，各会员银行通过同交换所微机联网，自动进行清算处理。

② 自动取款机（ATM）。自动取款机是银行为客户提供的既能满足存取款，又能进行支付的电子汇划支付系统。它已成为银行现代化的标志，可以 24 小时为客户提供服务，既提高了银行的服务功能，又节省了人力。

③ 环球银行同业金融电讯协会系统。它属于在参加的各商业银行所在地设有地区处理站口的、国际间的资金调拨清算创新。此系统具有标准化、规范化、效率高、费用低等特点，有自动储存信息、自动加押核押、以密码处理电文、自动将文件分类等功能。会员银行每发出电讯，都会得到系统收到与否的证实。在未收妥的证实中，均可收到未收妥的原因，它对提高国际银行间业务处理交换水平，推动国际银行业务的发展具有深远的意义。

电子通信技术一经应用于商业银行的支付清算业务，即可使银行的支付清算发展日新月异，创新不断。由于现代电子通信技术的安全、快速、方便，使各商业银行都积极应用于各业务中，以提高自身服务功能和效率，增强竞争力。

二、代理类中间业务

1. 代理业务的概念与作用

代理业务是指商业银行接受客户的委托，代为办理客户指定的经济事务，提供金融服务并收取一定费用的业务，包括代理证券业务、代理保险业务、代理商业银行业务、代理中央银行业务、代理政策性银行业务和其他代理业务。

代理业务是典型的中间业务。银行充分利用自身的信誉、技能、信息等资源代客户行使监督管理权并提供各项金融服务。目前，私人银行业务日益成为我国商业银行拓展中间业务的竞争核心。

代理业务是商业银行作为金融中介机构的一项重要中间业务，在社会经济活动中起着不可或缺的重要作用。首先，代理业务的发展有利于深化社会分工，提高社会经济效益。其次，代理业务的发展有利于维护良好、稳定的经济秩序。再次，代理业务的推广，有利于推动经营行为的规范化。此外，通过代理业务，银行可以增加在社会上的影响力，为开展其他业务奠定一定的社会关系基础，从而增加银行的资金来源，为商业银行的发展提供广阔的天地。

2. 代理业务的种类及内容

（1）代收代付业务

代理业务中应用范围最广的就是代收代付业务，此类业务几乎涉及社会生活的每一家、每一户。代收代付业务是指商业银行利用自身结算的便利，接受客户的委托代为办理指定款项收付的业务。如代发工资业务、代扣住房按揭消费贷款还款业务、代收交通违章罚款等。

代收代付业务的种类繁多，涉及范围广泛。归纳起来可以分为两大类：一是代缴费业务，就是银行代理收费单位向其用户收取费用的一种转账结算业务，如代收电话费、保险费、交通违章罚款、养路费等；二是代发薪资业务，就是银行受国家机关、行政事业单位及企业的委托，通过其在银行开立的活期储蓄账户，直接向职工发放工资的业务。

（2）代理证券业务

代理证券业务就是指银行接受委托办理的代理发行、兑付、买卖各类有价证券的业务，同时还包括代办债券还本付息、代发红利、代理证券资金清算等业务。

有价证券主要包括国债、金融债券、公司债券、股票等。

银行开办的主要代理债券类业务包括银证通业务、代理发行业务、代理兑付业务、承销政府债券业务等。

（3）代理保险业务

代理保险业务就是银行接受保险公司的委托，代其办理保险业务。属于兼业代理。代理保险业务是目前我国银行保险发展的最为广泛的种类。

银行代理保险业务要符合中国保监会 2000 年颁布的《保险兼业代理管理暂行办法》要求，符合兼业代理人的条件才可以进行兼业代理活动。

（4）代理政策性银行业务

代理政策性银行业务是指商业银行接受政策性银行的委托，代为办理政策性银行因服务功能和网点设置等方面的限制而无法办理的业务，包括代理贷款项目管理等。

（5）代理中央银行业务

代理中央银行业务是指根据政策法规应由中央银行承担，但是由于机构设置、专业优势等方面的原因，由中央银行指定或委托商业银行承担的业务，主要包括财政性存款代理业务、国库代理业务、发行库代理业务等。

（6）代理商业银行业务

代理商业银行业务就是指商业银行之间相互代理业务，主要是指代理资金清算业务，如代理银行汇票业务等。

问与答

问： 举出银行代收代付的例子。

答： 代收通信类（电话费、传真费、电子银行服务费等）；物业管理类（水费、电费、燃气费、物业管理费等）；税费类（国税、地税、水利管理费、环保排污费等）；交通类（养路费、交通管理费、过桥费等）；社会保障类（医疗保险、失业保险、养老保险等）；其他类（代收学费、贷款等）。

三、基金托管业务

基金托管业务是指有托管资格的商业银行接受基金管理公司委托，安全保管所托管的基金的全部资产，为所托管的基金办理基金资金清算款项划拨、会计核算、基金估值、监督管理人投资运作。包括封闭式证券投资基金托管业务、开放式证券投资基金托管业务和其他基金的托管业务。

四、信托与租赁业务

1. 信托业务

信托是指委托人基于对受托人的信任，将其财产权委托给受托人，由受托人按委托的意愿以自己的名义，为受益人的利益或者特定目的进行管理或者处分的行为。

（1）信托的当事人

① 委托人。委托人就是设定信托的人，一般就是信托财产的所有人。具有完全民事行为能力的自然人、法人或依法成立的其他组织都可以成为委托人。

② 受益人。受益人是在信托中享有信托受益权的人。受益人可以是自然人、法人或依法成立的其他组织。委托人可以是受益人，信托人也可以是受益人，但不能是唯一受益人（英国规定受托人不得将信托财产出售给自己）。

③ 受托人。受托人是信托中接受完成信托财产管理等事务的人，受托人必须是具有完全民事行为能力的自然人、法人。受托人接受信托，应当遵守相关规定，以实现委托人的最大利益为原则处理相关事宜，不得利用信托财产为自己谋取报酬之外的利益。

（2）信托业务的种类

① 个人信托业务。就是以个人作为委托人的信托业务。常用的形式有生前信托、身后信托等。

② 法人信托业务。又称"公司信托"或"团体信托"，是指信托机构办理的以法人机构作为委托人的信托业务。法人信托业务是信托机构的主要收入来源。比较具有代表性的法人信托业务有公司债信托、动产信托、雇员受益信托和商务管理信托等。

2. 租赁业务

租赁是指由物件所有者（出租人）按照合同规定，在一定期限内将物件出租给使用者（承租人）使用，承租人按期向出租人缴纳一定租金，并在租赁关系终止时将原租赁物返还给出租人的经济行为。

租赁一般包括租赁当事人、租赁物件、租赁期限和租赁费用等基本内容。

（1）租赁业务的特点

① 租赁当事人比较复杂。一般租赁活动只包括出租人和承租人，复杂的租赁交易除了出租人和承租人之外，还包括其他当事人。如融资租赁中的销售商、贷款人等。

② 租赁标的具有特殊性。在租赁行为中双方借贷的是物件，但实际买卖的是物件的使用权。一般租赁的标的物品必须具有以下特点：一是租赁物必须是实物资产，无形资产不能作为租赁物；二是租赁物使用后必须仍然保持原有形态，其原有的使用价值不因一次使用而丧失。

③ 租赁期限核算特殊。租赁期限受租赁物件的使用寿命的影响，总租期不会超过租赁物件的使用寿命。

④ 租赁费用计算特殊。确定租金必须考虑投资成本、目标利润与租赁物件的使用寿命之间的关系，供求关系不是影响租金的主要决定因素。

（2）租赁业务的种类

① 从会计处理的角度分为融资租赁和经营性租赁

融资租赁是指出租人按照签订的协议或合同，出资购置由承租人选定的设备，租给承租人长期使用，承租人按约定支付租金的租赁形式。一般涉及三方当事人，即出租人、承租人和供货商，是现代租赁中最重要的一种形式。

经营性租赁又称管理租赁或服务性租赁，是一种不完全支付租赁，租赁设备的价值不是在一个租期内全部收回或大部分收回。出租人一般除了提供设备，还要提供相关的服务，如维修和保险等。一般租金比融资租赁的高。

② 从出资人的一般投资比例角度分为单一投资租赁和杠杆租赁

单一投资租赁是出租人一方独立提供全部租赁设备金额（100%投资）的租赁交易。租赁关系比较简单，只需签订一个或两个合同。

杠杆租赁是一种融资性租赁，出租人一般只需要提供全部设备金额的 20%～40%的投资，其余部分资金则是以出租设备为抵押，从银行或其他金融机构贷款取得。它主要适用于资本密集设备的长期租赁业务，如飞机、输油管道、石油钻井平台、卫星系统的租赁。

③ 从业务操作方式的角度分为直接租赁、转租赁和售后租赁等

直接租赁又称自营租赁，是指出租人自筹资金自行购买租赁设备，或购买由承租人选定的设备，成为设备的物主所有人，然后直接出租给承租人的租赁方式。

转租赁是由出租人先从租赁公司租来设备，然后再出租给承租人的租赁方式。

售后租赁又称回租，是指承租人将自己的物件出售给出租人，同时与出租人签订一份融资租赁合同，再将该物件从出租人那里租回的租赁形式。通常先签订买卖合同，再签订租赁合同。

五、咨询顾问类业务

咨询顾问类业务是指商业银行依靠自身在信息、人才、信誉等方面的优势，收集和整理有关信息，并通过对这些信息以及银行和客户资金运作的记录和分析，并形成系统的资料和方案，提供给客户的服务活动。

商业银行提供的咨询顾问服务分为日常咨询服务和专项顾问服务两大类。

（一）日常咨询服务

为基本服务，按年度收取一定的顾问年费。

1. 政策法规咨询

商业银行利用本行财务顾问网络及时发布与资本运营相关的国家政策、法律法规等，并为企业资本运营提供相关的法律、法规、政策咨询服务，帮助企业正确理解与运用。

2. 企业项目发布

商业银行利用自身全国性商业银行的资源优势，及时发布各类政府和企业有关产权交易与投融资等资本运营方面的项目需求信息，同时会员客户可以利用商业银行的网络平台进行项目的发布和推介。

3. 财务咨询

为会员客户提升财务管理能力、降低财务成本、税务策划、融资安排等提供财务咨询，推介银企合作的创新业务品种，为客户资金风险管理和债务管理提供财务咨询。

4. 投融资咨询

当会员客户进行项目投资与重大资金运用时，或者企业直接融资时机成熟以及产生间接融资需求时，商业银行提供基本的投融资咨询服务。

5. 产业、行业信息与业务指南

商业银行利用本行财务顾问网提供宏观经济、产业发展的最新动态以及行业信息和有关研究报告，并为客户提供商业银行所涉及业务的指南。

（二）专项顾问服务

为选择性服务，是在日常咨询服务的基础上，根据客户需要，利用商业银行专业优势，就特定项目所提供的深入财务顾问服务。

（1）年度财务分析报告：公司财务状况垂直比较分析和行业比较分析；年度财务指标预测和敏感性分析；年度资本运营和经营管理情况分析。

（2）独立财务顾问报告：为企业（上市公司）关联交易、资产或债务重组、收购兼并等涉及公司控制权变化的重大事项出具独立财务顾问报告。

（3）直接融资顾问。包括企业融资和项目融资，以及对股权或债权融资方式进行比较、选择、建议和实施。

（4）企业重组顾问。为企业股份制改造、资产重组、债务重组设计方案，编写改制和重组文件，在方案实施过程中提供顾问服务，并协调其他中介机构。

（5）兼并收购顾问。为企业兼并收购境内外上市公司（或非上市公司）物色筛选目标公司；实施尽职调查；对目标公司进行合理评估，协助分析和规避财务风险、法律风险；协助制订和实施并购方案；设计和安排过桥融资；协助与地方政府、证监会、财政部的沟通和协调，协助有关文件的报备和审批。

（6）管理层收购（MBO）及员工持股计划（ESOP）。管理层和员工持股方案的设计；收购主体的设计和组建；收购融资方案设计和支持；相关部门的沟通和协调，协助有关文件的报备和审批。

（7）投资理财。为企业项目投资提供方案策划、项目评价和相关中介服务；帮助企业进行资本运作和投资理财，实现一级市场和二级市场联动收益。

（8）管理咨询。针对企业的行业背景和发展现状，为企业可持续发展提供长期战略规划和管理咨询；协助企业建立健全法人治理结构、完善内部管理。

第三节　商业银行的主要表外业务

表外业务是指商业银行从事的，按通行的会计准则不列入资产负债表内，不影响其资产负债总额，但能影响银行当期损益，改变银行报酬率的经营活动。表外业务有狭义与广义之分。狭义的表外业务是指那些未列入资产负债表，但同表内资产业务与负债业务密切相关，并会在一定条件下转化为表内资产业务或负债业务的经营活动。通常把这些经营活动称为或有资产和或有负债，它们是有风险的经营活动，应当在会计报表的附注中予以揭示。广义的表外业务则除了包括狭义的表外业务，还包括结算、代理、咨询等无风险的经营活动。

一、担保类表外业务

银行作为担保人，是以第三者的身份应交易活动的双方中的债务人的要求，为其现存债务进行担保，保证对债务人履行的有关义务承担损失的赔偿责任。换句话说，也就是银行在债务人没有履行或没有能力履行债务时，由银行代为履行其义务。

（一）银行承兑汇票

1. 银行承兑汇票的含义

银行承兑汇票是由收款人或付款人（或承兑申请人）签发，并由承兑申请人向开户银行申请，经银行审查同意承兑的商业汇票。

2. 银行承兑汇票的办理流程

（1）申请承兑：企业提出书面申请，并提交商品交易合同、运输凭证及担保、承兑保证金情况、财务报表等资料。

（2）调查与初审：银行对承兑申请人各项情况进行调查、对担保单位进行实地核实，撰写调查报告，提出初审意见。

（3）承兑审批：将承兑申请人递交的全部资料和银行初审意见，交贷款调查部门负责人复审，按贷款审查、审批程序送贷款审查部门审核，报贷款签批人批准。

（4）签订协议：审批同意后，银行与承兑申请人签订《银行承兑协议》，并在专户存入相应的备付金；同时，担保人签订相应的担保协议。

（5）银行承兑：银行根据协议内容和要求进行承兑，并按规定向承兑申请人收取承兑手续费。

（6）承兑到期：承兑到期前，申请人应存入足够票据支付金额；银行支付票款后，信贷业务部门注销抵、质押物，并将余额退还申请人。

> ### 知识点滴
>
> 企业之所以要用银行承兑汇票，是因为企业在签发银行承兑汇票的时候不一定有那么多资金。举个例子：A 企业开出 1000 万元的银行承兑汇票给 B 企业。那么 A 企业的银行给予 A 企业的条件是 30%保证金即可。那么 A 企业在开票时只需要有 300 万元就可以了。只要在票据到期日之前保证银行账户内有剩下了 700 万元就可以了。B 企业拿到了 A 企业给它的到期日为半年（银行承兑汇票最长有效期为半年）的 1000 万元银行承兑汇票，又着急用钱怎么办呢？可以把银行承兑票卖给银行，这个卖票的过程叫作贴现。银行承兑汇票没到期，银行也同样拿不到钱，所以贴现的钱就相当于一笔贷款。所以产生了贴现率。银行挣的只是贴现率减去正常拆借利率剩下的钱。

（二）商业信用证

银行从事的商业信用证业务是银行担保业务的一种类型，主要发生在国际贸易结算中。商业信用证（commercial letter of credit）业务是一种重要的表外业务。在该业务中，银行以自身的信誉为进出口商之间的业务活动做担保。银行在开立信用证时，往往要求开证申请人（进口商）交足一定比例的押金，一般来说不会大量占用银行自有资金，但可以收取手续费，是银行获取收益的一条重要途径；同时，进口商所交纳的押金在减小信用证风险的同时也为银行提供了一定量的流动资金来源。商业信用证是银行的一项传统业务，因为它的背后有商业行为，所以一般认为该项业务风险较小。

（三）银行保证书

银行保证书（letter of guarantee）又称保函，是指银行应客户的申请而开立的有担保性质的书面承诺文件，一旦申请人未按其与受益人签订的合同的约定偿还债务或履行约定义务时，由银行履行担保责任。

1. 银行保函业务的特点

（1）银行信用作为保证，易于为客户接受。

（2）保函是依据商务合同开出的，但又不依附于商务合同，是具有独立法律效力的法律文件。当受益人在保函项下合理索赔时，担保行就必须承担付款责任，而不论申请人是否同意付款，也不管合同履行的实际事实。即保函是独立的承诺并且基本上是单证化的交易业务。

2. 银行保函的种类

根据保函在基础合同中所起的不同作用和担保人承担的不同的担保职责，保函可以具体分为以下几种。

（1）借款保函

借款保函指银行应借款人要求向贷款行所作出的一种旨在保证借款人按照借款合约的规定按期向贷款方归还所借款项本息的付款保证承诺。

（2）融资租赁保函

融资租赁保函指承租人根据租赁协议的规定，请求银行向出租人所出具的一种旨在保证承租人按期向出租人支付租金的付款保证承诺。

（3）补偿贸易保函

补偿贸易保函指在补偿贸易合同项下，银行应设备或技术的引进方申请，向设备或技术的提供方所作出的一种旨在保证引进方在引进后的一定时期内，以其所生产的产成品或以产成品外销所得款项，来抵偿所引进之设备和技术的价款及利息的保证承诺。

（4）投标保函

投标保函指银行（保证人）应投标人（委托人）申请向招标人（受益人）作出的保证承诺，保证在投标人报价的有效期内投标人将遵守其诺言，不撤标、不改标，不更改原报价条件，并且在其一旦中标后，将按照招标文件的规定在一定时间内与招标人签订合同。

（5）履约保函

履约保函指银行应申请人的要求，向受益人开立的保证书；若申请人不履行约定义务，则银行保证向受益人赔偿。

（6）预付款保函

预付款保函又称还款保函或定金保函。指银行应供货方或劳务承包方申请向买方或业主方保证，如申请人未能履约或未能全部按合同规定使用预付款时，则银行负责返还保函规定金额的预付款。

（7）付款保函

付款保函指银行应买方或业主申请，向卖方或承包方所出具的一种旨在保证贷款支付或承包工程进度款支付的付款保证承诺。

其他的保函品种还有来料或来件加工保函、质量保函、预留金保函、延期付款保函、票据或费用保付保函、提货担保、保释金保函及海关免税保函等。

（四）备用信用证

备用信用证（stand-by letter of credit）又称担保信用证，是不以清偿商品交易的价款为目的，而是以贷款融资，或担保债务偿还为目的所开立的信用证。它是集担保、融资、支付及相关服务为一体的多功能金融产品，因其用途广泛及运作灵活，在国际商务中得以普遍应用。但在我国，备用信用证的认知度仍远不及银行保函、商业信用证等传统金融工具。

二、承诺类表外业务

承诺类表外业务是指商业银行在未来某一日期按照事前约定的条件向客户提供约定信用的业务，主要指贷款承诺和票据发行便利。

（一）贷款承诺

1. 贷款承诺的含义

贷款承诺是典型的含有期权的表外业务。在客户需要资金融通时，如果市场利率高于贷款承诺中规定的利率，客户就会要求银行履行贷款承诺；如果市场利率低于贷款承诺中规定的利率，客户就会放弃使用贷款承诺，而直接以市场利率借入所需资金。因此，客户拥有一个选择权。

2. 贷款承诺的步骤

① 借款人提出贷款承诺申请，同时提交有关资料，备银行进行审核；② 银行和借款人就贷款承诺的细节进行协商，并在此基础上签订合同；③ 借款人在协议规定的时间内通知银行提取资金；④ 借款人按协议规定按时偿还承诺金额的本息。

> **知识点滴**
>
> 亚当·斯密认为工资是财产所有者与劳动分离时非财产所有者的劳动报酬；马克思认为工资是资本主义社会劳动力价值的表现形态；克拉克提出工资取决于劳动的边际生产力；马歇尔提出工资水平由劳动的供求关系决定。

（二）票据发行便利

1. 票据发行便利的含义

票据发行便利是指商业银行与借款人之间签订的一份协议，在协议期间内，由商业银行以包销借款人连续发行的短期票据方式向借款人提供资金。

借款人发行的短期票据通常为 3 个月或 6 个月，也有 1 年的。如果借款人不能在市场上顺利出售这些票据，则要由银行购进未销售部分，或者向借款人提供等额的贷款。这种便利票据的发行在市场上较为流行，大有取代银团贷款之势。

2. 票据发行便利的好处

票据发行便利的产生，对筹资者、投资者、包销银行来讲，都各取所得，受到普遍欢迎。

（1）对于筹资者的好处

① 可以通过循环发行短期票据，获取中长期资金，因只支付短期利率，无须支付中长期利率而可降低筹资成本，从而增强了借款人筹资的主动权。

② 在协议有效期间内还可以按协议随时发行短期票据，筹资的灵活性大大提高，从而可以提高资金的使用效率，避免浪费。

（2）对于投资者的好处

① 通过购买短期票据，可以减少票据到期违约的不确定性风险。

② 短期票据的流动性强，需要资金时还可以在二级市场上进行出售。

（3）对于银行的好处

对于包销银行来讲，一般都选好客户，客户所发行的短期票据都可以在市场上顺利出售，而无须自身垫付资金，这样在不动用自身资金的情况下，便可以获得收入。

为了节省票据发行费用，一些在市场上信誉高的借款人发行的短期票据，一般不再让银行进行包销，市场上便出现了不需包销的票据发行。

三、交易类表外业务

（一）远期外汇买卖

1. 远期外汇买卖的含义

远期外汇买卖是指客户与银行签订远期外汇买卖合约，约定在未来的某一日根据预先约定的外汇币种、金额、汇率和期限进行资金清算。

远期外汇买卖是一款较为成熟的金融产品，具有结构简单易懂，且不存在期权费、手续费等交易费用的特点。可帮助客户提前确定未来某日的外汇买卖汇率、锁定汇率风险，规避由于未来汇率变动给客户带来的潜在损失。

2. 操作流程

（1）交易申请。客户向银行递交"外汇买卖委托书"叙作交易，银行对客户资信、履约能力等进行审查。

（2）落实保证措施。客户需缴纳保证金或落实其他保证措施。

（3）交易达成。交易完成后，银行向客户出具"交易证实书"。

（4）交易撤销、更改。客户可在委托交易未成交之前更改或取消交易委托。委托交易一经成交，客户不能更改或撤销。

（二）票据发行便利

票据发行便利是指（note issuance facilities）票据发行人根据事先与银行签订的协议，可以在一个中期内（通常为5~7年）以自己的名义周转性发行短期票据，银行承诺包销并承购到期未能售出的全部票据，或承担提供备用信贷的责任。它是一种具有法律约束力的中期周转性票据发行融资的承诺。

如果票据发行人是银行，票据通常采用短期存款证形式；如果票据发行人是一般企业，则采用本票形式。发行的票据期限通常为3个月或6个月；票据的票面金额较大，其销售对象主要是专业投资者或机构投资者。

具体分为包销的票据发行便利、无包销的票据发行便利、循环包销便利、可转让的循环包销便利、多元票据发行便利等业务种类。

（三）金融互换

金融互换是指交易双方依据预先的约定，在未来的一段时期内，相互交换一系列现金流量的交易。互换交易交换的不是交换本金本身，而是不同债务的现金流。

金融互换可以给交易双方带来如下好处：一是可减少资金成本，消除或降低汇率风险；二是可增加资金取得的途径和资金运用收益；三是可调整财务结构，使资产和负债达到最佳配合，增加财务处理的弹性，对从事互换的商业银行来说，还可获得手续费收入。金融互换虽然历史较短，但品种创新却日新月异。除了传统的利率互换和货币互换外，一大批新的金融互换品种不断涌现。

（四）金融期货和期权

1. 金融期货

期货交易（futures transaction）是指交易双方在集中性的市场以公开竞价的方式所进行的期货合约的交易。而期货合约是指由交易双方订立的，约定在将来某个时期按事先约定的价格交割一定数量的某种商品的标准化合约。

按照交易对象的不同，金融期货可分为外汇期货、股票指数期货和利率期货。

（1）外汇期货（foreign exchange futures）是指买卖双方在将来某一日以约定的价格和数量进行两种货币交易的期货合约。

（2）股票指数期货（stock index futures）是通过若干种具有代表性的上市公司或企业的股票如经过计算每天成交市价而编制出的一种价格指数，它代表股票市场平均每天涨跌变化的情况和幅度。

> **知识点滴**
>
> 股票指数品种很多，著名的有：美国道—琼斯指数、英国金融时报工业平均股票指数、日本的日经指数以及中国香港的恒生指数。股票指数期货就是以股票市场的股票价格指数为标的物的期货，是由交易双方订立的、约定在将来某一特定时期按事先约定的价格进行股票指数交易的一种标准化合约。

（3）利率期货（interest rate futures）是指交易双方在集中性的市场以公开竞价的方式所进行的利率期货合约的交易。利率期货合约的标的物是各种利率的载体。

> **知识点滴**
>
> 利率期货按照交易标的物期限的长短可分为资金利率期货和资本利率期货。资金利率期货也称短期利率期货，是指交易标的物期限在一年之内的利率期货，主要有短期国库券期货、商业票据期货、港元利率期货、欧洲美元定期存款期货等；资本利率期货则是指标准化的长期带息证券期货，主要有中期国库券期货、长期国库券期货、市政公债指数期货以及房屋抵押债券期货等。美国财政部的中期国库券偿还期限在 1～10 年之间，通常以 5 年期和 10 年期较为常见。

2. 金融期权

期权（option）是一种能在未来某一特定时期以一定的价格买进或卖出一定数量的某种特定商品的权利。期权交易是以这种选择权为标的物的交易。金融期权是以金融商品或金融期货合约为标的物的期权交易方式。在金融期权交易中，期权购买者向期权出售者支付一定费用后，就获得了能在未来某个特定时间以特定的价格向期权出售者买进或卖出一定数量的某种金融商品或金融期货合约的权利。

（1）按照交易标的物的不同可分为股权期权和利率期权

① 股权期权。它是指买卖双方以某种与股票有关的具体的基础资产作为标的物所达成的期权协议。其主要有两种：一是股票期权（stock option）。它是以股票作为合约标的物的期权。二是股票指数期权（stock index option）。它是以某种股票价格指数或某种股票价格指数期货合约为标的物的期权。

② 利率期权（interest rate option）。它是指以各种利率产品或利率期货合约为标的物的期权。主要有三种：一是实际证券期权，是指在一定时期内按照一定的价格买进或卖出国库券、政府债券、政府票据的权利。二是债券期货期权，是指在一定时期内按照一定的价格买进或卖出政府债券期货的权利。三是利率协定，利率协定是一种以减少利率波动的不利影响

为目的而达成的期权协定。它有三种形式，即上限协定、下限协定和上下限协定。

（2）按照金融期权买进和卖出的性质可分为看涨期权、看跌期权和双重期权

① 看涨期权（call option）。又称买方期权或多头期权，它赋予期权购买者在规定的时期内按约定的价格从期权卖方买入一定量的某种特定金融资产的权利。当市场价格上扬时，买方期权持有者就可以行使期权而获利；当市场价格下跌时，买方期权持有者既可以将期权削价出售，也可以放弃期权。

② 看跌期权（put option）。又称卖方期权或空头期权，它赋予购买者在规定的时期内按约定的价格出售一定量的特定金融资产的权利。一般当金融资产价格下跌或预期下跌时，人们才可能购买看跌期权，以期在市价确实下跌时获利。

③ 双重期权（double option）。又称双向期权，它赋予期权买方在规定的时期内按约定的价格买进一定数量某种金融商品的权利，同时也赋予买方在特定的时期内以相同的价格卖出一定数量的某种金融商品的权利。双重期权相当于期权的买方在同一成交价既买进看涨期权又买进看跌期权，在市价剧烈波动中，期权投资者可以两头获利，因此双重期权的权利金要高于前两种期权。

（3）按交易场所是否集中和期权合约是否标准化可分为场内期权和场外期权

① 场内期权（exchange traded option）。又称"交易所交易期权"，是指在集中性的金融期权市场进行交易的金融期权合约。它是标准化合约，其交易数量、约定价格、到期日等均由交易所统一规定，且交易地点也在特定的地点，如费城股票交易所、芝加哥商品交易所。而且期权交易双方之间由清算所进行联系，清算所同时保证期权合约的执行，期权卖方还需缴纳保证金。

② 场外期权（over the counter option）。又称"柜台式"期权，是指在非集中性的交易场所进行的金融期权合约。它是非标准化的合约，其交易数量、约定价格、到期日等均由交易双方自主议定，期权买方也无须缴纳保证金。而且场外期权交易没有担保，它的执行与否完全在于期权卖方是否履行合约规定的义务。

问与答

问：期权交易对商业银行经营管理有什么意义？

答：

（1）期权是商业银行获得收益的有力财务杠杆。商业银行可以充分利用自身在融资、信息收集、规模交易方面的优势，运用适当的期权交易获得可观收益。

（2）期权为商业银行管理头寸提供了一项进取型技术。商业银行可以通过出售期权对其日常经营的巨额债券、股权头寸进行积极管理，从而获得可观的权利金收入。

（3）期权是商业银行进行风险管理的重要工具。期权可以使商业银行在降低风险管理成本的同时，在市场有利的条件下拥有获利可能性。尤其是在或有资产和或有负债的管理中，这点表现得尤为明显。

案例 8.3

工行曝票据大案：被虚假材料骗签

据 21 世纪经济报道，有不法分子利用虚假材料和公章，在工商银行廊坊分行开设了河南一家城商行"焦作中旅银行"的同业账户（问题的关键在于，工商银行廊坊分行没有严查法人是否签字就开设

了同业户），以工行电票系统代理接入的方式开出了 13 亿电票。这些电票开出时，采用了多家企业作为出票人，开票行为工商银行，承兑行为焦作中旅银行。最后这些电票辗转到恒丰银行贴现。

恒丰银行通过定期的风险排查，几天前发现由工商银行廊坊分行开具、恒丰银行青岛分行所转贴的电票现存在风险，于是第一时间向公安部门报警，并向银监部门汇报了此事。对于具体涉及多少金额，恒丰银行暂未给出回复。

恒丰银行表示，自己也是受害者，自己是因为信任国有大行背书的真实性，而且是对电票系统的信任才转贴此票。

中旅银行表示他们也是受害者，并且不知情。中旅银行票据中心表示他们尚未建立电票系统，也没有在工行使用过电票接入系统。

今年以来，纸票频频爆发风险事件，涉及农业银行、中信银行、天津银行、宁波银行和广发银行等，对于一直被视作安全性极高的电票风险案件的曝光，业内人士认为，同业户出现问题有两种可能：一是小银行的账户出租给票据中介，一旦出了问题责任就在小银行；二是不法分子冒用了身份在大银行开设了同业户，大银行没有严格审核同业户的真实性，责任就在大银行。本案就是第二种情况。

启发思考：

分析此案件发生的原因以及对你的启示。

答：这起风险是由于工商银行对同业户开立没有严格审查引起的。

同业户开立是票据交易的源头，如果源头就缺乏管理，无论是纸票还是电票都会出问题。对于同业户的真实性，在今年 5 月央行与银监会联合发布《关于加强票据业务监管促进票据市场健康发展的通知》（银发[2016]126 号文，以下简称126 号文）中强调"需严格规范异地同业账户的开立和使用管理，加强预留印鉴管理，不得出租、出借账户，严禁将本银行同业账户委托他人代为管理"，要求银行在 2016 年 6 月 30 日前，完成全面自查。重点排查同业户、通道业务、小规模业务、会计记账漏洞等行为。

按照 126 号文的规定，工行应在 6 月 30 日前就完成同业户的排查，而且在排查同业户的过程中，如果致电开户的中旅银行，则能够核实是否开设了同业户，而不至于爆发风险事件。

📖 本章小结

资产、负债和中间业务是商业银行的三大支柱业务。全球商业银行中间业务由于其本身具有风险小、收益高的优点发展迅猛，中间业务收入已成为商业银行的主要收入来源。随着商业银行经济活动范围的日益扩大，要求信用服务形式更加多样化，这就使得中间业务和表外业务产生并迅速发展起来。

商业银行开展的中间业务也称无风险业务，是银行不需要动用自己的资金而代理的委托事项，以收取手续费。比如汇兑、承兑、代收等，形成银行非利息收入。包括结算类中间业务、代理类中间业务、基金托管类中间业务、信托与租赁类中间业务、咨询顾问类中间业务。

表外业务是指那些虽未列入银行资产负债表内，但在一定条件下却可影响资产负债业务或者说可以转化为表内的业务。银行在从事表外业务时，不仅以中间人的身份为客户提供服务，而且在一定的条件下会参与其中，因而会导致资产负债业务即表内业务量的改变。因此有时候表外业务又被称为或有资产和或有负债业务。包括担保类表外业务、承诺类表外业务和交易类表外业务。

第九章 商业银行的国际业务

【学习目标】

了解商业银行国际业务的组织结构、国际业务客户的准入条件；掌握汇款结算业务、托收结算业务、信用证结算业务、担保业务；掌握商业银行出口押汇和进口押汇、代付、对外担保、避险融资、转卖应收款项业务和福费廷业务；掌握商业银行即期外汇交易和远期外汇交易业务；了解外汇期货、期权和互换交易、套汇与套利交易、远期利率协定业务。

引 例

进口商和出口商的顾虑

武昌造船厂拟出口船舶，由于是第一次出口，船东信誉待评估，并且大型船舶制造需要资金量较大。

启发思考：

分析进口商和出口商的顾虑。

答：1. 出口商的顾虑：（1）出口方将货物出运后，进口方能否按时付款；（2）出口商不希望买主找到真正的供货人并与其发生直接联系；（3）出口方一般来说弄不清楚进口国政府的外资管理和外汇管制情况。

2. 进口商的顾虑：（1）出口方能否按时交货；（2）进口方在付款前怎样才能核实即将运来的货物确实是他们所订的货物；（3）这批货物的数量、质量、品种、规格、包装等各项特殊要求是否符合买卖合约的规定。

新竞争环境下，各国商业银行均致力于开发和拓展各项业务，而国际业务作为一个内涵丰富的金融概念，成为各银行战略中的重要理念。如何在国际市场筹集资金，做大、做强国际业务，已经成为商业银行思考和研究的问题。

第一节 国际业务概述

商业银行的国际业务源于国际贸易的发生发展，随着国际金融市场的逐步完善并趋于全球化，以及先进技术被广泛应用，商业银行国际业务的发展空间得以拓展。目前，银行国际业务已成为各国商业银行逃避管制、分散风险、追求高利润的途径。银行业务国际化已成为各商业银行寻求自身发展的手段。只要有国际贸易、有跨境流动、有资本管制、有利率和汇率的差异、有企业希望突破种种限制，实现国际化发展和套利套汇收益的动机，就有国际业务的发展机遇和创新空间。

目前，商业银行的国际业务主要有三类：国际金融（结算）、外汇买卖和国际信贷（融资）。

一、商业银行开展国际业务的必要性和合理性

商业银行的国际业务就是指其业务在经营范围上由国内延伸到国外，即银行业务国际化。

银行到海外建立分支机构，其经营范围既是由国内发展到国外，也是从封闭走向开放的过程。从广义上讲，银行国际业务不仅是商业银行在国外设立分支机构，还包括一切有关跨越国界的资金融通业务活动。这包括两层含义：一是指跨国银行在国外的业务活动，另一个是指本国银行在国内所从事的有关国际业务。

下面介绍商业银行开展国际业务的原因。

（一）商业银行为保持更高的盈利水平需要开展国际业务

1. 银行竞争加剧

（1）银行作为信用中介的作用被削弱

很多企业掌握了除银行贷款外的其他融资渠道，如大中企业上市、发债和成长型企业引入私募、风投等，民间融资也不断扩张，银行的作用被削弱，盈利能力特别是议价能力也就相应下降了。

（2）客户投资行为有了很大改变

年青一代居民的投资和消费习惯不同以往，这也为市场上除银行外的其他主体创造了机遇，人们直接去买基金、买债券、买信托或从事各种投资行为，银行存款大量流失，在钱荒时被迫以更高的理财收益变相提高存款利率。

（3）互联网金融与第三方支付崛起

随着技术发展和政策松动，特别是余额宝等具有一定收益的第三方支付的出现，使银行作为基本的支付渠道的地位受到挑战，这会在未来威胁到银行最赖以生存的客群优势。

2. 利率市场化的进程

最致命的打击是利率市场化的加速推进，银行间基于原有价格的平衡关系正在被打破，最终结果就是利差收窄。在过去的十年间，间接融资即银行贷款在融资市场上的比重已从九成左右下降到不足七成；在过去 5 年间，股份制银行的利润增速已从 40% 以上下降到 20%，国有银行还更低得多。如果将来利差从现在的 3 下降到 1.5，中国商业银行的盈利能力将变得非常不乐观，这使得商业银行意识到传统的依赖利差的盈利模式必须改变，中间业务收入（如各种业务的佣金和手续费）所占比重必须提高到与国外银行相同的合理水平，在银行盈利版图中发挥更大作用。

（二）国际业务具有不可多得的竞争优势

1. 国际业务的中间业务收入具有效率优势

一般贷款的利差收入受到监管当局限制，如果简单提高基础服务收费，会受到社会舆论的抵制。而国际业务的中间业务收入是低风险高收益，比如开立国际信用证的开证费、提供对外担保的保函费、提供结售汇服务时收取的点差等。

从开普敦到西雅图，从仰光到墨西哥城，随着中资银行海外布局的快马扬鞭，今后大家会在全世界越来越多的地方看见熟悉的中资银行的身影……各家大型银行在海外频频落子，境外业务的净利润增速甚至远超境内。

2015年半年报显示，上半年，建行海外和子公司利息收入135.08亿元，同比增加42%；农行境外地区利息净收入46.88亿元，同比增长86%，境外分行及控股机构上半年实现净利润18.12亿元，同比增长22.8%；工行境外利息收入143.7亿元，同比增加17%，境外机构税前利润17.06亿元，同比增长13%；中行海外机构实现税前利润46.52亿美元，占集团税前利润的22.91%。

1．工行网络遍布42个国家地区

工行全球布局的落子速度完全可以用频密来形容。近年来，工商银行主动适应客户多元化金融服务需求，紧跟中国对外贸易和投资进程完善境外布局。截至目前，工商银行的境外网络已经覆盖全球42个国家和地区，拥有400余家境外机构，是全球网络覆盖最广的中资金融机构。

同时，工商银行还通过参股南非标准银行间接延伸至20个非洲国家，形成了横跨亚、非、拉、欧、美、澳的服务网络，全球化服务能力显著提升。

2．建行海外资产4年翻两番

在海外布局方面，同为大型国有银行的建设银行也不甘示弱。建行海外机构布局也在提速，国际化转型成效明显。

截至2015年6月末，建设银行已在全球24个国家和地区设立了26家一级机构。上半年实现国际结算量6079亿美元，同比增长8.70%；跨境人民币业务量累计实收实付项下结算量达8341亿元，同比增长17.38%；人民币清算网络覆盖范围扩大到43个国家和地区。

3．中行海外税前利润占比近23%

在国际业务上具有领先地位的中行，也没有放慢海外发展的步伐。特别是"一带一路"战略提出以来，中行加快完善沿线国家机构网络布局，积极为"走出去"企业服务，不断推进"一带一路"沿线国家人民币国际化业务。

截至2015年6月末，中行海外机构覆盖42个国家和地区，经营性分支机构635家，其中，中行在"一带一路"沿线的16个国家已经设立了分支机构。

4．招行海外扩张紧随高净值客户

目前来看，积极进军海外市场的几乎都是国有大型银行，中小银行的步伐显得比较谨慎。这其中，招行的表现比较突出。招行已经在香港（中国）、纽约、新加坡、卢森堡设立分行，还在香港地区全资拥有永隆银行。作为私人银行业务的领先银行，招行的海外扩张将紧随其高净值客户的步伐。

2．国际业务是国内业务的延伸

国际业务实际上是一种信用的跨境传递，商业银行在其中扮演的信用中介角色还未受到太多挑战，比如对于拥有境内银行授信的大中企业来说，可以通过境内银行的信用输出，帮助自己在境外的尚不具备当地融资能力的子公司、项目公司、平台公司获得融资，银行可以从中赚取利差；对于没有境内银行授信的中小企业来说，可以通过在境内银行存入全额保证金或其他现金、准现金担保的方式完成这种信用输出，银行还可以从中获得宝贵的境内存款。

3．国际业务具有安全保障

国际银行业中有一整套具有普遍约束力的行业规范、国际惯例，服务对象又是能够挺进国际市场和利用国际资源的、有一定实力的跨境企业，融资基于的是真实、特定的贸易背景而非一般的流动性资金需求，开展国际业务对于商业银行而言有着较进入其他陌生领域或高风险中小企业更可靠的保障，这也促使国际业务成为银行转型中的一项理性选择。

二、商业银行国际业务的组织结构

商业银行国际业务的开展依赖于有关机构或关系的建立，最主要的是依赖于商业银行在海外开设的各种分支机构。银行在海外设置分支机构的目的是深入到他国的经济之中，更好地帮助本国企业占领市场，同时也是为银行自身占领市场。银行从事的主要业务决定了其海外机构的类别，同时，东道国的经济开放程度、金融管制情况以及银行本身的信用级别等情况，也使同一家银行在不同国家设置的分支机构有所差别。

1. 代表处

代表处是一种比较初级的海外分支形式，是商业银行在国外设立分支机构、经营国际业务的第一步。代表处往往不是一个业务经营机构，它只是业务会谈和进行联络的场所，因此代表处的人员很少，一般就几个人。

主要任务是：① 代表总行与东道国银行界、工商界和政界相联系；② 办理总行与当地客户的往来业务，宣传总行的各种金融咨询服务业务，为总行招揽生意；③ 向客户解释母国政府的商业政策；④ 对顾客进行信用分析，搜集东道国的政治经济信息，进行国情分析，并为总行分析各种风险提供背景资料。

2. 代理行

代理行是指与跨国银行建立长期、固定的业务代理关系的当地银行。在无法设立分支机构的情况下，这种形式有利于跨国银行有效地处理相关的国际金融业务。一般来说，较大的跨国银行在国外都有这样的代理行。

代理行是一个营业性机构，但只可以做有限的业务。它可以进行商业和工业贷款，安排贸易融资，开立信用证，承兑、托收和贴现汇票，从事外汇买卖业务等。它不能够从东道国的居民中吸收存款，只可以从母行或附属银行借款。代理机构的基本任务是为本国顾客提供贸易融资、为其总行经营外汇交易和充当本国政府的财政代理人。代理机构的开设无须太多的单独资本，可以在不能设置分行的地方开业，因而其开业成本和营运成本比较低，管理费用也不多。

3. 分行

分行是总行派出在国外的、部门齐全的分支机构。从业务上来讲，分行是总行的一个组成部分，它受总行委托，代表总行在国外经营各种国际业务，其资产负债表并入总行的资产负债表，经营战略和信贷政策等也必须同总行保持一致，总行对它具有完全的控制权。从法律上讲，海外分行不是一个独立的法人实体，而是国内银行的一个组成部分，但也必须接受和遵守东道国的各种法规。

国外分行是商业银行开展国际业务的高级组织形式，也是最普遍的一种组织形式，许多跨国银行都在世界各地的金融中心设有分行，美国银行约 60% 的国际业务都是通过分行来开展的。

4. 子公司或附属机构

一些国家或地区的法律不允许外国银行在本地建立分行，这时跨国银行就可以通过入股控制当地银行或非银行机构的方式介入，从而间接达到在该国开展国际业务的目的。与分行相比，子公司或附属机构受东道国相关法规的限制更多、更严，但由于它们具有浓厚的本地色彩，容易与当地政府部门协调，也容易被当地的居民认可，因此可以发挥本土化的优势，最大限度地渗透到东道国的各个经济领域，起到国外分行所不能及的作用。

5. 合资联营银行

合资联营银行是由两家或多家银行（经常是不同国籍的银行）共同出资组建的一种海外分支形式，其中每家银行的股份均不超过 50%。合资联营银行是一种历史比较悠久的海外分支形式，始于 20 世纪初的欧洲，当时一些无力单独经营国际业务的中小银行通过这种共担风险的方式来开展海外业务。随着银行的发展壮大，这种联营银行已经不再流行，目前在国际金融市场上，只有少数几家合资联营银行，且它们的总部多设在伦敦。

不同的银行在不同的发展阶段，可以有针对性地采取某种战略，以便更快、更有效地进入国际金融市场。

三、国际业务客户的准入条件

1. 国际业务的资质

与从事一般国内业务不同的是，国际业务客户还需要具有从事国际业务的资质，比如贸易项下的，需要具有进出口经营权；境外工程项下的，要具有对外工程承包许可证；涉及保税区或其他特殊监管区域的，要看外汇登记证。

银行需要查询企业在外汇局的名录状态与分类状态，如 A 类企业可以自由、便利地开展国际业务；B 类企业在收汇、付汇时受额度限制，同时从事转口贸易时还受到严格监管；C 类企业需要单笔单批。

2. 企业要按照外管规定办理各项申报

这些企业在开展国际业务时要按照外管规定办理各项申报，需要在银行协助下完成各项操作。

（1）企业授信额度还是否充足

① 是否会因为汇率变动而在做国际业务时发现本币额度不足了，如果出现了额度不足的情况，就要考察其具体原因，可能是之前一些业务已经结清但仍未释放相应额度，这时需要解除冻结。

② 是否由于系统原因，导致一笔连续的业务重复占用了不同品种的额度，例如，部分保证金项下的信用证押汇时可能同时占用了开证和押汇额度，因额度不足无法放款，这时就要有针对性地调整等。

③ 对于那些没有足够授信额度的企业来说，也可以通过存入全额保证金、存单质押、银行承兑汇票等方式办理国际业务。

（2）企业的单笔业务是否符合授信条件

授信审批部门、信用风险管理部门的合法性意见中，明确划定了不同品种间额度的分配关系，或明确了只允许参与企业的一些业务，例如只能开立即期有货权的信用证、只能为某某系统内企业代理进口、只能进口实验仪器或新西兰某家公司的奶粉、必须由某担保公司逐笔担保或者按一定比例存入部分保证金等，审批中必须注意这些限制条件。

（3）交易背景

国际业务之所以被视为风险更低的业务，区别于流贷，是基于它所依赖的真实的、特定的贸易背景，并且它以客户在贸易项下的回款作为第一还款来源，其他一切可支配收入是次要的还款来源。客户能不能在银行做这一笔国际业务，首先取决于这一交易背景是否真实存在。信用证项下的合同，汇款融资（货到）项下的合同、发票、关单、提单等，都是佐证这种背景存在的关键材料。这些材料中，客户名称、金额、付款方式以及签章等是否无误，不同材料间（如双方协议与第三方单据间）是否能够相互印证，与客户向银行提交的申请资料和客户经理的审查意见是否一致等，都应视为审查要点，尤其对于转口贸易、保税区贸易、关联公司贸易、涉及可融资性商品的贸易等。

（4）客户在此单贸易中的盈利能力

在国际贸易中商业银行还要注意客户在此单贸易中的盈利能力，比如属于代理进口的，要审查代理协议，看委托代理关系是否存续正常、销售和支付代理手续费有无保证；属于自营业务的，要看是否属于企业主营业务、是否初次进入、进口价格与国内价格的比较、销路是否顺畅；对转口贸易，要分别提供上下游合同，判断企业先支后收还是先收后支，看企业是否能够赚取差价；对托收押汇和汇款融资，一般还要求提交内贸合同，看下游企业的还款时间；等等。涉及价格变动较大的大宗商品，比如贵金属、矿产、农产品、纺织品的，还要特别查看当前价格与客户进价的比较，以及近期该种商品的价格波动情况。

3. 对涉及行业和企业进行风险评估

（1）是否存在系统性风险

对一些产能过剩行业（如钢贸、造船、光伏、电子显示屏、脱硫脱硝等）或受到阶段性外部事件影响的行业（如奶制品行业、禽类养殖行业、白酒或高端奢侈品行业），要严格按照合法性要求从严审查，并提示注意行业风险。

（2）是否涉及高风险的国家和地区

贸易中的各项要素，包括但不限于交易主体、货物产地、港口、船舶和船公司等，是否涉及高风险的国家和地区，特别是受联合国和美国制裁的国家和地区，货物是否涉及军民两用或受到限制的其他物项（可在美国财政部网站中进行查询）。像对伊朗、朝鲜这样的国家，基本不能开展各类业务；如果是缅甸，则可在全面了解业务背景的前提下，根据实际情况，开展一些相对不太会被美国制裁的业务，如不涉及军方的业务、欧元清算业务等；如果是非洲一些国家，如苏丹、刚果金，则要细致地落实合法性要求，如不能从哪些国家进口钻石、象牙；如果是一些战乱国家，如叙利亚、利比亚、伊拉克等，则即便不受制裁、合法性亦没有明确限制，也要根据安全形势、国际环境等做出谨慎的判断；如果是维尔京、开曼群岛这样的避税天堂，也要求客户经理进行加强型的尽职调查，满足监管当局的反洗钱要求；对阿联酋的迪拜，还特别要求调查当地公司（如信用证项下的受益人）与之前破产的迪拜国际集团是否有关联。

4. 权限问题

（1）客户提交的材料是不是都完整有效，比如像合同这样的贸易背景资料，是不是有双方签章，框架性合同是不是还在有效期内，客户提交的申请书等是不是在审批前已经过核印。

（2）贸易背景资料上客户经理是否已双签并注明验看了原件，提交的审批材料中是否有相应的支行行长、运营条线主管、主协办客户经理签字，如遇行长外出的，副行长等在此期间是否已得到相应授权，这些签字人与系统中查看到的人员是否一致，这些客户经理是否已具有相应的大企业或小企业签字权。

（3）按照该笔业务的金额、期限等，最终的有权审批人是何种层级的领导，比如 200 万元的业务与 1000 万元的业务不同、授信项下业务同全额保证金的业务不同、一年期授信客户与中长期授信客户不同、开证效期 5 个月的同 13 个月的不同等。

（4）属于总行权限的，是否已向总行报审并得到批复，比如对某类特殊背景的业务（如技术引进项下的服务贸易、上下游企业均在一国的转口贸易）或超出分行权限的业务（如融资期限超过规程要求）是否同意叙作，对于一些本应提交的材料是否同意免于提交（比如一些重要客户和特殊业务模式的客户免于提交内贸合同）。

（5）对于需要占用短期外债的业务（比如付款期限在 180 天以上的外币信用证、汇款融资项下融资期限超过 90 天的外币代付或信用证项下付款期限与融资期限之和超过 90 天的外币代付等），总行是否同意占用短债（这是外汇局为各家商业银行限定的额度，属于稀缺资源），占用短债部分执行的费率标准（一般不再执行原有优惠费率）等，都需要提早上报。

（6）涉及融资的，是不是已审批了定价，特别是因为不能满足指导价要求、不能达到单笔业务盈亏平衡而需要计划财务部或总行相关部门批准的，是不是进行了充分沟通。

知识点滴

审查贸易背景，这样看似简单而带有重复性操作的事情，可能有时突然就会发现，客户名称出现了变化，哪怕是删改了几个字或者多加了一点后缀，就是完全不同的另一家公司，需要客户给出合理的解释；如果是进行更名，那么企业的性质有没有改变，之前的授信是否还有效、授信条件是否已调整、原有未结清的业务是否重新纳入了，所有这些都要落实；有时客户地址在不同材料中表述不同，那么它究竟是境内公司还是境外公司，体现出来的究竟是注册地址还是办公地址，如果是在香港地区的离岸公司，是否有相应的注册证明和离岸开户材料，又是否涉及高风险国家，所有这些都要仔细查证；那些每天出台或更正了的新制度、新政策、新公文、新案例，都要抽出时间进行学习，你可能昨天还按经验认为保税区企业间的业务或者保税区企业开证给境内区外企业的业务不属于国际业务，不能续作，但放宽后的政策尺度可能就会告诉你这类业务也可同样操作，只要在付汇名录中核实企业性质和状态，并且通过货物收据、关单、保税区备案清单来证实其交易的真实性即可；那些你曾经认为不属于你岗位权限和工作范畴，但在日常操作中可能涉及的知识，比如进口代付和直通车项下支行会计如何选择科目、如何记账，也都需要了解，否则就可能会在分行与支行之间、分行部门之间的分工合作中出现严重差错。

第二节　国际结算业务

在国际业务发展中，国际间由于贸易或非贸易往来而发生的债权债务，要用货币在一定形式和条件下收付结算，因此就产生了国际结算业务。

国际结算业务的结算方式是从简单的现金结算方式，发展到目前比较完善的银行信用证方式。货币的收付形成资金的流动，而资金的流动又需通过各种结算工具来实现。目前，商业银行的国际结算业务主要是通过汇款、托收和信用证三种结算方式来完成的。

一、汇款结算业务

汇款是付款人把应付款项交给自己的往来银行，委托银行代替自己通过邮寄的方法，把款项支付给收款人的一种结算方式。银行接到付款人的请求后，接受款项，然后通知收款人所在地的代理行，请其向收款人支付相同金额的款项。最后，两个银行通过事先的约定，结清互相之间的债权债务。

汇款结算方式一般涉及四个当事人，即汇款人、收款人、汇出行和汇入行。

国际汇款结算业务基本上分为三大类，即电汇、信汇和票汇。

1. 电汇

电汇（telegraphic transfer，T/T）是汇出行应汇款人的申请，拍发加押电报或电传（tested cable/telex）或者通过 SWIFT 给国外汇入行，指示其解付一定金额给收款人的一种汇款结算方式。电汇以电报、电传作为结算工具，安全迅速、费用也较高，由于电报电传的传递方向与资金的流向是相同的，因此电汇属于顺汇。

> **知识点滴**
>
> SWIFT 即"环球同业银行金融电讯协会"，是国际银行同业间的国际合作组织，成立于 1973 年，目前全球大多数国家大多数银行已使用 SWIFT 系统。SWIFT 的使用，使银行的通信业务更安全、可靠、快捷、标准化和自动化，从而大大提高了银行的结算速度。由于 SWIFT 的格式是标准化的，目前信用证的格式主要都是用 SWIFT 电文。

2. 信汇

信汇（mail transfer，M/T）是指汇款人向当地银行交付本国货币，由银行开具付款委托书，用航空邮寄方式交国外分行或代理行，办理付出外汇业务。采用信汇方式，由于邮程需要的时间比电汇长，银行有机会利用这笔资金，所以信汇汇率低于电汇汇率，其差额相当于邮程利息。

在进出口贸易中，如果合同规定凭商业汇票"见票即付"，则由预付行把商业汇票和各种单据用信函寄往国外收款，进口商代理银行见汇票后，用信汇（航邮）方式向议付行拨付外汇，这就是信汇方式在进出口结算中的运用。有时进口商为了推迟支付货款的时间，常在信用证中加注"单到国内，信汇付款"条款。这不仅可以避免本身的资金积压，还可在国内验单后付款，保证进口商品的质量。但是，在实际业务中，信汇极少使用。

3. 票汇

票汇（demand draft，D/D）是由汇出行应汇款人的申请，代汇款人开立以其分行或代理行为解付行的银行即期汇票，交由汇款人自行寄送给收款人或亲自携带出境，由持票人凭票取款的一种汇款方式。

票汇以银行即期汇票作为结算工具。其寄送方向与资金流动方向相同，故也是顺汇的一种。票汇与电汇、信汇的不同在于票汇的传送不通过银行，汇入行须通知收款人，而由收款人持票登门取款；汇票除有限制转让和流通者外，经收款人背书，可以转让流通，而信汇委托书则不能。

二、托收结算业务

国际托收是指债权人（出口商）为向国外债务人（进口商）收取款项而向其开出汇票，并委托银行代收的一种结算方式。债权人办理托收时，要开出一份以国外债务人为付款人的汇票，并通常随附发票和货运单据（物权凭证），然后将汇票以及其他单据交给当地托收银行，委托当地托收银行将汇票及单据寄交债务人所在地的代收银行，由代收行向债务人收取款项并转交委托人（债权人）。

一笔托收结算业务通常有四个当事人，即委托人、托收银行、代收银行和付款人。托收可分为光票托收和跟单托收两种。

1. 光票托收

光票托收是指委托人开立的汇票不附带货运单据的托收。故不存在交单的问题。有时汇票也附带发票等票据凭证，但只要是不附带货运单据的就属于光票托收。光票托收多用于非贸易结算。但近年来光票托收用于贸易结算的也逐渐增多，特别是在近邻国家间收取贸易货款时，在贸易双方相互信任的前提下，光票托收不失为一种省事、省时、省钱的好办法。

光票仅凭汇票收款，简单易行，但由于缺少切实可靠的单据做保证，卖方一旦货物脱手便很难控制货权。所以光票托收更适合于收取出口货款的尾数、佣金、代垫费用等款项，同时，在贸易双方为母、子公司或为合资、合营、合作伙伴的情况下，也可用光票托收。

2. 跟单托收

跟单托收是出口人发运货物后，开具汇票，连同全套货运单据如发票、提单、保单、装箱单、原产地证等，委托银行向进口人收取货款的一种方式。国际贸易中，使用托收方式收取货款主要是采用跟单托收的办法。

光票不随任何货运单据，或仅有一般商业单据，一般小金额的可以采取，比较简易，但风险较大，而跟单托收在出口商发货时开立汇票连同货运单据交托收行代为收款，具有一定的约束力。

问与答

问：在国际托收中，托收行是否承担有关票据的责任？

答：在国际托收中，托收行只是将汇票和单据寄交代收行办理。而代收行只须核对各项单据是否有缺漏，并按委托书所载明的收款办法收款，至于票据到期是否会照付，完全取决于付款人的信用，代收行不承担付款责任。

知识点滴

不管预付货款还是货到付款，都是企业之间的约定，银行只是一方向另一方汇款的渠道。按照外汇管理政策，企业以自有资金去付款的，只需将合同、发票、报关单的其中之一提供给银行柜面就可以完成。当然，银行也可以根据客户授信额度或保证金的情况，审查贸易背景，给予预付项下的汇款融资（保证企业收货前的资金周转），或者货到项下的汇款融资（保证进口商品内销回款之前的资金周转）。但是，预付货款或货到付款，都是明显有利于其中一方而不利于另一方的（预付货款使进口商担心付款后对方不发货，货到付款使出口商担心发货后对方不付款），那么企业还可以在合同中约定更细致的付款方式，比如一部分是预付款、一部分是尾款、一部分需要在提交何种相应单据后支付、一部分要辅之以保函或质量证明等；或者，企业选择引入银行操作，即将单据提交给银行，委托银行进行收款，这种我们称之为托收的方式，本质上还是商业信用，而非银行信用。

三、信用证结算业务

信用证是银行应开证申请人（进口商）要求开给信用证受益人（出口商）的一份有条件的书面付款承诺。

示例

一家中国企业从一家美国企业进口大豆，以海运形式从洛杉矶运至天津新港，双方就需要商定以何种形式进行付款。买家、进口商即中国企业可能会顾忌自己付款后对方并未发货，因而要求货到付款；卖家、出口商即美国企业可能会顾忌自己发货后对方并不付款，因而要求预付货款。预付货款或货到付款，都是明显有利于其中一方而不利于另一方的（预付货款使进口商担心付款后对方不发货，货到付款使出口商担心发货后对方不付款）。这时中国企业可以申请中国的银行向美国企业开立信用证，对自己的付款责任作出保证。

当出口商按照信用证的条款履行了自己的责任后，进口商将货款通过银行交付给出口商。一笔信用证结算业务所涉及的基本当事人有三个，即开证申请人、受益人和开证银行。

知识点滴

在国际贸易的长期实践中，一种平衡双方利益的结算方式出现了：信用证结算方式。这种叫作信用证的东西，其实很大意义上类似于我们熟悉的支付宝，进口商的银行为其开出以出口商为受益人的信用证，保证在收到出口商提交的发货单据后，按期付款（即期信用证项下）或者承诺在之后一定期限内兑付（远期信用证项下）。

选择即期还是远期信用证，其实也取决于双方企业间的实力对比，如果是远期，说明进口商更为强势，可以为自己争取更长的付款宽限期。如果银行在单据审查过程中，发现单单不符或单证不符，是可以提示客户选择拒付的，这也就在一定程度上保证了进口商的利益；当然如果没有不符点、没有什么重大瑕疵，银行需要承担第一付款责任，鉴于进口商银行的信用往往高于进口商自身信用，这对于出口商取得回款而言也是一种更好的保障。

问与答

问：国外开来一份信用证，只规定受益人洽定的载货船只的船龄不得超过10年，但并未列明通过单据来证明。受益人按照信用证要求交单，但开证行提出拒付，理由为没有提交相关的船龄不超过10年的证明文件。开证行的拒付能不能被接受？为什么？

信用证结算方式有以下几个特点。

1. 信用证是一项独立文件

信用证是银行与信用证受益人之间存在的一项契约，该契约虽然可以以贸易合同为依据而开立，但是一经开立就不再受到贸易合同的牵制。银行履行信用证付款责任仅以信用证受益人满足了信用证规定的条件为前提，不受贸易合同争议的影响。

2. 信用证结算方式仅以单据为处理对象

信用证业务中，银行对于受益人履行契约的审查仅针对受益人交到银行的单据进行，单据所代表的实物是否完好则不是银行关心的问题。即便实物的确有问题，进口商对出口商提出索赔要求，只要单据没问题，对于信用证而言，受益人就算满足了信用证规定的条件，银行就可以付款。

3. 开证行负第一性的付款责任

在信用证中，银行是以自己的信用做出付款保证的，所以，一旦受益人（出口商）满足了信用证的条件，就直接向银行要求付款，而无须向开证申请人（进口商）要求付款。开证银行是主债务人，其对受益人负有不可推卸的、独立的付款责任。这就是开证行负第一性付款责任的意思所在。因此，银行的信用证业务是纯粹的单据业务，是不管贸易合同、不管货物、不管单据真伪、不管是否履约的"四不管"业务。唯一要求是"单证相符的原则"。

知识点滴

"单证相符"强调的是单据内容表面上与信用证相符，而不是指单据真正的内容与信用证相符。如果受益人收到信用证认为条款不符合合同的约定或者违背常规，就应该提出修改信用证。一旦接受就要完全按信用证的要求做。

四、担保业务

在国际结算过程中，银行还经常以本身的信誉为进出口商提供担保，以促进结算过程的顺利进行。目前为进出口结算提供的担保主要有两种形式，即银行保证书和备用信用证。

（一）银行保证书

银行保证书（letter of guarantee）又称保函，是指银行应客户的申请而开立的有担保性质的书面承诺文件，一旦申请人未按其与受益人签订的合同的约定偿还债务或履行约定义务，则由银行履行担保责任。

当受益人在保函项下合理索赔时，担保行就必须承担付款责任，而不论申请人是否同意付款，也不管合同履行的实际事实。即保函是独立的承诺并且基本上是单证化的交易业务。

1. 银行保函业务的特点

（1）银行信用作为保证，易于为客户接受。

（2）保函是依据商务合同开出的，但又不依附于商务合同，是具有独立法律效力的法律文件。

2. 银行保函的种类

根据保函在基础合同中所起的不同作用和担保人承担的不同的担保职责，可以具体分为以下几种。

（1）借款保函

借款保函指银行应借款人要求向贷款行所作出的一种旨在保证借款人按照借款合约的规定按期向贷款方归还所借款项本息的付款保证承诺。

（2）融资租赁保函

融资租赁保函指承租人根据租赁协议的规定，请求银行向出租人所出具的一种旨在保证承租人按期向出租人支付租金的付款保证承诺。

（3）补偿贸易保函

补偿贸易保函指在补偿贸易合同项下，银行应设备或技术的引进方申请，向设备或技术的提供方所作出的一种旨在保证引进方在引进后的一定时期内，以其所生产的产成品或以产成品外销所得款项，来抵偿所引进之设备和技术的价款及利息的保证承诺。

（4）投标保函

投标保函指银行（保证人）应投标人（委托人）申请向招标人（受益人）作出的保证承诺，保证在投标人报价的有效期内投标人将遵守其诺言，不撤标、不改标，不更改原报价条件，并且在其一旦中标后，将按照招标文件的规定在一定时间内与招标人签订合同。

（5）履约保函

履约保函指银行应申请人的要求，向受益人开立的保证书，若申请人不履行约定义务，则银行保证向受益人赔偿。

（6）预付款保函

预付款保函又称还款保函或定金保函，指银行应供货方或劳务承包方申请向买方或业主方保证，如申请人未能履约或未能全部按合同规定使用预付款，则银行负责返还保函规定金额的预付款。

（7）付款保函

付款保函指银行应买方或业主申请，向卖方或承包方所出具的一种旨在保证货款支付或承包工程进度款支付的付款保证承诺。

其他的保函品种还有来料或来件加工保函、质量保函、预留金保函、延期付款保函、票据或费用保付保函、提货担保、保释金保函及海关免税保函等。

知识点滴

保函业务，尤其需要与作为申请人和被担保人的客户，以及与转开行密切沟通。银行自己的保函格式对方能否接受，业主提出的保函格式能否符合银行要求，对哪些条款必须修改，对哪些条款又要进行必要的风险提示并得到客户和支行的确认（比如适用当地法律和仲裁、小语种的翻译版本可能造成双方理解偏差等），都需要反反复复的电话、邮件和报文交流。

（二）备用信用证

备用信用证（stand-by letter of credit）又称担保信用证，是不以清偿商品交易的价款为目的，而是以贷款融资，或担保债务偿还为目的所开立的信用证。它是集担保、融资、支付及相关服务为一体的多功能金融产品，因其用途广泛及运作灵活，在国际商务中得以普遍应用。但在我国，备用信用证的认知度仍远不及银行保函、商业信用证等传统金融工具。

（三）银行保证书与备用信用证的异同

（1）共同点。同属于银行信用。

（2）不同点。就银行的付款责任而言，信用证的开证行承担的是第一付款责任，而在使用保证书时，保证承担的是第二付款责任；就在何种情况下使用而言，信用证是用于正常履行国际货物买卖合同的情况下使用，银行保证书相反；就有关付款依据而言，信用证只凭符合信用证条款的单据付款，与订立的合同无关，但是当受益人凭保证书向保证行索偿时，大多需经过调查证实委托人违反合同而又不赔偿时才进行。

> **问与答**
>
> **问**：信用证与备用信用证两者的区别是什么？
>
> **答**：① 信用证在受益人完成信用证规定的条件后，开证行保证向受益人付款；而备用信用证是在受益人提出开证申请人未履行付款责任的情况下，由开证行负责对受益人付款；② 信用证是受益人完成信用证规定的条件后开证行付款，而备用信用证是在开证申请人未完成付款义务的情况下，由开证行代为付款；③ 信用证是开证行的主动付款，而备用信用证是开证行的被动付款；④ 信用证一定为受益人利用，而备用信用证一般是备而不用，即备用信用证作为银行担保，开证申请人都会主动付款，所以，一般情况下不会真正利用备用信用证去索款的。

第三节　国际贸易融资与外汇买卖

国际业务融资是传统的商业银行国际业务，商业银行国际信贷活动的一个重要方面，是为国际贸易提供资金融通。这种资金融通的对象，包括本国和外国的进出口商。外汇买卖则是商业银行另一项主要的国际业务，是将一种货币按照既定的汇率兑换成另一种货币的活动。

一、商业银行国际贸易融资

商业银行为进出口贸易提供资金融通的形式很多，主要有以下几种。

（一）出口押汇

出口商按合同发送货物并取得货运单据后，就向进口商开立汇票，如果进口商不能立即支付票款，出口商为了尽快收回货款，可以以这些货运单据和汇票作抵押，向出口地某银行请求贴现。该银行如果同意贴现，即收下这些单据和汇票，然后按票面额扣除贴现息后，把出口应收货款预先支付给出口商。这种出口地银行对出口商提供的资金融通过程就称为出口押汇。

（二）进口押汇

进口押汇是指进出口双方签订买卖合同后，进口商请求其往来银行向出口商开立保证付款的文件（大多是跟单信用证），然后进口商将文件寄给出口商，出口商见证后，将货物发给进口商。商业银行为进口商开立信用保证文件这样一个过程就称为进口押汇。

在来单后，无论是即期要求付款，还是远期到期后要求付款，进口商都可以选择以自有资金付款，或者向银行申请押汇，即基于此单信用证的贸易背景得到一笔特定用途的外币贷款。如果是后者，则意味着企业在下游货款仍未回笼前，再次拖延了实际付款的时限，从而为自己的资金周转争取了更多时间。

📖 **知识点滴**

如果我们将押汇利率同一般的流动资金贷款利率进行比较，会发现这一业务在价格上极有优势，这就不能排除企业以各种手段虚构贸易背景，或者假借这一背景进行过度融资，或者在下游已回款后仍然申请押汇，甚至在押汇到期后还继续选择展期。对银行审贷和单证处理人员而言，审核贸易背景、条款、单据需要更加细致。从银行的管理角度上，也对客户的资金用途、回款、展期的期限和定价进行严格限制，并要求客户经理进行认真负责的贷后检查。

（三）代付业务

如果境内银行以自有资金为企业押汇，就会像银行其他表内贷款一样，存在较高资金成本、经营成本、营业税及附加等。为了进一步取得定价优势，银行还可以开展代付业务。

1. 代付业务的含义

代付业务即指示其他资金成本更低的银行（通常是境外银行）代为付款。比如，一般汇款融资，正常操作是境内付款企业将境内银行的放款汇出给境外的收款企业。如果选择代付，则是境外银行按照境内银行的电文要求付款给境外收款企业的银行，等到此笔融资到期时，再由境内企业通过境内银行按境外银行的指示路径将本金、利息和费用还给境外银行即可。

2. 代付业务的操作

境外银行对于贸易背景的真实性有较高要求，这需要在发报之前的询价阶段就提前落实。同时由于境外银行放款是基于境内银行信用，所以境内银行才是风险的最终承担者。这就意味着在定价审批中，境内银行的经济资本成本并不低于一般押汇。代付业务中，境内银行在得到境外银行报价（即境内银行成本）后，再进行必要加点来满足指导价和盈亏平衡的要求，最终向客户报价，其中加点部分就是境内银行的利差。同时，由于境内银行撮合成交降低了客户融资成本，境内银行可据此收取一部分融资安排费等中间业务收入。

📖 **知识点滴**

对代付业务来说，在询价阶段要找什么样的代付行，需要银行及客户提交何种材料，适用何种利率，能否接受预付，到期日是否已经避开节假日，以及对提单日和业务起息日间隔有无要求等，都需要及早落实，否则就会出现银行已经审批完成、发报、放款但代付行无法汇出的情况；对客户提供的收款人名称、账号、收款行 SWIFT 以及是否有中间行等信息，更要注意确认并留有记录，防止出现汇错路径。

（四）避险融资

如果客户在做代付业务的同时，还存入了能够覆盖贷款本息的存款保证金，并锁定了远期汇率，那么就将这种业务模式称为避险融资。之所以这样做，主要是因境内外之间、即远期之间的汇率存在差异，客户锁定汇率可降低汇率波动带来的风险，取得一定的汇差和结售汇的收益。同时，由于境内人民币的存款利率高于境外外币的贷款利率，客户还可从中取得一部分利差收益。

对银行而言，代付与避险融资业务组合，一方面可帮助银行取得更大的价格优势，另一方面还能取得结售汇中收入和稳定的保证金存款，并作为全额质押业务而不受授信条件限制，是低风险、高收益、能够打开与新老客户合作关系并拓展国际业务的营销利器。

（五）对外担保

在国际业务中，还有一项非常独立的业务品种，叫作对外担保。与境内保函相类似，对跨境贸易项下的收货人、境外工程项下业主开出保函，实际也是境内银行以自身信用为"走出去"企业行为提供担保。

> **示例**
>
> 中国企业在非洲建厂，首先要参与当地投标，需要境内银行为其开具投标保函，保证企业不会在开标后撤标，或者中标后不会拒绝签署合同；企业中标后，需要进一步提供银行预付款保函和履约保函，保证企业按合同约定操作，不会在收到业主提供的一部分预付款后就不再完成该项工程；项目接近完工时，企业需要提交质量保函或留置金保函，保证工厂、设备运作一定期限后不会出现故障，或者先行获得业主方面提供的尾款，但同意在出现问题时进行保修、赔付等。

保函开出后，极有可能根据合同和保函条款要求进行修改，比如增额、减额、延期、更新条款等，这些修改要求必须得到受益人的同意；如果是受益人提出的，则要求被担保人考虑同意修改，或者进行赔付。保函到期后，在受益人同意（比如信开保函退回正本，或者电开保函发电同意）的情况下，可以进行销卷；保函到期前，如果受益人同意，也可以告知被担保人及其银行提前撤销。有时，当地业主只能接受本地银行或一些特定银行开出的保函，那么，境内银行还需专门联系这些银行进行保函转开，就保函格式等各种问题进行落实，达成申请人、受益人、境内银行和转开行都能接受的结果。

反过来说，如果境内企业是受益人，境内银行作为其银行收到来自国外银行的保函，则需要做好保函通知工作；如果国外银行选择境内银行进行转开，则也需要进行相应操作，我们称之为来委业务；甚至，有些属于国内保函范畴的，由于受益人的银行并不接受本行开出的纸质中文保函，也需要国际业务人员发送英文报文来验证真实性，这都需要银行之间的大量合作。

（六）福费廷

福费廷（foffaiting）又称包买业务，是出口信贷的又一类型，它是在进口商延期付款的大型设备交易中，出口商把经进口商承兑的远期汇票无追索权地售予出口商所在地银行或大型金融公司，从而提前获得资金的一种融资方式。

福费廷 1965 年起始于西欧的一种中长期对外贸易融资方式，为改善出口商现金流和财务报表，包买商从出口商那里无追索地购买已经承兑的，并通常由进口商所在地银行担保的远期汇票或本票，其业务称为包买票据，音译为福费廷。

下面介绍福费廷出口信贷业务的具体做法和程序。

（1）进出口商在洽谈贸易时，如想使用该种方式，应事先和当地银行或金融公司约定，以做好各项信贷安排。

（2）进出口商订立贸易合同，协议使用福费廷，出口商向进口商签发远期汇票，并取得进口商往来银行的担保，但担保银行要经出口商所在地银行认可其资信方才担保。

（3）出口商在备货发运后，将全套货运单据通过银行寄交进口商，进口商则将经自己承兑的由银行担保的汇票或本票寄回至出口商。单据的寄交一般通过银行寄送。

（4）出口商在取得经进口商承兑的并附有银行担保的远期汇票或本票后，便可根据约定，以无追索权方式，向约定银行或金融公司提出贴现，取得现款。

如果是福费廷业务，开证行、包买行是否已与银行建立密押，必须提前查询，力争不给客户发出可以叙作的错误信息；包买行的包买条件是什么，是否需要开证行配合，对于预扣费算多算少或者开证行在承兑到期后拒绝付款给包买行的情况有无预案等，也都要在要约或者之后的往来电文、邮件中达成一致，避免以后产生纠纷。

（七）转卖应收款项

除了承担最终风险，境内银行还可以考虑将风险卖出。

1. 转卖应收款

企业采取赊销方式进行结算，出口商手中就掌握有大量应收账款，商业银行除提供催收等基本的保理服务外，还可买断这些应收账款，向客户提供融资。对客户而言，银行融资就意味着提前收汇，解决了进口商付款前的资金周转问题，同时还可以减少应收账款、美化报表。如果银行不准备以自有资金提供融资，还可将买入的这部分应收账款转卖给其他银行，由其提供更加廉价的资金。

2. 转卖福费廷

作为信用证受益人的出口商为了提前收汇，将其拥有的信用证项下权益无追索地卖断给银行，而银行可再将其转卖给融资成本更低的境外银行，在境外银行报价基础上加点并向客户报价，赚取点差全部计为中间收入，这对银行来说也是不担风险、没有实际资金占用、不受授信条件和贷款规模限制的优质业务。

当然，福费廷的转卖、保理融资的转让，也像我们之前提到的代付业务、联动业务一样，需要与境外银行密切沟通和配合。

二、外汇买卖业务

近年来，金融类衍生品无疑是市场交易的主流，其市场份额连续多年保持在 90% 以上。外汇期货交易、期权和互换交易、套汇与套利交易、远期利率协定等衍生品业务的收益会远远超过以上各种业务产品的收益，但是风险也很大。

（一）外汇的标价方法

国际上现有两种标价法：直接标价和间接标价。

1. 直接标价法

直接标价法又称应付标价法，是以一定单位的外国货币为标准来计算应付出多少单位本国货币。就相当于计算购买一定单位外币应付多少本币，所以称为应付标价法。包括中国在内的世界上绝大多数国家目前都采用直接标价法。比如我们常见到 100 美元兑人民币多少。

> **示例**
>
> 日本实行直接标价，某日外汇标价：USD/CNY、USD/JPY。例如 USD/JPY 的银行报价为 115.06/16（银行买入价为 115.06，银行买入价是指银行买入美元卖出日元的报价），银行卖出价为 115.16（银行卖出价是指银行卖出美元买入日元的报价）。问：买入价、卖出价和差额各是多少？
>
> 答：买入价为 115.06，卖出价为 115.16，差额为 10 个点。

2. 间接标价法

间接标价法（indirect quotation）又称应收标价法，它与前者正好相反，是以一定单位的本国货币为标准，来计算应收若干单位的外国货币。在国际外汇市场上，欧元、英镑、澳元等均为间接标价法。英国和美国都是采用间接标价法的国家。

> **示例**
>
> 英国实行间接标价，某日外汇标价：£1=\$1.2546~1.2566。问买入价、卖出价和差额各是多少？
>
> 答：买入价为 1.2546 元，卖出价为 1.2566 元，差额为 20 个点。

3. 直接标价法和间接标价法的区别

直接标价法是固定外币的数量，本币数量随汇率变动；而间接标价法是固定本币数量，外币数量随两币种汇率而变动。

（二）外汇交易业务

商业银行的国际业务中，外汇交易业务也是很重要的一部分。商业银行从事外汇交易的方式一般有两类：期外汇交易和远期外汇交易。

1. 即期外汇交易

（1）即期外汇交易（现汇交易）的含义

即期外汇交易是指在外汇买卖成交以后，按规定在两个营业日之内办理交割的外汇业务。

（2）即期外汇交易的目的

即期外汇交易的目的是为了满足①临时性的支付需要，②调整持有的外币币种结构，③进行外汇投机。

> **示例**
>
> 某时外汇市场主要货币的即期汇率为：USD/CHF=1.2555/59　　EUR/USD=1.3281/86
>
> 问：（1）客户用瑞士法郎买入美元，汇率应该如何计算？
>
> （2）客户要求将100万美元兑换成欧元，按现有汇率可得到多少美元？
>
> 答：（1）银行卖出美元，汇率应取1.2559。
>
> （2）银行卖出欧元买入美元，汇率取1.3286，故可得到1 000 000/1.3286=752 671.98欧元。

2. 远期外汇交易

（1）远期外汇交易的含义

远期外汇交易（forward exchange transaction）又称期汇交易，是指外汇买卖成交后，根据合同规定的币种、汇率、数额，在预约期限办理交割的外汇业务。预约期限一般为1个月到6个月，也有长达1年的，但最常见的是3个月。与商业银行有关联的远期外汇业务，主要有商业银行与客户的远期外汇交易和银行之间的远期外汇交易两种。

（2）远期外汇交易的目的

① 套期保值（避免商业或金融交易遭受汇率变动的风险）

套期保值指卖出或买入金额相等于一笔外汇资产或负债的外汇，使这笔外币资产或负债以本币表示的价值避免遭受汇率变动的影响。

> **示例**
>
> 某年9月20日，广东一企业出口一批货物，预计3个月后即12月20日，收入2 000万美元。若银行9月20日开报的3个月远期美元对人民币双边价为6.3649～6.4068，该企业同银行签订了人民币远期结售汇合同。
>
> 试分析该企业避免外汇汇率风险的结果。而如果12月20日市场汇率变为6.2649～6.3068，若不做远期结售汇，该企业的损益情况又会是怎样？
>
> 答：
>
> 利用人民币远期结售汇业务规避汇率风险。
>
> 银行9月20日开报的3个月远期美元对人民币双边价为6.3649～6.4068。收入2000万美元，则到了12月20日以1美元等于6.3649兑换收到16 729.8万元人民币，不管汇率如何变化，都按照约定履行。而如果12月20日市场汇率变为6.2649～6.3068，若不做远期结售汇，到了12月20日2000万美元以1美元=6.2649元人民币的汇率只能兑换16 529.8万元人民币。亏损了200万元人民币。

② 投机获利

投机获利指根据对汇率变动的预期，有意持有外汇的多头或空头，希望利用汇率变动来从中赚取利润。

（3）外汇套期保值与外汇投机的区别

套期保值者是为了避免汇率风险而轧平对外债权债务的头寸，而投机者则是通过有意识地持有外汇多头或空头承担汇率变动的风险。

（4）远期汇率的报价

远期汇率的报价一般都只报后 2 位，前大后小是贴水，前小后大是升水。

直接标价法的计算公式为：

远期汇率=即期汇率+升水

或

　　　　　=即期汇率−贴水

间接标价法的计算方法公式为：

远期汇率=即期汇率−升水

或

　　　　　=即期汇率+贴水

示例

某日外汇标价英镑市场即期汇率是 £1=\$1.2546~1.2566。

前者是银行买入价，就是说银行愿意以 1.2546 美元的价格买入 1 英镑，你能以 1.2546 美元卖出 1 英镑给银行；后者是银行卖出价，你能以 1.2566 美元买到 1 英镑。假如一个月远期的报价为 70/86，就是英镑升水，那么就是说三个月远期汇率是 1GBP=USD1.2546+0.0070~1.2566+0.0086=USD1.2616~1.2652，就是说你卖出的远期英镑价格是 1.2616 美元。如果报价是 80/64，那么就是英镑贴水 1GBP=USD1.2546−0.0086~1.2566−0.0070=USD1.2460~1.2496。

---

3. 外汇期货、期权和互换交易

（1）外汇期货交易

所谓外汇期货交易（foreign exchange future）是指在期货交易所内通过公开竞价的方法进行的外汇期货合约的交易。外汇期货合约是由买卖双方共同订立的、约定在未来某日以协议价格买卖一定数量的某种外汇的标准契约。其主要作用是为了防范或转移汇率风险，以达到外汇资产保值的目的。

示例

2 月 10 日，某银行在国际货币市场买入 100 手 6 月期欧元期货合约，价格为 1.3606 美元 / 欧元，同时卖出 100 手 9 月期欧元期货合约，价格为 1.3466 美元 / 欧元。5 月 10 日，该银行分别以 1.3526 美元 / 欧元和 1.2691 美元 / 欧元的价格将手中合约对冲。分析该银行的交易结果如何？（1 欧元=1.25 美元）

答：如表 9.1 所示，该银行在 6 月期欧元期货交易中亏损：（1.3606–1.3526）×125 000×100=10 万（美元）；该银行在 9 月期欧元期货交易中盈利：（1.3466–1.2691）×125000×100=96.875 万（美元）则通过跨月份套利，该银行在两份合约中共计获利（0.0775–0.0080）×12.5 万×100=86.875 万（美元）。交易净盈利 86.875 万美元。

表 9.1　某银行外汇期货跨月套利交易

	6 月期欧元（100 手）	9 月期欧元（100 手）
开仓	买入 1.3606 美元/欧元	卖出 1.3466 美元/欧元
平仓	卖出 1.3526 美元/欧元	买入 1.2691 美元/欧元
结果	损失 0.0080	盈利 0.0075

（2）外汇期权交易

外汇期权（foreign exchange option）是指买卖双方所达成的一项买卖外汇的合约，买方向卖方缴纳一定的期权费后，买方具有执行或者不执行合同的选择权，即在一定的时期内按协议汇价买进或不买进、卖出或不卖出一定数量外汇的权利。而期权合约的卖方收取了一定的期权费用以后，则必须承担在未来到期日或者到期日之前按协议价格卖出或者买进一定数量的某种外汇的责任。

示例

美国公司从德国进口 12.5 万欧元的设备，3 个月后付款。为防范欧元汇率上升的风险。美国公司购买一份 3 个月到期协定价格为€1＝\$1.2100 看涨期权，期权费为每欧元 0.04 美元。若 3 个月后市场汇率为：

① €1＝\$1.1980

② €1＝\$1.2080

③ €1＝\$1.2480

在下列情况下，该公司是否会执行期权？试计算进口的总成本解：

期权费=0.04×12.5=0.5（万\$）

① 市场汇率为€1＝\$1.1980 时，买方不行使期权，按市场汇率买进 12.5 万€，进口总成本为：

1.1980×12.5+0.5=15.475（万\$）

② 当市场汇率为€1＝\$ 1.2080 时，买方不行使期权，按市场汇率买进 12.5 万€，进口总成本为：

1.2080×12.5+0.5=15.6（万\$）

③ 当市场汇率为€1＝\$ 1.2480 时，买方行使期权，按协定汇率买进 12.5 万€，进口总成本为：

1.2100 ×12.5+0.5=15.625（万\$）

案例 9.1

某美国银行发行一金额为 500 000 欧元的、6 个月期的定期存单，现行汇率为\$1.18/€。该银行预计 6 个月后汇率会发生变化，因此打算用外汇期权来规避未来偿还的汇率风险。目前执行价格为 \$ 1.18/€的 6 个月期的欧元看涨期权和看跌期权的交易价格分别为 4 美分和 2 美分。

启发思考：

（1）该银行该买入哪种期权？为什么？

（2）假设 6 个月后的现汇汇率只可能为 \$1.16/€、\$1.18/€、\$1.20/€ 三种情况，那么该银行对应的净支付金额将分别是多少？

答：

（1）买欧元看涨期权。定期存单到期后需要以欧元还款。

（2）若 6 个月后现汇汇率为 \$1.16/€，则放弃行权，改为在现汇市场买入欧元，净支付金额为 500 000×1.16/€+500 000×0.04=600 000（美元）。

若 6 个月后现汇汇率为 \$1.18/€，则行权或在现汇市场买入欧元均可以，净支付金额为 500 000×1.18/€+500 000×0.04=610 000（美元）。

若 6 个月后现汇汇率为 \$1.20/€，则行权买入欧元，净支付金额为 500 000×1.18/€+500 000×0.04=610 000（美元）。

（3）外汇互换交易

互换交易是指互换双方在事先预定的时间内交换货币或利率的一种金融交易。双方在期初按固定汇率交换两种不同货币的本金，随后在预定的日期内进行利息和本金的互换。主要包括货币互换和利率互换以及货币利率互换等。商业银行在互换交易中，可充当交易一方或充当中介人。交易者通过货币互换以降低筹资成本；通过货币互换工具消除其敞口风险，尽量避免汇率风险和利率风险；货币互换属于表外业务，可以规避外汇管制、利率管制和税收方面的限制。

① 货币互换

假定英镑和美元汇率为 1 英镑=1.5000 美元。

A 想借入 5 年期的 1000 万英镑借款，B 想借入 5 年期的 1500 万美元借款。但由于 A 的信用等级高于 B，两国金融市场对 A、B 两公司的熟悉状况不同，因此市场向它们提供的固定利率也不同（如表 9.2 所示）。

表 9.2　市场向 A、B 公司提供的借款利率

	美　元	英　镑
A 公司	8.0%	11.6%
B 公司	10%	12.0%

若不考虑本金问题，货币互换的流程图如图 9.1 所示。

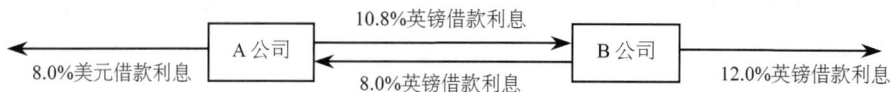

图 9.1　货币互换流程

② 利率互换

假定 A、B 公司都想借入 5 年期的 1 000 万美元的借款，A 想借入与 6 个月期相关的浮动利率借款，B 想借入固定利率借款。但两家公司信用等级不同，故市场向它们提供的利率

也不同，如表 9.3 所示（这里的利率为每半年计一次复利）。

表 9.3　市场提供给 A、B 两公司的借款利率

	固定利率	浮动利率
A 公司	10.00%	6 个月期 LIBOR+0.30%
B 公司	11.20%	6 个月期 LIBOR+1.00%

4. 套汇与套利交易

（1）套汇交易

套汇交易是指在两个或两个以上的外汇市场上，利用外汇汇率的差异进行的外汇买卖。其目的是套取汇率的差价，从中获取利润。套汇分为地点套汇和时间套汇两种。

① 地点套汇

地点套汇指利用不同外汇市场上存在的汇率差异，从低价市场买进，从高价市场卖出，赚取利润。主要分为直接套汇和间接套汇两种。

> **示例**
>
> 香港市场：USD100=HKD778.07
> 纽约市场：USD100=HKD775.07
> 投入 775.07 万港币在纽约市场上买入 100 万美元，再在香港市场上将美元卖出，换得 778.07 万港币，净赚 3 万港币。

② 时间套汇

时间套汇指利用不同外汇交易的交割期限的差异所造成的汇率差进行套汇交易，即掉期交易。

> **示例**
>
> 在同一时间内，出现下列情况
> 伦敦 ￡1=USD$1.4815/1.4825
> 纽约 ￡1=USD$1.4845/1.4855
> 某银行在伦敦市场上以 ￡1=USD$1.4825 的价格卖出美元买进英镑，同时，在纽约市场上以 ￡1=USD$1.4845 的价格买进美元卖出英镑，则每英镑可获得 0.0020 美元的套利利润。若以 100 万英镑进行套汇，则可获得 2000 美元（未扣除各项给用）。上述套汇活动可一直进行下去，直到两地美元与英镑的汇率差距消失或极为接近为止。

案例 9.2

假设在美国年利率为 8%，而在德国为 4%，即期汇率为 $1.18/€。

启发思考：

回答以下问题：

（1）如果远期汇率为 $1.20/€，德国的一家银行准备用 1000 万欧元的资金进行抵补套利。它将如

何操作？所获得的收益又将是多少？（不考虑交易成本）

（2）远期汇率为多少时，这种套利会消失？

答：

（1）先把欧元换成美元：$1000 \times 1.18 = 1180$（万美元）

存到美国银行：$1180 \times (1+8\%) = 1274.4$（万美元）

一年后兑换成欧元：$1274.4/1.20 = 1062$（万欧元）

收益：$1062 - 1000(1+4\%) = 22$（万欧元）

（2）当远期汇率为：$1274.4/1000(1+4\%) = 1.23$ 时，套利将消失。

（2）套利交易

套利是指利用在不同国家或地区进行短期投资的利率差异，将资金由利率较低的国家或地区转移到利率较高的国家或地区进行投资，从而赚取利率差额的外汇交易。

① 不抛补套利

所谓不抛补套利，主要是利用两国市场的利息率差异，把短期资金从利率较低的市场调到利率较高的市场进行投资，以谋取利息差额收入。

示例

若美国 3 个月的国库券利率为 8%，而英国 3 个月期的短期国库券利率为 10%，如 3 个月后英镑对美元的汇率不发生变化，则投资者在出售美国国库券后，将所得的资金从美国调往伦敦购买英国国库券，就可以稳获 2% 的利差收入。具体计算如下：

设一人在纽约拥有 100 万美元资产，如投资于美国国库券（3 个月期），利率为 8%，本利共为 108 万美元。但此时若他进行套利，则获利便可增加。如即期市场汇率为 ￡1＝＄2.00，则他在即期市场卖出 100 万美元，获 50 万英镑。他将 50 万英镑调往伦敦并投资于 3 月期英国国库券，3 个月后可获利 55 万英镑[$50 \times (1+10\%)$]。这时，若美元对英镑汇率没有发生变化，那么，他将在伦敦投资的收益 55 万英镑换成美元则为 110 万美元，比他不进行套利交易多赚 2 万美元。

② 抛补套利

抛补套利指套利者在把资金从甲地调往乙地以获取较高利息的同时，还在外汇市场上卖出远期的乙国货币以防范风险。

示例

援引上例，套利者不将 100 万美元投资于美同国库券以谋取 8% 的利息收入，而是在即期市场上将这笔美元卖出以换得英镑，随后将钱调往伦敦投资于利率 10% 的英国 3 个月短期国库券，由此他在 3 个月后可获得 55 万英镑。

在这同时，套利者马上在远期外汇市场上订立契约，卖出 3 个月的 55 万英镑以买进美元。为简便计算，仍设汇率为 ￡1＝＄2.00，这样 3 个月后他可稳获 110 万美元收入。

投资者之所以要在将英镑调入伦敦的同时，在外汇远期市场上售出英镑，购买美元，其原因是防止美元升值。如上例所述，如套利者不进行"抛补"（即在即期卖出的同时，远期买进，或相反），则当他投资于英国 3 个月国库券后获得 55 万英镑时，若美元与英镑汇率变为 ￡1＝1.90，则

55 万英镑只能合 104.5 万美元，而套利者本来投资于美国国库券却可得 108 万美元，结果由于美元升值他亏损了 3.5 万美元。

一般说来，在浮动汇率体系下，汇率在 3 个月内不发生变化几乎是不可能的，因此，套利者在进行套利的同时，又进行抛补，才是既防范汇率风险，又可获得利息收入的安全之策。

案例 9.3

下列三个外汇市场的汇率情况为：

伦敦外汇市场 1 英镑=1.6980 美元

巴黎外汇市场 1 英镑=9.6762 法郎

纽约外汇市场 1 美元=5.7910 法郎

启发思考：

银行如何套利？

答：如果银行计划以 100 万美元进行三地间的套汇，可采取如下方法操作：第一步，在纽约市场卖出 100 万美元，换回 579.1 万法郎；第二步，在巴黎市场上以 1 英镑等于 9.6762 法郎的价格出售 579.1 万法郎，换回 59.8480 英镑；第三步，在伦敦市场上卖出 59.8480 英镑，收回 101.6220 万美元。不计费用，通过三地套汇，银行可获利 101.6220－100＝1.6220 万美元。

5. 远期利率协定

远期利率协定（forward rate agreements，FRA）是指买卖双方就某一段时间内的利率达成协议，同时商定一个以伦敦银行同业拆放利率或美国银行优惠利率为依据的市场标准利率后订立的协定。

远期利率协议业务不涉及本金的收付，不交保证金，手续简便。远期利率协定主要用于银行机构之间防范利率风险，它可以保证合同的买方在未来的时期内以固定的利率借取资金或发放贷款。

（1）远期利率协定的特点

① 具有极大的灵活性。作为一种场外交易工具，远期利率协议的合同条款可以根据客户的要求"量身定做"，以满足个性化需求。

② 并不进行资金的实际借贷，尽管名义本金额可能很大，但由于只是对以名义本金计算的利息的差额进行支付，因此实际结算量可能很小。

③ 在结算日前不必事先支付任何费用，只在结算日发生一次利息差额的支付。金融机构使用远期利率协议可以对未来期限的利率进行锁定，即对参考利率未来变动进行保值。

（2）远期利率协定的用途

① 规避利率风险：让使用者对已有的债务，有机会利用利率掉期交易进行重新组合。例如预期利率下跌时，可将固定利率形态的债务换成浮动利率；从而降低债务成本。若预期利率上涨时，则反向操作，从而规避利率风险。

② 增加资产收益：利率掉期交易并不仅仅局限于负债方面利息支出的交换，同样的，在资产方面也可有所运用。一般资产持有者可以在预期利率下跌时；转换资产为固定利率形态，或在预期利率上涨时，转换其资产为浮动利率形态。

③ 灵活资产负债管理：当欲改变资产或负债类型组合，以配合投资组合管理或对利率未来动向进行锁定时，可以利用利率掉期交易调整，而无须卖出资产或偿还债务。浮动利率资产可以与浮动利率负债相配合，固定利率资产可以与固定利率负债相配合。

示例

某外贸公司 4 月 1 日有一笔 5 年期、浮动利率计息的美元负债，本金为 1000 万美元，利率为计息日当天国际市场公布的 LIBOR+1%，每半年付息一次。4 月 1 日借款利率为 3.33%，公司预测目前美元利率已经见底，未来利率有上扬的风险。为规避此风险，即与民生银行进行利率掉期交易，银行支付给公司以 LIBOR+1% 计算的浮动利率利息，与客户的原借款利率条件完全一致，以让公司支付应付负债的利息，而公司支付银行固定利率 6.6%，如此一来，公司便可规避利率上升的风险。

本章小结

商业银行的国际业务源于国际贸易的发生发展，随着国际金融市场的逐步完善并趋于全球化，以及先进技术被广泛应用，商业银行国际业务的发展空间得以拓展。目前，商业银行的国际业务主要有三类：国际金融、外汇买卖和国际融资。

商业银行国际业务的开展依赖于有关机构或关系的建立，最主要的是依赖于商业银行在海外开设的各种分支机构。商业银行国际业务的组织结构有代表处、代理行、分行、子公司或附属机构和合资联营银行。

国际业务客户的准入条件要具备国际业务的资质，企业要按照外管规定办理各项申报，商业银行要对涉及行业和企业进行风险评估。

在国际业务发展中，国际间由于贸易或非贸易往来而发生的债权债务，要用货币在一定形式和条件下收付结算，因此就产生了国际结算业务。商业银行的国际结算业务主要是通过汇款、托收和信用证三种结算方式来完成的。国际业务融资是传统的商业银行国际业务，这种资金融通的对象包括本国和外国的进出口商。外汇买卖则是商业银行另一项主要的国际业务，是将一种货币按照既定的汇率兑换成另一种货币的活动。

第十章　商业银行信用风险管理

【学习目标】

了解信用风险形成的原因；了解客户信用评级指标体系和信用评级机构；会分析客户信用风险；掌握客户信用评级的方法和商业银行风险的估计方法；熟悉商业银行风险的防范措施。

引　例

三个数据说明了什么

表 10.1 中有三个数据：企业的盈利能力、资产质量、现金流量。

启发思考：

分析为什么平安银行的估价比兴业银行低。

表 10.1　两个银行的相关数据　（单位：元）

银行名称	股票代码	股价	收益/股	净资产/股	现金流量/股
平安银行	000001	15.99	1.37	1.09	−0.45
兴业银行	601166	16.84	2.01	2.28	11.22

答：

平安银行每股收益 1.37 元，每股净资产 1.09 元，每股现金流量−0.45。兴业银行每股收益 2.01 元，每股净资产 2.28 元，每股现金流量 11.22 元。这三个数据分别表现了企业的盈利能力、资产质量、现金流量。这也是银行考核企业最重要的三个指标。

如果说盈利能力是企业的肌肉，资产质量是企业的骨骼，那么现金流就是企业的血液。

（1）盈利能力就是说企业要盈利，兴业银行的盈利能力为平安银行的 2.01/1.37=1.46 倍。

（2）资产质量表现出一个企业对抗市场风险的能力，资产质量高，当企业遇到宏观经济下行的情况，就有更强的生存能力，兴业银行的净资产为平安银行的 2.28/1.09=2.09 倍。

（3）现金流量则反映一个企业的财务状况。

通俗地说，一个企业一年挣一个亿，但是买家都不给企业结账，那这一个亿就只能存在于财务报表中，而企业实际没挣到钱，如果有一天企业没有现金去向上游采购了，也就是现金流断了，账上有再多的利润也没有用。兴业银行的现金流量为平安银行的 11.22/−0.45＝∞无数倍。

通过上述几个指标的分析可以看出，兴业银行这张表的各项指标表现要好于平安银行，所以，兴业银行的股价为 16.84 元，而平安银行为 15.99 元。

第一节　商业银行信用风险分析

一、信用风险形成的原因

信用风险（credit risk）是借款人因各种原因未能及时、足额偿还债务或银行贷款而违约的可能性。发生违约时，债权人或银行必将因为未能得到预期的收益而承担财务上的损失。

信用风险是由以下两方面的原因造成的。

1. 经济运行的周期性

处于经济扩张期时，信用风险降低，因为较强的盈利能力使总体违约率降低。处于经济紧缩期时，信用风险增加，因为盈利情况总体恶化，借款人因各种原因不能及时足额还款的可能性增加。

案例 10.1

冰岛面临国家破产，寻求从俄罗斯借债 40 亿欧元

冰岛这一人口仅为 30 万的岛国，10 多年来金融业超常发展：金融行业于国外大肆开展信贷交易，其他行业企业在欧洲掀起的并购热潮也与金融业发展相辅相成。这种做法一度让冰岛尝到甜头，它在 2005 年收获了 7% 的经济增长率。在冰岛银行发展壮大是件很容易的事。它们可以从全球各地以很便宜的价格借贷，然后摇身一变，自己当起了放贷人，在几乎没有监管的情况下把钱投到自己看好的行业或企业中。冰岛的银行总是借钱、放贷，然后再借更多的钱。当然，他们是必须还债的，但那时还钱不成问题，因为反正还有地方能借到更多的钱偿还旧债。

到了 2008 年夏天，已经没有银行愿意借钱给别的银行，特别是给冰岛的所有银行，因为它们的债务规模实在太庞大了。2008 年 10 月 6 日，冰岛总理宣布，国家可能要破产。因为银行业已达到了一个"富可敌国"的地步，所以一旦出现问题，政府根本没法救，只好马上宣布破产。

启发思考：

分析此案例给你的启示。

答：冰岛政府面临破产对于中国无疑是一面镜子。房地产过热、出口增幅过大，这些问题无不与金融业的扩张息息相关。因此，控制金融业绝不是单纯的一项经济计划，而是事关国家经济安全的杠杆问题。这说明济运行的周期性对银行具有很大的影响。

2. 对于公司经营有影响的特殊事件的发生

这种特殊事件发生与经济运行周期无关，与公司经营有重要的影响。产品的质量诉讼就属于特殊事件的发生。

例如：当人们知道石棉对人类健康有影响的事实时，所发生的产品的责任诉讼使 Johns-Manville 公司，一个著名的在石棉行业中处于领头羊位置的公司破产并无法偿还其债务。

二、信用风险分析

客户信用风险分析是在搜集到客户的信息及资料的基础上，透过这些信息识别其背后可能存在的风险。在客户信用风险分析时需要掌握和总结一些规律性的经验。

根据业务特点和风险特征的不同，商业银行的客户可以划分为法人客户与个人客户，如图10.1所示。

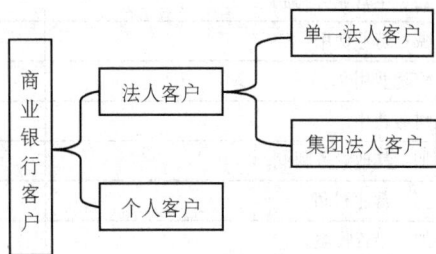

图10.1　商业银行的客户分类

（一）单一法人客户信用风险分析

1. 单一法人客户的基本信息分析

商业银行在对单一法人客户进行信用风险识别和分析时，必须对客户的基本情况和与商业银行业务相关的信息进行全面了解，以判断客户的类型（企业法人客户还是机构法人客户）、基本经营情况（业务范围、盈利情况）、信用状况（有无违约记录）等。

2. 单一法人客户的财务状况分析

财务分析是通过对企业的经营成果、财务状况以及现金流量情况的分析，达到评价企业经营管理者的管理业绩、经营效率，进而识别企业信用风险的目的。

主要内容包括财务报表分析、财务比率分析以及现金流量分析。

（1）财务报表分析

财务报表分析主要是对资产负债表和损益表进行分析。主要关注财务报表的编制方法及其质量能否充分反映客户实际和潜在的风险。

（2）财务比率分析

商业银行应当根据主要财务指标来研究企业类客户的经营状况、资产/负债管理状况。主要内容包括以下四大类。

① 盈利能力比率，用来衡量企业将销售收入转换成实际利润的效率，体现企业控制费用并获得投资收益的能力。主要指标有：

销售毛利率=[（销售收入−销售成本）/销售收入]×100%

销售净利率=（净利润/销售收入）×100%

资产净利率（总资产报酬率）=净利润/[（期初资产总额+期末资产总额）/2]×100%

净资产收益率（权益报酬率）=净利润/[（期初所有者权益合计+期末所有者权益合计）/2]×100%

总资产收益率=净利润/平均总资产=（净利润/销售收入）×（销售收入/平均总资产）

案例 10.2

表10.2所示为A公司2016年利润表。

表 10.2　A 公司 2016 年利润表　　　　　　　　　（单位：万元）

项　　目	上年数（略）	本年累计数
一、主营业务收入		550
减：主营业务成本		420
二、主营业务利润		130
减：营业费用		30
管理费用		52
财务费用		18
加：其他业务利润		6
三、营业利润		36
加：投资收益		40.4
营业外收入		2.13
减：营业外支出		12
四、利润总额		66.53
减：所得税		19.96
五、净利润		46.57

启发思考：

计算 A 公司的销售毛利率、销售净利率，并说明进行销售毛利率、销售净利率分析应注意的问题。

答：

A 公司销售毛利率=（550–420）÷550=23.64%

A 公司销售净利率=（46.57÷550）×100%=8.47%

销售收入是企业利润的初始源泉，主营业务毛利是企业最终利润的基础，销售毛利率越高，最终的利润空间越大；

销售净利率可以从总体上考察企业能够从其销售业务上获得的主营业务盈利；

销售毛利率和销售净利率都可以进行横向和纵向的比较，以便及时发现企业存在的问题并找出改的对策。

② 效率比率，又称营运能力比率，体现管理层管理和控制资产的能力。主要指标有：

应收账款平均数=（期初应收账款+期末应收账款）/2

存货平均数=（期初存货+期末存货）/2

存货周转次数=产品销售成本/[（期初存货+期末存货）/2]

存货周转天数=360/存货周转次数

应收账款周转率=销售收入/[（期初应收账款+期末应收账款）/2]

应收账款周转天数=360/应收账款周转率

应付账款周转次数=购货成本/[（期初应付账款+期末应付账款）/2]

应付账款周转天数=360/应付账款周转次数

流动资产周转率=销售收入/[（期初流动资产+期末流动资产）/2]

总资产周转率=销售收入/[（期初资产总额+期末资产总额）/2]

资产回报率（ROA）=[税后损益+利息费用×（1–税率）]/平均资产总额

权益收益率（ROE）=税后损益/平均股东权益净额

某公司会计报表中部分项目的数据如下（见表 10.3）：

表 10.3　某公司会计报表（部分数据）　　　　　　　　（单位：万元）

项　　目	年　初　数	年　末　数
应收账款	32	36
存货	84	96
销售成本		450
销售收入		680

启发思考：

计算该公司的营业周期。

答：

（1）应收账款平均数=（期初应收账款+期末应收账款）/2=（32+36）/2=34

（2）应收账款周转率=销售收入/[（期初应收账款+期末应收账款）/2]=680/34=20（次）

（3）应收账款周转天数=360/应收账款周转率=360/20=18（天）

（4）存货平均数=（84+96）/2=90

（5）存货周转次数=产品销售成本/[（期初存货+期末存货）/2]=450/90=5（次）

（6）存货周转天数=360/存货周转次数=360/5=72（天）

（7）营业周期=18+72=90（天）

③ 杠杆比率，用来衡量企业所有者利用自有资金获得融资的能力，也用于判断企业的偿债资格和能力。主要指标有：

资产负债率=（负债总额/资产总额）×100%

有形净值债务率=[负债总额/（股东权益−无形资产净值）]×100%

利息偿付比率（利息保障倍数）=（税前净利润+利息费用）/利息费用

　　　　　　　　　　　　　　=（经营活动现金流量+利息费用+所得税）/利息费用

　　　　　　　　　　　　　　=[（净利润+折旧+无形资产摊销）+利息费用+所得税]/

　　　　　　　　　　　　　　利息费用

表 10.4 为某公司 2016 年末的资产负债表。

表 10.4　某公司资产负债表

2016 年 12 月 31 日　　　　　　　　　　　　　　　（单位：元）

资　　产	金　　额	权　　益	金　　额
现金	26 890	应付票据	5634
交易性金融资产	10 478	应付账款	54 258
应收账款净额	176 674	应交税费	9472
存货	321 830	其他应付款	66 438
预付账款	16 442	应付债券	172 470

资　产	金　额	权　益	金　额
固定资产	212 134	长期借款	41 686
无形资产	75 008	实收资本	92 400
其他资产	8946	未分配利润	406 044
资产总计	848 402	权益总计	848 402

启发思考：

计算该公司的资产负债率、产权比率和权益乘数，并简要说明三个指标的共同经济含义，指出分析中存在的共同问题。

答：

（1）资产负债率=（负债总额/资产总额）×100%=（5 634+54 258+9 472+66 438+172 470+41 686）÷848 402×100%=349 958÷848 402=41.25%

（2）产权比率=负债总额/所有者权益总额×100%=349 958÷（92 400+406 044）×100%=70.21%

（3）权益乘数=（总资产÷股东权益）×100%（或=1+产权比率）

权益乘数=848 402÷（92 400+406 044）×100%=1.70（或=1+产权比率=1+70.21%=1.70）

三个指标都能反映资产、负债和所有者权益之间的关系，都假设负债资金和股权资金所形成的资产对负债有着切实的保障，但没有考虑资产的结构，这是它们共同的问题。

④ 流动比率，用来判断企业归还短期债务的能力，即分析企业当前的现金偿付能力和应付突发事件和困境的能力。主要指标有：

流动比率=（流动资产合计÷流动负债合计）×100%

速动比率=（速动资产÷流动负债合计）×100%

其中

速动资产=流动资产−存货

或

速动资产=流动资产−存货−预付账款−待摊费用

现金比率=[（货币资金+交易性金融资产）/流动负债]×100%

案例 10.5

资料：大华公司 2016 年底的部分账面资料如表 10.5 所示。

表 10.5　大华公司账面资料　　　　　　　　　　　（单位：元）

项　目	金　额
货币资金	1 503 600
短期投资——债券投资	30 000
其中：短期投资跌价准备	840
应收票据	60 000
固定资产	24 840 000
其中：累计折旧	300 000
应收账款	210 000

项　目	金　额
其中：坏账准备	12 000
原材料	450 000
应付票据	90 000
应交税金	60 000
预提费用	1 000 000
长期借款——基建借款	1 800 000

启发思考：

（1）计算该企业的营运资本；

（2）计算该企业的流动比率；

（3）计算该企业的速动比率；

（4）计算该企业的现金比率；

（5）将以上指标与标准值对照，简要说明其短期偿债能力的好坏。

答：（1）流动资产＝1 503 600＋30 000－840＋60 000＋210 000－12 000＋450 000＝2 240 760（元）

流动负债＝90 000＋60 000＋1 000 000（元）＝1 150 000（元）

营运资本＝2 240 760－1 150 000＝1 090 760

（2）流动比率＝（流动资产合计÷流动负债合计）×100%

＝（2240760÷1150000）×100%＝195%

（3）速动资产＝流动资产－存货＝2240760－450000＝1790760（元）

速动比率＝（速动资产÷流动负债合计）×100%＝（1790760÷1150000）×100%＝156%

（4）现金比率＝（货币资金＋交易性金融资产）/流动负债×100%＝[（1503600＋30000－840）÷1150000]×100%＝133%

（5）流动比率的标准值是2，该企业流动比率为1.95，较为适当；速动比率的标准值为1，该企业速动比率为1.56，高于标准值，说明企业偿还短期负债的能力较好；现金比率一般认为0.2以上为好。如果现金比率过低，企业就面临不能按期偿还到期债务，或者不能满足正常生产经营及紧急情况下现金的需要。但如果现金比率过高，就意味着企业货币资金的有效利用不足。

（3）现金流量分析

现金流量表分为三个部分：经营活动的现金流、投资活动的现金流、融资活动的现金流，如表10.6所示。

表10.6　现金流量表

类别	定　义	现金流入	现金流出
经营活动	指企业投资活动和筹资活动以外的所有交易和事项	销售商品或提供劳务、经营性租赁等收到的现金	购买货物、接受劳务、制造产品、广告宣传、缴纳税款等支付的现金
投资活动	指企业长期资产的购建和不包括在现金等价物范围内的投资及其处置活动	收回投资；分得股利、利润；处置固定资产、无形资产和其他长期资产收到的现金	购建固定资产、无形资产和其他长期资产支付的现金；进行权益性投资支付的现金
融资活动	指导致企业资本及债务规模和构成发生变化的活动	吸收权益性投资所收到的现金、发行债券或借款收到的现金	偿还债务、发生筹资费用支付的现金，分配股利、利润或偿还利息支付的现金

现金流量分析通常首先分析经营性现金流，其次分析投资活动的现金流，最后分析融资活动的现金流。

针对不同类型的贷款，对于企业现金流量的分析侧重点也是不同的。

① 对于短期贷款，应当考虑正常经营活动的现金流量是否能够及时而且足额偿还贷款。

② 对于中长期贷款，应当主要分析未来的经营活动是否能够产生足够的现金流量以偿还贷款本息，但在贷款初期，应当考察借款人是否有足够的融资能力和投资能力来获得所需的现金流量以偿还贷款利息。

由于企业发展可能处于开发期、成长期、成熟期或衰退期，进行现金流量分析时需要考虑不同发展时期的现金流特征。

3. 单一法人客户的非财务因素分析

非财务因素分析是信用风险分析过程中的一个重要组成部分，与财务分析相互印证、互为补充。

（1）管理层风险分析。

管理层风险分析。重点考核企业管理者的人品、诚信度、授信动机、经营能力及道德水准。

（2）行业风险分析。

行业风险分析。只能够帮助商业银行对行业整体的共性风险有所认识，但行业中的每个企业又都有其独特的自身特点。就国内企业而言，存在的最突出的问题是经营管理不善。

（3）生产与经营风险分析。

（4）宏观经济及自然环境分析。

4. 单一法人客户的担保分析

担保是指为维护债权人和其他当事人的合法权益、提高贷款偿还的可能性、降低商业银行资金损失的风险，由借款人或第三方对贷款本息的偿还或其他授信产品提供的一种附加保障。

担保方式主要有保证、抵押、质押、留置和定金。

（1）保证

保证就是违约时第三方承担偿还贷款责任。

在对贷款保证进行分析时，商业银行最关心的是保证的有效性。

① 证人的资格。具有代为清偿能力的法人、其他组织或者公民可以作为保证人。国家机关（除经国务院批准），学校、幼儿园、医院等以公益为目的的事业单位、社会团体，企业法人的分支机构和职能部门，均不得作为保证人。

② 保证人的财务实力。

③ 保证人的保证意愿。

④ 保证人履约的经济动机及其与借款人之间的关系。

⑤ 保证的法律责任。

（2）抵押

抵押是指债务人或第三方不转移财产的占有，将该财产作为债权的担保。债务人或第三方为抵押人，债权人为抵押权人，提供担保的财产为抵押物。

① 可以作为抵押品的财产的范围及种类。

② 抵押合同应包括的基本内容。

③ 抵押物的所有权转移。

④ 抵押物登记。

⑤ 抵押权的实现。

（3）质押

质押又称动产质押，是指债务人或第三方将其动产移交债权人占有，将该动产作为债权的担保。在动产质押中，债务人或第三方为出质人，债权人为质权人，移交的动产为质物。

（4）留置与定金

留置是指债权人按照合同约定占有债务人的动产，债务人不按照合同约定的期限履行债务的，债权人有权依照法律规定留置该财产，以该财产折价或者以拍卖、变卖该财产的价款优先受偿。留置担保的范围包括主债权及利息、违约金、损害赔偿金、留置物保管费用和实现留置权的费用。留置这一担保形式，主要应用于保管合同、运输合同、加工承揽合同等主合同。

定金是指当事人可以约定一方向对方给付定金作为债权的担保。

（二）集团法人客户信用风险分析

1. 集团法人客户的整体状况分析

（1）商业银行的集团法人客户是指企业集团法人客户，它具有四个特征。

① 在股权或经营决策上，直接或间接控制其他企事业法人或被其他企事业法人控制。

② 共同被第三方企事业法人所控制。

③ 主要投资者个人、关键管理人员或与其关系密切的家庭成员（包括三代以内直系亲属关系和两代以内旁系亲属关系）共同直接或间接控制。

④ 存在其他关联关系。

（2）关联关系及关联交易

① 公司控股股东、实际控制人、董事、监事、高级管理人员与其直接或者间接控制的企业之间的关系，以及可能导致公司利益转移的其他关系。

② 发生在集团内关联方之间的有关转移权利或义务的事项安排。关联方是指在财务和经营决策中，与他方之间存在直接或间接控制关系或重大影响关系的企、事业法人。

国家控制的企业间不应当仅仅因为彼此同受国家控制而成为关联方。

2. 集团法人客户的信用风险特征

集团法人客户具有内部关联交易频繁、连环担保十分普遍、财务报表真实性差、系统性风险较高、风险识别和贷后监督难度较大的信用风险特征。

（三）个人客户信用风险分析

个人信贷业务特点表现为单笔业务资金规模小但业务复杂而且数量巨大。

1. 个人客户的基本信息分析

利用内外部征信系统调查了解借款人的资信状况。重点调查可能影响第一还款来源的因素，目前，很多商业银行已经开始使用个人客户贷款申请/受理信息系统，直接将客户的相关信息输入个人信用评分系统。

（1）借款人的资产与负债情况调查。

（2）贷款用途及还款来源的调查。

（3）对担保方式的调查。

2. 个人信贷产品分类及风险分析

个人信贷产品基本可以划分为个人住宅抵押贷款、个人零售贷款、循环零售贷款三大类。

（1）个人住宅抵押贷款的风险分析

① 经销商风险。如房地产商尚未获得销售许可证便销售房屋。

② "假按揭"风险。"假按揭"的主要特征是，开发商利用积压房产套取银行信用，欺诈银行信贷资金。

③ 由于房产价值下跌而导致超额押值不足的风险。

④ 借款人的经济财务状况变动风险。

（2）个人零售贷款的风险分析

① 借款人的真实收入状况。

② 借款人的偿债能力稳定情况。

③ 贷款购买的商品质量情况，如价格下跌消费者不愿履约的可能。

④ 抵押权益实现情况。

第二节　客户风险评价

信用风险对于银行、债券发行者和投资者来说都是一种非常重要的影响决策的因素。若某公司违约，则银行和投资者都得不到预期的收益。

据统计，在中国的几百万家企业中，倒闭或停业企业的原因有七成是无法如期偿还欠款，而其结果通常是其供应商或其他债权人无法得到足额清偿，许多供应商处于货款被拒付的危险中。而有的企业是由于信用不佳或经营不善随时可能破产。因此，加强信用管理组织完善，重视调查和跟踪客户信用状况变化，较早地预见到客户的经营风险，在结果到来之前逐渐减少供货量，或者及时回收货款和贷款就显得十分必要。

一、客户信用评级指标体系

客户信用评级是商业银行对客户偿债能力和偿债意愿的计量和评价，反映客户违约风险的大小。

客户评级的评价主体是商业银行，评级目标是客户违约风险，评价结果是信用等级和违约概率（PD）。

（一）企业客户信用评级指标体系

企业信用评级的指标体系一般包括财务分析和非财务分析两方面的内容。财务分析是信用等级评定的主体，非财务分析是对财务分析的结果进行修正、补充和调整。各个金融企业根据自身的情况所设定的具体指标会有所差别，并且在实践中根据客观情况的变化，会定期进行修改和补充。

（二）企业客户信用评级机构

信用评级分为外部评级机构和内部评级机构。

1. 外部评级机构

外部评级机构是专业评级机构对特定债务人的偿债能力和偿债意愿的整体评估，主要依靠专家定性分析，评级对象主要是企业。外部评级机构在对企业客户进行评级时，则更加注重客户的非财务信息，一般以信用评级报告的形式对评级客户的信用做出评价，并给出相应的等级。一般来说，借款企业的信用等级分为三等九级，即 AAA、AA、A、BBB、BB、B、CCC、CC、C。表 10.7 所示是借款企业信用等级含义。

表 10.7　借款企业信用等级含义

等级	含　义
AAA	短期债务的支付能力和长期债务的偿还能力具有最大的保障；经营处于良性循环状态，不确定因素对经营与发展的影响最小
AA	短期债务的支付能力和长期债务的偿还能力很强；经营处于良性循环状态，不确定因素对经营与发展的影响很小
A	短期债务的支付能力和长期债务的偿还能力较强；企业经营处于良性循环状态，未来经营与发展易受企业内外部不确定因素的影响，盈利能力和偿债能力会产生波动
BBB	短期债务的支付能力和长期债务偿还能力一般，目前对本息的保障尚属适当；企业经营处于良性循环状态，未来经营与发展受企业内外部不确定因素的影响，盈利能力和偿债能力会有较大波动，约定的条件可能不足以保障本息的安全
BB	短期债务支付能力和长期债务偿还能力较弱；企业经营与发展状况不佳，支付能力不稳定，有一定风险
B	短期债务支付能力和长期债务偿还能力较差；受内外不确定因素的影响，企业经营困难，支付能力具有较大的不确定性，风险较大
CCC	短期债务支付能力和长期债务偿还能力很差；受内外不确定因素的影响，企业经营困难，支付能力很困难，风险很大
CC	短期债务支付能力和长期债务偿还能力严重不足；经营状况差，促使企业经营及发展走向良性循环状态的内外部因素很少，风险极大
C	短期债务支付困难，长期债务偿还能力极差；企业经营状况一直不好，基本处于恶性循环状态，促使企业经营及发展走向良性循环状态的内外部因素极少，企业濒临破产

（1）公司的信用评级。测量公司信用风险指标中最为常用的是公司的信用评级，这个指标简单并易于理解。

> **示例**
>
> 穆迪公司对企业的信用评级即被广为认可。穆迪公司公司利用被评级公司的财务和历史情况分析，对公司信用进行从 AAA 到 CCC 信用等级的划分。AAA 为信用等级最高，最不可能违约。CCC 为信用等级最低，很可能违约。

（2）信用风险的贴水。信用风险的贴水是对信用风险度量的更为定量的指标。信用风险的贴水为债权人（或投资的金融机构）因为违约发生的可能性对放出的贷款（或对投资的债券）要求的额外补偿。对于一个需要利用发行债券筹资的公司来说，随着该公司信用风险的增加，投资者或投资的金融机构所要求的信用风险贴水也就更高。

2. 内部评级机构

内部评级机构是金融机构根据内部数据和标准，对客户的风险进行评价，并据此估计违约概率及违约损失率，作为信用评级和分类管理的标准。

银行内部对企业客户进行评级，通常注重于对企业进行财务分析，通过比较企业财务指标与银行设定的该财务指标的标准值，来给企业打分，最后通过分值来确定企业的信用等级。表 10.8 是某银行对工业企业进行评价的指标体系。

表 10.8 某商业银行工业企业信用评级指标

序号	指标名称	满分	计算公式	计分方法
一、信用履约评价				
1	利息偿还率	4	本年实际支付利息/本年应付利息×100%	≥100%满分 其余实际值÷100%×4
2	到期信用偿还率	4	（本期到期信用偿付额−借新还旧−非正常还款额）/116×100%	≥100%满分 其余实际值÷100%×4
3	结算回行率	5	A. 销货款回收额全部在本行发生； B. 主要在本行发生 C. 经常在本行发生 D. 其他	A. 5 分 B. 3 分 C. 2 分 D. 0 分
4	贷款形态	6	A. 全年无次级以下（含） B. 无损失类、可疑类 C. 可疑类在 2 次（含）以下，但无损失类 D. 可疑类在 2 次以上，或有损失类	A. 6 分 B. 4 分 C. 2 分 D. 0 分
二、偿债能力评价				
5	资产负债率	7	负债合计/资产总计×100%	≤50%得满分 每高 2.5 个百分点扣 0.5 分，扣至 0 分为止
6	流动比率	5	流动资产/流动负债×100%	≥130%满分 每低 2.5 个百分点扣 0.5 分，扣至 0 分为止
7	速动比率	4	（流动资产−存货−预付账款−待摊费用）/流动负债×100%	≥100%得满分 每低 2.5 个百分点扣 0.5 分，扣至 0 分为止
8	现金流量	4	（经营活动产生的现金流量净额+投资活动产生的现金流量净额+筹资活动产生的现金流量净额）>92 得 4 分 （经营活动产生的现金流量净额+投资活动产生的现金流量净额+筹资活动产生的现金流量净额）与经营活动产生的现金流量净额均大于 0 得 3 分 （经营活动产生的现金流量净额+投资活动产生的现金流量净额+筹资活动产生的现金流量净额）<0，且经营活动产生的现金流量净额>0 得 2 分 （经营活动产生的现金流量净额+投资活动产生的现金流量净额+筹资活动产生的现金流量净额）>0，且经营活动产生的现金流量净额<0，得 1 分；其余 0 分	
9	或有负债比例	3	未解除责任的对外担保/所有者权益×100%	实际值为 0 的得满分 ≥50%且≤100%得 1 分 >100%得 0 分
10	利息保障倍数	2	（利润总额+本年实际支付利息）/本年实际支付利息	≥4 的得满分 其余实际值÷4×2
三、盈利能力评价				
11	总资产报酬率	4	（利润总额+本年实际支付利息）/平均总资产×100%	≥8%的得满分 其余实际值÷8%×4

序号	指标名称	满分	计算公式	计分方法
12	销售（营业）利润率	4	（主营业务利润）/主营业务收入×100%	≥20%的得满分 其余实际值/20%×4
13	净资产收益率	5	净利润/平均净资产×100%	≥12%的得满分 其余实际值/12%×5
四、经营能力评价				
14	流动资产周转次数	5	主营业务收入/平均流动资产×100%	≥3得满分，其余实际值/3×5
15	产（商）品销售率	5	主营业务成本/（主营业务成本+存货中的产品）×100%	≥95%的得满分 其余实际值/95%×5
16	应收账款周转次数	7	主营业务收入/平均应收账款×100%	≥5的得满分 其余实际值/5×7
五、企业领导者素质				
17	经历	2	A. 5年以上的 B. 3年以上的 C. 不足3年的	A. 2分 B. 1分 C. 0分
18	学历	2	A. ≥60% B. ≥30% C. <30%	A. 2分 B. 1分 C. 0分
19	品德	3	A. 好 B. 较好 C. 一般 D. 差	A. 3分 B. 2分 C. 1分 D. 0分
20	能力	4	A. 好 B. 较好 C. 一般 D. 差	A. 3分 B. 2分 C. 1分 D. 0分
			A. 高 B. 一般 C. 差	A. 1分 B. 0.5分 C. 0分
21	业绩	3	A. 3年内获省级以上优秀企业称号，行业排名前10位或产品市场占有率超过25%的 B. 连续3年盈利，且主营业务收入与主营业务利润持续增长的 C. 业绩一般 D. 业绩差	A. 3分 B. 2分 C. 1分 D. 0分
六、发展前景				
22	利润总额增长情况	2	A. 连续3年增长或减亏 B. 连续2年增长或减亏 C. 3年内有增长或减亏 D. 3年内无增长或减亏	A. 2分 B. 1.5分 C. 1分 D. 0分
23	销售增长率	2	销售收入的增加额/上年销售收入×100%	≥10%得2分 ≥8%得1.5分 ≥5%得1分 ≥2%得0.5分 <2%得0分

序号	指标名称	满分	计算公式	计分方法
24	资本增值率	2	所有者权益的增加额/上年所有者权益×100%	≥7%得2分 ≥5%得1.5分 ≥2%得1分 ≥1%得0.5分 <1%得0分
25	行业发展状况	2	A. 成熟行业 B. 新兴行业 C. 衰退行业	A. 2分 B. 1.5分 C. 0分
26	市场预计状况	2	A. 供不应求 B. 供求平衡 C. 供大于求	A. 2分 B. 1分 C. 0分
27	主要产品寿命周期	2	A. 投入期 B. 成长期 C. 成熟期 D. 衰退期	A. 1.5分 B. 2分 C. 1分 D. 0分
28	地理位置、购物环境、销售渠道	6	A. 位置在繁华商业区，购物环境好，或供货、销售渠道稳定 B. 位置在一般商业区，但经营有特色，或供货、销售渠道稳定 C. 位置不在商业区，但有稳定顾客群，或供货、销售渠道稳定 D. 位置不在商业区，购物环境一般，或供货、销售渠道均不稳定	A. 6分 B. 4分 C. 3分 D. 1分
七、合计		100		

注：根据从企业收集的财务与非财务信息，通过上表计分，分数在90~100（含90）之间为AAA级；在80~90（含80）之间为AA级；在70~80（含70）之间为A级。

（三）个人客户信用评分

个人客户信用等级评定的对象包括已与银行建立或正在与银行建立信贷关系的个体工商户、个人独资企业的投资人、合伙企业的合伙人、承包大户、个人租赁经营者及其他自然人等。针对个人授信业务类型的不同，评级的指标体系有所区别。表10.9和表10.10分别为个人生产经营贷款客户和个人消费贷款客户的信用等级的评级指标及计分标准。

表 10.9　个人生产经营贷款客户的信用等级评级指标及计分标准

姓名			身份证号码			家庭住址		
经营单位名称						经营地址		
评定指标		标准分	评定标准				指标值	初评分
个人基本情况（25分）	年龄	3	18~26岁	29~40岁	41~54岁	55岁以上		
			1	3	2	1		
	婚姻	3	单身无子女	单身有子女	结婚无子女	结婚有子女		
			1	2	2	3		
	供养人口	3	无	1人	2~4人	4人以上		
			2	3	2	1		

个人基本情况（25分）	经营场所	11	农村城镇		县城	地级市以上城市		
			1~3		7~9	8~11		
	有无住所	5	无固定场所		租住房	已购商品房		
			0		3	5		
履约能力（40分）	行业类别	6	商贸		加工制造	服务	其他	
			6		4	3	3	
	经营年限	6	10年（含）以上		5~9年	1~4年	1年以内	
			6		4	3	1	
	年销售收入	14	200万元以上		100万~200万元	50万~100万元	50万元以下	
			14		12	8	4	
	家庭财产	11	100万元以上		50万~100万元	30万~50万元	30万元以下	
			11		9	7	3	
	保险情况	3	商品、家庭财产全部		只保商品	只保家庭财产	没有保险	
			3		2	1	0	
资信状况（35分）	业务往来	12	密切		一般	极少		
			12		9	3		
	月平均存款	11	15万元以上		8万~15万元	2万~8万元	2万元以下	
			11		8	6	2	
	信用记录	12	信用记录良好		近期无不良信用记录	1~2次不良信用记录	不良信用记录多次	
			12		9	6	−10	
其他不利因素		−40	有逃废债务或信用卡恶意透支行为					
		−40	品行差，有赌、毒、嫖等不良行为					
		−20	有社会不良记录，有犯罪前科					
		−20	与银行合作诚意差					
总得分		100						
拟评定信用等级								

注：对个人生产经营贷款客户的信用等级实行百分制，按分值高低设立四个信用等级：AAA级（90分（含）以上）、AA级（80分（含）~90分）、A级（70分（含）~80分）和B级（70分以下），其中AAA级和AA级客户为优良客户，A级为一般客户，B级为限制淘汰客户。

表 10.10　个人消费贷款客户的信用等级评级指标及计分标准

项　目		评定区间	得分
借款人资格（20分）	年龄	36~49岁	3
		24~35岁	2
		18岁≤年龄≤23岁，或50岁≤年龄≤退休年龄	1
	文化程度	高等教育（大学本科及以上）	5
		中等教育（大专学历）	3
		初等教育（高中及以下）	2
	婚姻状况	有配偶	0
		无配偶	4
	单位性质	国家机关、金融保险、邮电通信	3

项　目		评定区间	得分
借款人资格（20分）	单位性质	科教文卫、水电气供应、商业贸易	2
		工业交通、房地产建筑、部队系统	1
		农林牧渔、社会服务业及其他	4
	职务或职称	董事/厅局级及以上	3
		总经理/处级以上（或高级职称）	2
		部门经理/科级（或中级职称）	1
		职员/科级以下（或初级职称）	1
	从业稳定性	现单位工作10年（含）以上	2
		现单位工作5年（含）以上，10年以下	2
偿债能力（30分）	借款人月均收入	收入2万元（含）以上	8
		收入8000（含）~2万元	6
		收入3000（含）~8000元	4
		收入3000元以下	2
	配偶月均收入	收入2万元（含）以上	8
		收入8000（含）~2万元	6
		收入3000（含）~8000元	4
		收入3000元以下	2
	家庭净资产	10万元以下计1分，超过10万元计2分，每增加20万元再计1分，最高不超过6分	6
	收入还贷比（家庭月均收入/本笔和其他贷款月还款）	3以上	8
		2（含）~3	6
		1.5（含）~2	5
		1.2（含）~1.5	4
担保能力（25分）	担保类别	质押类担保	17
		住房抵押担保	15
		家用轿车等所购汽车	10
		第三方保证担保	8
		其他	5
	担保形式	提供房产抵押和保证人两种（含）以上担保或提供质押担保	8
		提供房产抵押和车辆抵押两种（含）以上担保	7
		有房产抵押担保、车辆抵押担保或两位保证人担保	5
		有一位保证人担保或其他	3
存贷款情况（25分）	存款情况	按年日均存款每万元计0.3分，最高不超过5分	5
	借款记录	贷款已正常归还，再次申请贷款的	4
		与本行首次发生贷款关系的	2
		有贷款余额且形态正常的	1
	贷款乘数	房产抵押率≤50%，或质押率<90%，或车辆抵押率≤40%	7
		50%<房产抵押率≤60%，或40%<车辆抵押率≤50%	6
		60%<房产抵押率≤70%，或50%<车辆抵押率≤60%	4
		60%<车辆抵押率≤70%	2
	贷款期限	1（含）~3年	4

项 目		评定区间	得分
存贷款情况（25分）	贷款期限	1 年以下	3
		3 年（含）以上	1
	还款方式	按月等额、按月还本金	5
		按季等额、按月还本金	3
		其他方式	1

二、客户信用评级的方法

1. 专家判断法

专家判断法即专家系统（expert system），是商业银行在长期经营信贷业务、承担信用风险过程中逐步发展并完善起来的传统信用分析方法。

（1）与借款人有关的因素有：声誉、杠杆、收益波动性。

（2）与市场有关的因素有：经济周期、宏观经济政策、利率水平。

目前常用的专家系统中，5Cs 系统使用最为广泛，另外还有对企业信用分析的 5Ps 系统。

（1）5Cs 系统

5Cs 系统包括品德（character）、资本（capital）、还款能力（capacity）、抵押（collateral）、经营环境（condition）。

① 品德：指顾客或客户努力履行其偿债义务的可能性，是评估顾客信用品质的首要指标。

② 资本：指顾客或客户的财务实力和财务状况，表明顾客可能偿还债务的背景，如负债比率、流动比率、速动比率、有形资产净值等财务指标等。

③ 还款能力：指顾客或客户的偿债能力，即其流动资产的数量和质量以及与流动负债的比例，其判断依据通常是客户的偿债记录、经营手段以及对客户工厂和公司经营方式所做的实际调查。

④ 抵押：指顾客或客户拒付款项或无力支付款项时能被用作抵押的资产，一旦收不到这些顾客的款项，便以抵押品抵补，这对于首次交易或信用状况有争议的顾客或客户尤为重要。

⑤ 经营环境：指可能影响顾客或客户付款能力的经济环境，如顾客或客户在困难时期的付款历史、顾客或客户在经济不景气情况下的付款可能。

（2）5Ps 系统

5Ps 系统包括个人因素（personal factor）、资金用途因素（purpose factor）、还款来源因素（payment factor）、债权保障因素（protection factor）、企业前景因素（perspective factor）。

① 个人因素。

个人因素主要分析：企业经营者品德，是否诚实守信，有无丧失信用事迹；还款意愿是否可靠；借款人的资格必须是依法登记、持有营业执照的企事业法人，产品有市场，经营有效益，在银行开立基本账户，并具有可供抵押的资产或能提供担保人；还款能力包括企业经营者的专业技能、领导才能及经营管理能力。

② 资金用途因素。通常资金用途包括生产经营、还债交税和替代股权等三个方面。

③ 还款来源因素。主要有两个来源：一是现金流量，二是资产变现（流动比率、速动比率以及应收账款与存货的周转情况）。

④ 债权保障因素。包括内部保障和外部保障两个方面。内部保障方面要分析企业的财务结

构是否稳健和盈利水平是否正常；外部保障方面要分析担保人的财务实力及信用状况。

⑤ 企业前景因素。主要分析借款企业的发展前景，包括产业政策、竞争能力、产品寿命周期、新产品开发情况等。

2. 信用评分法

信用评分模型是一种传统的信用风险量化模型，利用可观察到的借款人特征变量计算出一个数值（得分）来代表债务人的信用风险，并将借款人归类于不同的风险等级。

信用评分法存在以下问题。

（1）信用评分模型是建立在对历史数据（而非当前市场数据）模拟的基础上，因此是一种向后看的模型，对借款人历史数据的要求相当高。

（2）信用评分模型虽然可以给出客户信用风险水平的分数，却无法提供客户违约概率的准确数值，而后者往往是信用风险管理最为关注的。

第三节　客户风险的评估

风险评估是指在发现、预见可能存在的风险的基础上进行风险分析。风险分析是指详细地分析造成风险的各种原因，并估计这种风险发生的可能性大小以及造成损失或收益的大小，从而为决策者进行风险决策提供依据。风险分析要求全面、具体、翔实。对风险评估时，应区别不同风险，把导致风险的各种直接因素和间接因素都考虑在内，要为风险评估提供可靠的依据，同时应尽量图示、量化、细致、客观，以便科学地反映金融企业的受险程度。

客户风险会给金融企业带来许多直接或间接的危害，可在测量方面存在着很大的难度。但为了有效地预防或控制客户风险，或在客户风险产生后，采取措施减少危害的程度，就必须对客户风险可能造成的危害作出测量。客户风险测量有定性描述和定量计算两种形式，两者各有优点，应相互配合使用。对风险进行量化是现代风险管理的发展趋势，越来越多的量化工具被应用到风险测量之中。

一、商业银行风险的估计方法

1. 客观概率法

在大量的试验和统计观察中，一定条件下某一随机事件相对出现的频率是一种客观存在，这个频率被称为客观概率。人们对某一随机事件可能出现的频率所做的主观估计被称为主观概率。商业银行在估计某种经济损失发生的概率时，如果能够获得用于反映当时经济条件和经济损失发生情况的足够的历史资料，则可以利用统计的方法计算出该种经济损失发生的客观概率。这种方法被称为客观概率法。

客观概率的计算方法如下：

设 A 代表商业银行一种业务发生某种经济损失的随机事件，N 代表统计观测次数，M 代表 A 发生的次数，$P(A)$ 代表 A 的概率，则

$$P(A) = M/N$$

设 B_i（$i=1,2，\cdots，n$）代表 A 赖以发生的经济条件。当且仅当 A 与 B_i 同时发生时，概率公式为：

$$P(A)=\sum P(B_i)P(A/B_i)$$

设 A 代表银行一种业务发生某种经济损失的随机事件，N 代表统计观测次数，M 代表 A 事件发生的次数，$P(A)$ 代表 A 的概率，则：$P(A)=M/N$

设 B_i（$i=1，2，...，n$）代表 A 赖以发生的各种经济条件，这些条件之间相互独立，且仅当 A 与某个 B_i 同时发生时，有全概率公式：假定根据银行掌握的历史资料，随机事件 A 仅在 B_1、B_2 两种相互独立的经济条件下出现，假定随机事件 A 在两种经济条件下，各自发生的概率为 $P(A/B_1)$ $=0.2$ $P(A/B_2)=0.3$ 假定两种经济条件发生的概率为 $P(B_1)=0.1$ $P(B_2)=0.4$ 根据公式进行计算，随机事件 A 在历史上发生的概率为 $P(A)=P(A/B_1)\times P(B_1)+P(A/B_2)\times P(B_2)=0.1\times0.2+0.3\times0.4=0.14$。

在实际运用中客观概率法有时会遇到一些困难：一是历史资料的收集较为困难，其准确性和全面性难以确定；二是经济环境不断变化，客观概率法的假设前提往往不能成立。

2. 主观概率法

主观概率法是商业银行拟定出几种未来可能出现的经济条件提交给所选定的一些专家，由各位专家利用有限的历史资料，根据个人经验对每种经济条件发生的概率和在每种经济条件下商业银行某种业务发生经济损失的概率做出主观估计，再由商业银行汇总各位专家的估计数值进行加权平均，根据平均值计算出该种经济损失的概率。

假定某商业银行选定 5 名专家，拟出 B_1、B_2 两种本来可能出现的经济条件，由各位专家对未来每种经济条件发生的概率和在每种经济条件下该商业银行某种业务发生损失的概率做出主观估计，并据以制表，如表 10.11 所示。

表 10.11　专家主观估计表

随机事件		每位专家的主观概率估计值					主观概率估计值的平均值
		1	2	3	4	5	
B_i	B_1	0.09	0.11	0.11	0.10	0.09	0.1
	B_2	0.38	0.40	0.40	0.40	0.41	0.4
A	A/B_1	0.20	0.19	0.19	0.20	0.20	0.2
	A/B_2	0.29	0.30	0.30	0.31	0.29	0.3

根据公式，利用表 10.11 主观概率估计值的平均值，可以求出该银行某种业务在未来风险中经济损失发生的概率为：

$$P(A)=0.1\times0.2+0.3\times0.4=0.14$$

3. 统计估值法

利用统计得来的历史资料，可以确定在不同经济条件下某种风险发生的概率，或是在不同风险损失程度下某种风险发生的概率。这种相关关系可以用直方图或折线图来表示,图 10.2 所示为风险发生概率折线图。

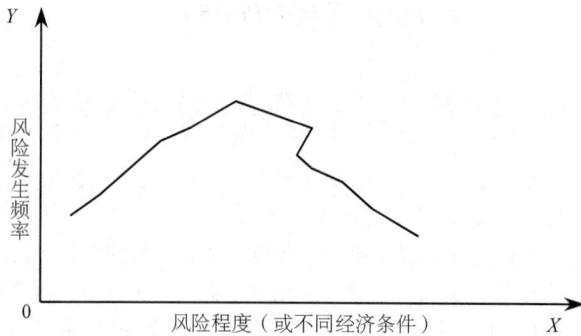

图 10.2　风险发生概率折线图

利用统计方差和样本资料,可以估计风险平均程度(样本期望值)和风险分散程度(样本方差)。估计方法可以采用点估计或区间估计。点估计是利用样本来构造统计量,再将样本值代入估计量求出估计值。但是由于样本的随机性,这样的估计值不一定就是待估参数的真值。那么,它的近似程度如何,误差范围有多大,可信程度怎样,这些问题就要采用区间估计来解决。区间估计用来表达在某种可信程度上某种风险发生的条件区间。

4. 假设检验法

(1)对未知参数的数值提出假设,然后利用样本提供的信息来检验所提出的假设是否合理,这种方法被称为假设检验法。和统计估计法一样,假设检验法适用于统计规律稳定、历史资料齐全的风险概率估计。假设检验法是概率性质的反证法。

(2)对风险参数假设检验的基本思想是:首先提出假设 H_0,然后构造一个事件 A,使它在假设 H_0 成立的条件下概率很小。再做一个实验,如果 A 在一次实验中居然发生了,则拒绝接受 H_0。这是因为"小概率原理"认为:概率很小的事件在一次实验中几乎不可能发生的。如果发生了,也就是说导出了一个不合理的现象。而这一现象的出现源于假设 H_0,因此应该拒绝接受假设 H_0;否则,不应拒绝假设 H_0。

5. 相关预测法

相关预测法又称因果分析法,是指在收集和利用大量相关数据的基础上,对市场上各种变化因素进行预测的方法。常使用的方法是回归分析法。

回归分析法是根据已有的统计数据,把自变量和因变量之间的变化关系用某种形式表示出来,建立一个适当的因果关系的方法。回归分析法是在商业银行风险的估计中经常使用的一种比较科学的预测方法。根据处理变量数的多少,回归分析法可分为一元回归分析法和多元回归分析法。前者是指处理变量只有一个的情况,后者是指处理变量在两个以上的情况。这里只介绍一元回归分析法的运用。

一元回归分析的方程式是:

$$Y = a + bX$$

式中,X 为时间变量(自变量);Y 为实际资料预测值(因变量);a 和 b 是回归分析系数,可用最小二乘法求出。其计算公式为:

$$a = \frac{\sum y_i}{n}$$

$$b = \frac{\sum t_i y_i}{\sum t_i^2}$$

式中，Y_i 代表各期的实际值，t_i 代表时间变量值。若时间数为奇数，可以中间的时间为原点，用 0 表示；若时间数为偶数，可以中间两个时间之中点为原点，中间两个时间分别为 -1 和 +1 表示。

> **示例**
>
> 某银行想了解由于利率变动对储蓄额的影响情况，收集了从 2008—2012 年的储蓄额资料及计算（见表 10.12）
>
> **表 10.12　某银行储蓄额数据资料**　　　　　　　　　　　　　　（单位：千元）
>
> | 年份 | 据样本的时间回归 | 储蓄额 | 据样本的储蓄额回归 | T_i^2 |
> |------|------------------|--------|---------------------|---------|
> | 2008 | -2 | 37 500 | -75 000 | 4 |
> | 2009 | -1 | 43 730 | -43 700 | 1 |
> | 2010 | 0 | 49 840 | 0 | 0 |
> | 2011 | +1 | 56 600 | +56 600 | 1 |
> | 2012 | +2 | 64 320 | +128 640 | 4 |
> | $n=5$ | $\sum t_i=0$ | $\sum t_i=251\,990$ | $\sum t_i y_i=66\,510$ | $\sum t_i^2=10$ |
>
> 将以上数据代入公式求 a、b 值，得：
>
> $$a = 251900 \div 5 = 50\,398（千元）$$
> $$b = 66510 \div 10 = 6651（千元）$$
>
> 代入公式 $Y = a + bX$，得：
>
> $$X = t_i$$
> $$t_3 = 2013 - 2010 = 3$$
> $$t_4 = 2014 - 2010 = 4$$
>
> 则可推测出：$Y_{2013} = 50\,398 + 6\,651 \times 3 = 70\,351（千元）$
> $$Y_{2014} = 50\,398 + 6\,651 \times 4 = 77\,002（千元）$$

二、商业银行风险防范

（一）建立风险识别的机制

风险识别是一种实践，更多的是凭识别者的判断能力、识别手段和经验总结。建立银行风险防范的识别机制，目的是为了认识风险。

由于营销人员所处位置的局限性，宏观的风险事实上很难把握。结合营销人员自己的工作实际，风险识别应侧重于微观风险的识别。风险识别的关键是抓好以下两方面的工作。

1. 建立较完善的信用档案

例如"信贷档案是银行发放、管理、收回贷款这一完整过程的真实记录，是进行贷款管理的必备资料"。

（1）参照国际金融机构的做法，结合自身实际情况建立较完善的信用档案。如客户的基本情况、财务状况、担保抵押文件、分析报告、备忘录等。

（2）根据人民银行的监管要求，所有企业贷款和大额个人贷款均需实行一户一档管理，尽可能完善。否则，信用贷款的风险就无法有效控制。这是建立风险识别机制的基础。

（3）建立较完善的信贷档案，关键靠信贷人员自身的努力。如要建立一个企业信贷档案，就是腿勤、手勤、脑勤。和税务、工商等部门经常保持联系，看企业是否依法纳税，是否已吊销营业执照，是否还生产正常；对于其竞争对手或合作伙伴，以及住所地的村（居）干部，要加强联系，以了解其人品和诚信状况；对于其自身，要经常联系、正面了解，必要时可深入车间，就产供销情况进行现场解剖，并按季写出分析报告。

2. 关注早期预警信号

通过早期预警信号的识别，有助于发现和预测贷款的现有问题和发展趋势，来确定贷款的按期足额偿还的可能程度。早期预警信号很多，例如财务是否不健全、三项资金占用是否合理、财务状况是否正常、营销网络是否健全、企业或企业法定代表人的社会声誉情况等。

企业早期预警信号的出现有时是单一的，也有时是集中性发生；有时是短期的，马上会调整过来，也有时是中长期的。它没有固定的模式，也不能像测算股票一样绘制"K线图"，而只能靠管理者自身时时关注和把握，客观、冷静地判断、分析早期预警信号，这是建立风险识别机制的关键。

（二）风险预警

风险预警是指商业银行根据各种渠道获得的信息，通过一定的技术手段，采用专家判断和时间序列分析、层次分析和功效计分等方法，对商业银行信用风险状况进行动态监测和早期预警，实现对风险"防患于未然"的一种"防错纠错机制"。

一般的风险预警有以下方法。

（1）传统方法：6C法，即债务人的品格（character）、资本（capital）、能力（capacity）、抵押品（collateral）、现金流量（cashflow）、经济周期的走势（cycle conditions）。

（2）评级方法：如贷款评级方法。

（3）信用评分方法：CAMEL评级体系，即资本充足性（capital Adequacy）、资产质量（asset quality）、管理水平（management）、盈利水平（earnings）和流动性（liquidity）。

（4）统计模型。如多元线性判定模型、多元逻辑回归模型、多元概率化回归模型等。

（三）风险报告

风险报告是将风险信息传递到内外部部门和机构，使其了解商业银行客体风险和商业银行风险管理状况的工具。

风险报告是商业银行实施全面风险管理的媒介，贯穿于整个流程和各个层面。在信用风险管理领域，商业银行应借助风险管理信息系统（商业银行的无形资产）对每一项信贷资产进行分析，并在组合层面上进行分类汇总。

1. 风险报告的功能

（1）保证对有效全面风险管理的重要性和相关性的清醒认识。

（2）传递商业银行的风险偏好和风险容忍度。

（3）实施并支持一致的风险语言/术语。

（4）使员工在业务部门、流程和职能单元之间分享风险信息。

（5）告诉员工在实施和支持全面风险管理中的角色和职责。

（6）利用内部数据和外部事件、活动、状况的信息，为商业银行风险管理和目标实施提供支持。

（7）保障风险管理信息及时、准确地向上级或者同级的风险管理部门、外部监管部门、投资者报告。

风险报告除了满足监管当局和自身风险管理与内控需要外，还应当符合《巴塞尔新资本协议》信息披露框架的风险汇总和报告流程。巴塞尔委员会强调，通过强化信息披露可以达到强化市场约束的目的。

2．风险报告的主要内容

（1）从报告的使用者来看，风险报告可分为内部报告和外部报告两种类型。

（2）以类型划分，风险报告通常分为综合报告和专题报告两种类型。

案例 10.6

对玉风公司的风险评估

玉风公司为我国江西景德镇地区的一家大型企业，主要业务为生产和销售青花瓷器。该公司 2014 年末未经审计的财务报表显示的资产总额为 35 543 万元，销售收入为 12 560 万元，利润总额为 2300 万元。

自 2011 年以来，玉风公司历年的财务报表均由中天华正会计师事务所审计。

2014 年 3 月，在执行完玉风公司 2013 年度财务报表审计业务，提交了无保留意见审计报告后，中天华正会计师事务所与玉风公司签订了其 2014 年度财务报表的审计业务约定书，并委派执行 2013 年度财务报表审计的 A 和 B 注册会计师继续负责该项审计业务。

基于玉风公司 2014 年度的经营计划，该公司在本年度将进行全方位的改革。新的管理层上任时，向公司治理层及股东代表大会做出了将本年度销售收入比上年增加 20%，否则将扣发全体高层管理人员全年奖金的承诺。

某银行的业务负责人意识到这些情况将全面影响玉风公司的环境，故特别要求营销人员对玉风公司及其环境进行全面、深入的了解，并根据了解的情况于 2014 年末制订玉风公司 2014 年度财务报表的审计计划。

资料一：在了解玉风公司及其环境、评估重大的错报风险时，营销人员发现玉风公司 2014 年度主要发生了以下事项。

（1）2013 年以来，玉风公司所在地用于生产优质瓷器所需的特殊泥土初步显现出枯竭的迹象。为维持正常的经营，玉风公司自 2013 年 8 月起派出专家在全国各地寻找该种特殊泥土。2014 年 2 月，经专家建议，并经董事会决定，玉风公司出资 5000 万元在四川省广远地区设立分公司，利用当地泥土生产瓷器。

（2）2014 年初，为提高存货管理水平，玉风公司出资 200 万元为各个仓储部门配置了计算机信息系统，该系统使玉风公司各仓库之间实现了内部联网，出库单、入库单由原先的人工填写改为计算机打印。

（3）为寻找新的生产原料，玉风公司决定出资 1000 万元建立 F 研究基地，用于研究在当地泥土中添加化学原料，以改善泥土的品质的试验。该基地已于 2014 年 4 月开始运行。

（4）2014 年 5 月，为开展多种经营，玉风公司与 L、G 两家上市公司签订合作协议，联合开发新型卫浴产品。协议规定 L 公司出资 8000 万元作为研发及宣传经费、G 公司出资 3000 万元建立营销网络，而玉风公司则以其拥有专利权的高薪技术使用权出资，并派出 5 名工程师作为研发的主要人员。这 5 名工程师的工资仍由玉风公司负责。开发成功后，玉风公司应获得税后利润的 30%。

（5）2014 年 6 月，为充分利用闲置资金，降低公司的经营风险，玉风公司向新疆和田地区某玉石开采企业投资 4000 万元，开展和田玉开采、收藏与销售业务。

（6）为提高会计核算质量，预防重大差错的发生，2014 年 6 月 30 日，财务部门按公司分管财务的副总经理的指示在财务部门内部进行了定期的人员轮换，此次轮换变更了所有财务人员的工作内容。为配合此次财务人员内部轮换，内部审计在轮换后的连续三个月内加大了复核与核查的力度。

（7）玉风公司设在香港地区的销售分公司连续多年来业绩不佳，2013 年全年亏损达到 125 万元。2014 年第一季度亏损额达到 82 万元。2014 年 5 月，公司董事会决定出售该分公司。9 月，已同当地 T 公司办理出售该分公司的全部手续，由此取得的 3500 万元款项已被直接用作玉风公司的流动资金。

（8）2014 年末，玉风公司 F 研究基地周边的居民联名向当地环保机构举报，要求查处该基地大面积污染当地土质，致使周边数十平方公里农作物大量枯死、地下水源受到污染的情况。当地环保部门已立案调查。

（9）2014 年 12 月 20 日，玉风公司将库存的 300 万元生产必需的 C 化学添加剂返销给该原料的供应商 K 公司，双方为此签订了相关的协议。但到 2014 年 12 月 31 日，该批材料仍存放在玉风公司的仓库。注册会计师向销售部门负债人询问这笔材料转让业务时，相关人员出示了 K 公司提供的要求玉风公司 2014 年前暂不发货的文件。

（10）为实现 2014 年初向董事会做出的本年度销售收入比上年增加 20%，否则扣发全体管理人员全年奖金的承诺，2014 年 12 月中旬，玉风公司总经理亲自参与销售部门的工作，并以诱人的优惠条件吸引新、老客户于 2014 年底之前签订销售合同、预付部分货款。部分客户受优惠条件的吸引，已提前预付了货款，并同意次年提货。对于这一阶段发生的新的销售业务，财务人员根据总经理的批示进行了特殊处理。

启发思考：

1. 逐一分析资料一中各种情况，指出每种情况是否表明或导致玉风公司财务报表存在重大错报风险。对于导致或存在重大错报风险的情况，请进一步指出是否导致玉风公司经营风险的增加。简要说明原因。

2. 资料一中哪些情况会导致特别风险？如属于特别风险，指出其最可能的原因。

3.

（1）指出在财务报表审计中，营销人员通常最关心的舞弊类型及导致舞弊的因素。

（2）针对资料一，指出哪种情况最可能存在舞弊、该舞弊所属的类型，该舞弊最可能导致财务报表的哪一个项目产生重大错报。

（3）针对（2）中确定的舞弊类型及涉及的财务报表项目，结合舞弊因素的细类进行说明，并将答案填入表 10.13 中。

表 10.13　舞弊风险因素分析

导致舞弊的因素	舞弊风险因素细类	具体说明
压力		
机会		
借口		

4.

（1）针对要求 3.（2）中确定的财务报表项目，指出营销人员应结合哪个项目进行审计。

（2）假定以前年度上述项目的内部控制设计有效且一贯执行，营销人员是否可以因此而减少对 2014 年 11 月之前的业务实施实质性程序？简要说明原因。

（3）为应对（1）中项目的重大错报风险，请代营销人员列示具有不可预见性的进一步审计程序。

答：

1.

事项（1）玉凤公司开辟了新的经营场所。尽管经过了专家的把关，但在新基地生产的产品能否得到市场的认可？仍有待观察。本情况可能影响公司的财务状况，进而导致财务报表产生重大错报，并将增加玉凤公司的经营风险。

事项（2）虽然仓储部门安装了新的信息系统，但该系统并未与玉凤公司的财务报告工作直接发生联系，不会导致财务报表产生重大错报风险。

事项（3）本情况表明玉凤公司在开发新的原材料。由于尚处于试验阶段，玉凤公司可能存在新的经营风险，进而导致财务报表产生重大错报。

事项（4）通常情况下，开发新产品将导致重大经营风险的增加，但在本合作协议中，玉凤公司以无形资产的使用权出资，除了负责 5 名工程师的工资外，并未有任何资金投入，从而不导致财务报表产生重大错报风险。

事项（5）稀有玉石的开采是一种风险极高、安全保障较低并严重污染环境的行业。玉凤公司在这种高风险、高波动的市场行业开展业务，将导致财务报表重大错报风险以及经营风险的增加。

事项（6）正常的财务人员轮换有助于降低财务信息的重大错报风险。本情况不属于重大错报风险增加的情形。

事项（7）出售分支机构属于导致重大错报风险增加的情况之一，预示着玉凤公司市场的萎缩，可能导致重大的经营风险。

事项（8）经营活动受到监管机构的调查可能对经营状况产生严重影响，从而导致财务报表产生重大错报风险和经营风险。

事项（9）此交易属于重大的非常规交易，很可能直接导致财务报表中利润总额的重大错报，产生重大错报风险。

事项（10）按照管理层的特定意图记录交易，很可能导致财务报表产生重大错报风险。

2.

事项（3）导致的重大错报风险属于特别风险。化学试验的性质不仅表明了该情况很可能导致污染环境，而且超出本行业正常生产经营的范围。

事项（5）导致的重大错报风险属于特别风险。玉凤公司在高风险、高波动的市场行业开展业务，很可能导致难以有效控制的后果。

事项（8）导致的重大错报风险属于特别风险。经营活动受到监管机构的调查属于重大的或有事项，可能导致玉凤公司难以实施有效控制的后果。

事项（9）导致的重大错报风险属于特别风险。具体来说，属于由重大的非常规交易导致的特别风险。

事项（10）导致的重大错报风险属于特别风险。按照管理层的特定意图记录交易，属于管理层过多地干预账户记录的特别风险。

3.

（1）在财务报表审计中，注册会计师通常只关心侵占资产和对财务信息做出虚假报告这两类舞弊。舞弊的发生一般都同时具备三个因素：动机或压力、机会、借口。

（2）资料一中事项（10）最有可能存在对财务信息做出虚假报告这种舞弊并且最有可能导致玉凤公司利润表的营业收入项目产生重大的错报。

（3）分析结果如下（见表10.14）：

表10.14 分析结果

导致舞弊的因素	舞弊风险因素细类	具体说明
压力	管理层为满足其要求而产生的过度压力	管理层在公开场合提供的信息过于乐观
	管理层经济利益受公司财务业绩和状况的影响	管理层的奖金取决于销售收入能否比上年增长20%
机会	对管理层的监督失效	财务人员直接根据总经理的批示，而不是根据规定的业务流程进行会计处理
	内部控制失效	对控制的监督不充分，会计信息系统存在缺陷
借口	管理层态度不端正、缺乏诚信	非财务主管的总经理向外界承诺难以实现的目标，并直接干预财务处理

4.

（1）应结合应收账款项目进行审计。

（2）营销人员不可减少对11月份之前的销售业务所实施的实质性程序，因为在管理层凌驾于会计记录的情况下，玉凤公司有可能对全年任何一个月份的销售业务进行编造和篡改。

（3）不可预见性程序如表10.15所示。

表10.15 不可预见性程序

1. 向以前审计过程中接触不多或未曾接触过的审计单位员工询问，例如负责处理大客户账户的销售部人员
2. 改变实施实质性分析程序的对象，例如对收入按细类进行分析
3. 针对销售和销售退回延长截止测试时间
4. 实施以前未曾考虑过的审计程序，例如： （1）函证确认销售条款或者选定销售额较不重要、以前未曾关注的销售交易，例如对进出口销售实施实质性程序 （2）实施更细致的分析程序，例如使用计算机辅助审计技术审阅销售及客户账户 （3）测试以前未曾函证过的账户余额，例如，金额为负或是零的账户，或者余额低于以前设定的重要性水平的账户 （4）改变函证日期，即把所函证账户的截止日期提前或者推迟 （5）对关联公司的销售和相关账户余额，除进行详细函证外，再实施其他审计程序进行验证。

📘 本章小结

信用风险是借款人因各种原因未能及时、足额偿还债务或银行贷款而违约的可能性。发生违约时，债权人或银行必将因为未能得到预期的收益而承担财务上的损失。

因此，要在搜集客户的信息及资料的基础上，透过这些信息识别其背后可能存在的风险，掌握和总结一些规律性的经验。客户信用风险分析系一般包括财务分析和非财务分析两方面的内容，财务分析是信用等级评定的主体，非财务分析是对财务分析的结果进行修正、补充和调整。财务分析有财务报表分析、财务比率分析以及现金流量分析。

客户信用评级机构分为外部评级机构和内部评级机构。外部评级机构是专业评级机构对特定债务人的偿债能力和偿债意愿的整体评估，主要依靠专家定性分析，评级对象主要是企业。外部评级机构在对企业客户进行评级时，则更加注重客户的非财务信息，一般以信用评级报告的形式对评级客户的信用做出评价，并给出相应的等级。

商业银行风险评估是指在发现、预见可能存在的风险的基础上进行风险分析。其估计方法有主观概率法、客观概率法、统计估值法、假设检验法、相关预测法。为防范风险，商业银行应建立风险识别的机制，进行风险预警并及时做出风险报告。

第十一章 商业银行市场营销

【学习目标】

掌握市场细分、目标市场选择、市场定位的含义；掌握金融产品策略、价格策略、渠道策略、促销策略的含义；了解营销策划的含义、主要内容、基本结构、构成因素、内容及格式；熟悉营销策划的步骤。

引 例

好酒也怕巷子深，美酒还需勤吆喝

"酒香也怕巷子深"，这是毋庸置疑的。再好的酒，深藏在酒窖里是无法体现它的商业价值的。平常人家倒是不太在意，但倘若是酒肆茶楼，不挂招牌不扯旗、没有店小二大声的吆喝，又有谁知道你是卖酒的呢？也就更谈不上对产品好坏的品评了。即便是唐人诗句"杨家有女初长成，养在深闺人不识"中描绘的四大美女之一杨玉环，不也是在成为玄宗的贵妃之后才美名远播、流传千古的么？如果有好酒，你又想将这酒卖个好价钱的话，就一定要大声吆喝，还要吆喝好。

"酒香也怕巷子深"，其实呼吁的是一种营销精神。酒香是基本要素，好的产品让营销的效果更出众。尤其对于刚推出市场不久的新产品、新品牌，营销的重要性则尤为明显。新产品从推出到占领市场，营销这只无形的手在其中发挥着重要的作用。

接下来转到"如何将酒卖得更好"这个话题。飘香的好酒有了，老板也知道吆喝是必须的了，那么接下来就是怎样吆喝的问题了。招牌旗帜、招待酒客的桌椅，红袖添香的温酒娇娘，如果在现代最好还要请几个人派发宣传单，这样才能让更多的人知道：哪条街上有个卖酒的，酒很好喝，服务也是一流的，来过一次之后经常来光顾你的生意。

如果你的酒卖得很好，有了一定的客户和稳定的销路，那么你是初步成功了。然而这样的成功是不长久的。不知何时你所在的街上出现了很多卖酒的，他们的酒也很香、老板也很有经营头脑，这时候有些第一次来这条街的人就有可能到他们那里去买酒喝，无形中分走了你的一些客户。如果酒的档次、口味相当，但是别人的酒卖得比你的便宜，则原先在你这里喝酒的老客户也有可能跑到那边去喝酒。这就出现了竞争，而且可预见的是竞争会越来越大。这个时候，如果原先卖得好的老板不引起重视极有可能被后来者打败，甚至退出市场。

当然，谁也不会坐吃山空，等着竞争对手壮大。原先卖酒的酒家肯定会采取措施。比如开发新口味的酒品种、更换酒瓶的包装、搞一些促销活动、增加客户的兴趣和好感，生意又逐步转好。在这场卖酒的竞争中，那些实力不够、理念不强的小户卖酒者就会淡出市场。这条街的酒市趋于稳定，直到下一批竞争者的进入打破这种平衡。

"酒香也怕巷子深"，少了营销的参与，好酒也会味淡几分。生意场上，没有永恒的胜者，也没有永远的好产品。消费者认可的品牌才是好品牌，消费者认可的产品才是好产品，只有与时俱进的营销才能确保企业立于不败之地。

启发思考：

商业银行为什么要进行营销？

答：

1. 市场经营环境的变化

随着金融市场的深化发展和政府监管方式的转变，市场的经营环境也发生了深刻变化，那种靠政府保护的盈利模式行不通了。

（1）商业银行的数量和规模迅速扩大。

① 国内商业银行相互竞争

目前 5 家大型国有商业银行，12 家全国性中小型股份制商业银行，133 家城市商业银行和约 302 家农村商业银行（另有多家正在筹建，所有农村合作银行均要改制为农村商业银行），外加中国邮政储蓄银行。

② 与国外商业银行的竞争

国外商业银行运用先进的营销理念和灵活的营销策略抢夺国内的优质客户。

（2）投资渠道和品种迅猛增加，使金融市场围绕着相对稀少的客户而展开的竞争愈演愈烈。

2. 建立新型经营机制的要求

严酷的市场环境不得不使经营者放弃那种坐等客户的传统模式，转而探索和建立一种能够适应市场要求的新型经营机制，实行经营转型。

虽然形式多种多样，但核心内容都是一样的，那就是以客户为中心，变坐商为行商。

（此答案可不唯一）

商业银行正经历着巨大的历史转变：经营体制发生改变，竞争环境日渐复杂，这迫切要求商业银行必须面对变化的市场不断调整经营战略和策略，增强创新能力，为客户提供方便、快捷、多样化的金融服务，以实现自身的经营目标。

第一节 商业银行市场营销战略

营销战略是企业经营管理者在现代市场营销观念指导下，为适应不断变化的市场环境，满足顾客需求，实现企业长期生存、稳定发展的经营目标，根据企业资源条件，对较长时期内市场营销活动制订的总体构想、方针和方案。

STP 是现代市场营销战略的核心，其理论由市场细分（market segmentation）、目标市场（market targeting）、市场定位（market position）三个部分组成，通过市场细分选择目标客户，进而以此为根据确定目标市场，最后进行市场定位。

一、市场细分

市场细分是指根据消费者对产品的不同欲望与需求不同的购买行为与购买习惯，把整个市场划分为若干个由相似需求的消费者组成的消费群体，即小市场群。

在现代广阔而复杂的市场上，营销者不可能获得整个市场，不可能用一种产品和销售模式应对所有的客户，更不可能为所有的客户提供所有需要的产品。一方面，每家商业银行的资源都是有限的；另一方面，顾客不但数目巨大、分布广泛，而且各自的金融服务需要又是迥然不同的。因此，只有通过市场细分，各家商业银行才有可能发现能充分发挥其资源优势的细分市场，并在该细分市场中取得竞争优势，达到扬长避短的目的。

市场细分可以按照个人客户和企业客户进行细分。

1. 个人客户市场细分

一般而言，个人客户市场的细分标准通常有地理标准、人口标准及心理标准等。

（1）地理细分标准

世界各地区或国家行政区划、地理位置、气候、城市大小、密度等，都可成为划分依据。

问与答

问：举例说明地理细分标准的意义。

答：分析地理因素目的在于便于商业银行选择设置网点的数量和位置，并正确确定金融产品的品种和档次。如：主要的地理因素分为：国外客户和国内客户。对这两类客户在提供服务方式与手段方面会有差异，如交流的语言和金融产品载体的文字、输入有关业务时所要履行的手续等会有所不同。城市客户、城郊客户、农村客户。城市客户更需要的是多元化的金融产品和服务，城郊和农村客户则主要选择便利的位置。

（2）人口统计细分标准

人口统计细分标准指的是根据人口的特征如年龄、性别、收入、职业和地位来对服务对象进行划分，同组归纳，或者说同组同质化。如根据职业上的差别，金融机构可以把律师、会计师、医生或其他白领阶层选择作为特定的服务对象。而针对购房者提供各种住房信用抵押贷款服务，则是以收入作为根据进行的市场细分。

（3）心理标准

人群的心理特征与所属的社会阶层、生活方式和个性有关。

知识点滴

社会阶层是指人们之间关系有相对的同质性或持久性，按一定等级序列排列的群体集合，每一个阶层成员具有类似的价值观、兴趣爱好和行为方式。因此，不同社会阶层对金融产品和服务的感受是不一样的。较低阶层群体比较喜欢储蓄，因为储蓄账户带来的是切实、具体感受到的价值；其次，不愿意承担风险，倾向能迅速变现的金融产品。社会阶层越高，以投资方式保存财产的可能性越大。他们愿意承担较高风险和较长期限，以寻求较高回报。

客户的生活方式可以表现为追赶时髦，或讲究经济实惠等。为了迎合人们生活方式的差异，中国建设银行推出了量身定做的"精彩人生"系列产品：青少年是"花样年华"品种，公司业务经理是"白领一族"品种,公务人员是"行政精英"品种,海外回国人员是"海外归鸿"品种,老年人是"悠闲晚年"品种。广东发展银行为频繁搭乘飞机往返的商务、公务人员提供"南行明珠信用卡",为喜欢到香港地区旅游购物者提供"旅游购物卡"。

个性是指一个人特有的心理特征,它使一个人对其所处环境作出相对一致和连续不断的反应,常常用自信、支配、被动、顺从、保守、爱冒风险和适应等来描绘。

保守型个性的客户在购买金融产品时总是选择相对安全、可靠、风险小的金融企业及其产品,他们关心的是自身投资的安全,收益则放在第二位。而爱冒险的客户刚好相反,他们更注重投资收益或财产的增值,愿意冒一些风险来换取可观的回报。我国基金市场上有许多不同风格的基金产品,其意在对不同投资者偏好的细分和选取。

2. 工商(社团)的市场细分

商业银行的公司客户,通常按照机构营业额、种类、行业属性、信用等级等进行细分。

（1）营业额细分标准

① 小型企业。年产值或年营业额在 500 万元以下的为小型企业,主要需求为存款及存款组合、担保贷款、抵押贷款、国内结算业务、保管箱业务、信托业务、单位信用卡业务、公司理财、代理业务、代理企业财务等。

② 中型企业。年产值或年营业额在 500 万元到 1 亿元之间,主要需求比小型企业多了国际结算业务、租赁业务,以及代理外汇买卖业务。

③ 大型企业。年产值或年营业额在 1 亿元以上的,和前两者比多了代理股票上市、银行担保、银行表外业务等。

（2）机构种类和行业分类标准

工商行业分类,还可以从产业分工的角度分为三种产业,即第一产业——农业;第二产业——制造业;第三产业——服务业。其中,各个产业又可以进一步划分成分工更细、经营更具体的行业。例如,制造业具体可分为钢铁、电力、交通等基础制造业,机械、化工、汽车制造业,电器设备行业等;服务业可细分为贸易、房地产、通信、餐饮、娱乐、航空、物流、教育、金融和法律、财务咨询等行业。许多商业银行在内部针对自己关注的细分市场,设立与之对应的业务部门,并有研究部门给予宏观、中观的分析研究报告,以及业务发展对策的支持。

（3）信用等级标准

信用等级标准是国际通用的传统划分方法。如将企业作为授信对象划分成 AAA 级、AA 级、A 级、BBB 级、BB 级、B 级等,银行用来掌握对不同企业的授信方式和授信额度,提供相应服务,也可以作为营销的细分市场。

二、目标市场的选择

商业银行的目标市场,是指在市场细分的基础上,被商业银行选定的、准备以相应的金融产品或金融服务去满足核心客户群或主客户群需要的一个或若干个细分市场。

目标市场的选择因不同商业银行、不同环境而异,如有的商业银行把中高层收入者作为目标市场,有的商业银行把老年人作为目标市场,有的把房地产作为目标市场等。但能否选择合适的目标市场会对商业银行的经营活动产生很大的影响。

下面介绍目标市场选择的三种模式。

1. 无差异性目标市场选择

无差异营销选择是指商业银行将产品的整个市场视为一个目标市场，用单一的营销战略开拓市场。采取这种目标市场选择时，只需推出单一的产品和标准化服务，设计一种营销组合战略即可。可口可乐公司在 20 世纪 60 年代以前曾以单一口味的品种、统一的价格和瓶装、同一广告主题将产品面向所有顾客，就是采取的这种战略。（图 11.1 所示为无差异性目标市场选择示意图。

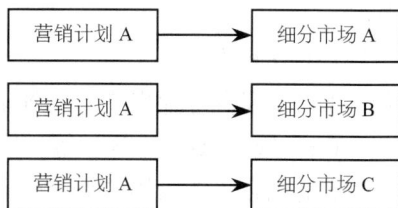

采取无差异营销战略时，银行推销功能单一的借记卡，只需设计密码系统、进行 ATM 布置、发展广泛的特约商户，以单一产品、单一价格、单一促销方式和单一分销渠道就可满足需要。

（1）优点

这种营销战略经营品种少、批量大、市场调研费用低，可降低管理成本和营销支出，有利于用低价格争取客户，具有规模优势。

（2）缺点

这种营销战略的缺点是忽略了同一顾客群不同层次的需求差异，提供的产品与营销手段过于单一，不一定能适应复杂多变的市场需要。无差异营销战略只是适合了细分市场某一最大需要，市场上另一些较小的客户群体的需求未能得到满足。同时，这种营销战略缺乏弹性，难以适应市场的频繁变化。

2. 差异性目标市场选择

差异性市场营销战略是将整体市场划分为若干细分市场，针对每一细分市场制订一套独立的营销方案。比如，服装生产企业针对不同性别、不同收入水平的消费者推出不同品牌、不同价格的产品，并采用不同的广告主题来宣传这些产品，就是采用的差异性营销战略。可口可乐公司针对市场的变化，调整了目标市场营销战略，实施差异化营销。它不仅继续生产销售可口可乐，还针对不喜欢可乐型的消费者推出了芬达、雪碧等不同口味的饮料。产品包装不仅有塑料瓶装，还有玻璃装以及罐装；不仅有小包装，还有大瓶装，甚至还推出水壶式的包装，迎合儿童的需要。图 11.2 所示为差异性目标市场选择示意图。

图 11.1　无差异性目标市场选择　　　图 11.2　差异性目标市场选择

商业银行采取差异性目标市场选择时针对客户投资理财的不同需求，设计了名目繁多的金融产品和服务。如对客户实行差异性营销战略，按客户收入高低、风险偏好、交易总量和频率等，将客户分为 VIP、中档、普通等不同级别，分别享受不同的交易渠道、不同的设备、不同的信息内容和咨询建议。少数高级客户甚至可以享受专家的特别服务。

（1）优点

差异性营销具有明显的优点，因为面对多个细分市场，有多样的产品，能较好地满足客户的不同需求，可增强银行对目标市场的渗透能力，赢得更多的顾客群，从而扩大市场份额。另外，由于商业银行是在多个细分市场上经营，一定程度上可以减少经营风险；一旦企业在几个细分市场上获得成功，有助于提高商业银行的形象及市场占有率，如果失败则只是某一细分市场的退出。

（2）缺点

差异性营销的不足之处主要体现在两个方面：一是增加营销成本。由于商业银行必须针对不同的细分市场发展独立的营销计划，会增加商业银行在市场调研、促销和渠道管理等方面的营销成本。因此，实施此战略的银行应加强对收益成本比的分析研究，一旦发现得不偿失，应减少经营品种，集中资源于优势市场。二是可能使企业的资源配置不能有效集中，顾此失彼，甚至在商业银行内部出现彼此争夺资源的现象，使拳头产品难以形成优势。

3. 集中性市场选择

当商业银行的资源有限时，可考虑集中性市场战略。

集中性市场战略也称密集型市场战略，与以整体市场作为营销目标的差异性营销战略和无差异营销战略不同，它既不面向整个市场，也不把力量散布到若干个细分市场，而是集中力量进入一个或少数几个细分市场，提供高度专业化的产品和服务（如图 11.3 所示）。

这种战略特别适合于那些资源有限、实力不强的中小金融机构。它可将有限的人力、物力和财力资源集中，实行专业化服务经营，以节约成本和支出，在目标市场上占据优势地位。

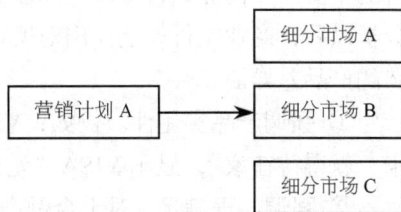

图 11.3　集中性市场选择

示例

美国花旗银行确定的细分市场策略，是成为世界上最大的债券和商业票据交易商，另一些银行则把信贷资金集中在使用短期贷款的商贸企业市场，还有些银行专门针对中长期大型基础设施项目的建设项目市场。美国通用金融公司，专门做以通用车型为主的汽车融资服务，以专业化的汽车金融闻名全球。一些专业性的金融机构往往都倾向集中市场的策略，如信用卡公司、汇兑公司、房地产金融公司、社区信用社等。

（1）优点

集中性市场选择有许多优点，通过对少数几个甚至是一个细分市场进行"精耕细作"，可对目标细分市场有较深入的认识，更能建立特殊的声誉。由于设计、销售和推广的专业化，商业银行能享受许多经营上的规模经济性，往往能获得较高的投资回报率。

（2）缺点

集中性营销的风险相对较大。一是市场区域相对较小，企业发展受到限制；二是因为选择的产品和市场较为集中，一旦该市场发生不利变化，或者突然进入一家新的竞争者（如果回报很高，可能会吸引其他企业进入该市场），金融机构将会因缺少回旋余地遭受重创而难以复原。因此，这也是一些金融机构宁愿退而求其次，采取差异性营销策略的原因，在几个细分市场中作多样性的投入，以分散风险。

三、市场定位

1. 市场定位的含义

目标市场范围确定后，商业银行就要在目标市场上进行定位了。定位就是找位置，就是为自己的产品树立特定的形象，使之与众不同，在目标市场顾客群中形成一个印象。

2. 市场定位的方法

商业银行要对产品定位产生影响力，就要根据客户的需要和客户对金融产品某种属性的重视程度，设计出区别于竞争对手的、具有鲜明个性的产品，让产品在客户心目中找到一个"恰当"的位置。恰当的定位不仅可使商业银行或金融产品为更多的客户所接受和认同，而且能使商业银行充分利用本身的优势和资源，凸显竞争对手的弱点和缺陷，在市场中保持持久的竞争优势。

（1）金融产品定位

金融产品定位首先要确定具体的产品差异，为实现这一点，商业银行要对目标市场竞争者和企业自身情况进行竞争优势分析。对于所设计的金融产品，要考虑产品的差异对目标顾客的重要性、商业银行实施产品差异的能力、所需时间、竞争者的模仿能力等。进行了这些分析以后，商业银行就能作出对所设计的差异应采取的决策，选择那些真正能够增加竞争优势的产品差异。

① 强调产品实用性。例如，VISA 将自己定位于更有效的信用卡，口号是"不带 VISA 卡，就得待在家"，显示 VISA "无论你想去哪里，我们无所不在"。

② 强调心理满足。对于金融产品，可以定位于客户的满足心理，如气派、经济实惠、时尚前卫、显示身份等。

③ 强调价格水平。有的金融产品可以定位于表现不同的价格水平，如高价、低价等。

（2）金融服务定位

鉴于商业银行的特殊性，在价格和产品的竞争中要实行差异化发展并进行定位，一般是不可能像其他行业那样简单和有效。与产品定位有所不同，顾客更容易对商业银行的服务水平进行评价和比较，因此将其服务水平定位于优质和差异性强的服务比利用金融产品来征服客户更为有效。

具体来说，就是商业银行的定位要体现在其提供金融产品的方式、方法与同业的不同上。而这些差别具体地要落实在商业银行的销售渠道和服务渠道的设计、组织机构设置、企业品牌形象、员工服务态度、产品及服务价格策略以及各种公关活动的开展等方面。如"真情服务""贴身服务""身边的银行"等，表达人性化服务态度。

> **示例**
>
> 美国花旗银行作为世界最负盛名的银行之一，它的定位往往体现在服务上，由于其将自身的个人客户定位于高端的顾客，因此，它也相应地提高了服务的质量，与同业银行拉开了距离：顾客无须在营业厅等待，可以边喝咖啡边与客户经理商谈业务，此外花旗银行还会定期为这些高端客户提供酒会等聚会促进彼此之间的业务关系。

（3）金融机构定位

金融机构定位是综合了金融产品定位和服务定位之后，商业银行为自己在行业中、在个人和企业客户心目中所确定的位置。金融产品定位和金融服务定位可以与金融机构的整体定位有所区别，因为对于一些品牌效应过于庞大的金融产品，顾客们似乎已经忘记了它属于哪个金融机构的。但是金融机构的整体定位，确实从这两者的定位中所提炼出来，并根据机构的整体经营战略所确立的。

金融机构的定位可以是行业领导者，也可以是一个区割市场的领导者，甚至还可以是行业的"老二"。商业银行可以采取拾遗补缺的定位，分析金融市场中现有产品的定位状况，从中找出尚未被占有但又为许多客户所重视的空缺位置；商业银行同样可以根据自身的强劲实力与竞争对手展开竞争性的定位，争夺同一个区割市场。因此，金融机构的定位有许多，关键是要抓住定位的实质，在客户心目中形成一个强有力的形象。

第二节　商业银行市场营销策略

商业银行的业务已由卖方市场逐步转向买方市场。如何研究市场，把握市场，引导市场，占领市场已成为商业银行经营管理不可忽视的问题。做好市场营销的基础管理工作、研究市场需求，不断创新银行产品和实施一体化市场营销策略及采取多种促销手段促进银行产品的销售是商业银行实现经营目标求得持续发展之良策。

一、金融产品策略

就像枪炮对于战士的重要性一样，金融产品是金融机构开展营销的武器。商业银行在市场竞争中生存和发展的基础是提供优质的产品和服务。和其他企业一样，银行从事经营是为了满足客户的需求并从中获利。因此，这一目标的实现必须通过提供让客户满意的产品和服务来实现。

（一）同质性金融产品需要建设金融品牌

1. 品牌的含义

品牌是指一种名称、标记、符号及设计，或是它们的组合运用。设立品牌的目的是使客户能够准确辨认商业银行及其金融产品和服务，并使商业银行能与其竞争者相区分和进行产品的市场细分。

2. 名牌策略

商业银行实施名牌策略，可以从创立名牌金融产品和创建名牌金融企业等方面来进行。

（1）创立名牌金融产品。拥有品牌优势的金融产品首先是其数量、质量、规模、效益在同业中必须保持领先地位。金融产品要充分发挥集结资金和融通资金的功能，使自己具有相对稳定和逐步扩大的市场份额。

（2）创建名牌金融企业。名牌商业银行应具备以下基本条件：拥有至少 1～2 个名牌金融产品，在同行业中保持领先地位；拥有可以与世界上主要的金融市场及先进金融企业进行对接的主要业务；拥有比较稳定的和逐步扩大的市场份额，具有一定的时空控制力量；拥有明显的人才优势；拥有明显的特色优势。

（二）无形的金融产品要求提升服务技能

服务是一方提供给另一方的活动或利益，它是无形的，是产品功能的延长，良好的服务可以改善和提高产品本身对消费者带来的满意度。有服务的销售才能充分满足消费者的需要，缺乏服务的产品不过是半成品，因此服务的竞争也可称为二次竞争。这就要求商业银行作为经营特殊商品即金融服务的企业，在业务的推出、产品的设计到实施服务方面都应把客户的利益放在第一位，以市场为导向，以客户为中心。

1. 从客户需求触发金融产品销售

有形产品从客户接触，引发客户兴趣，引导说明产品，处置客户反对意见到最后的成交，都需要随时围绕在客户的需求上，金融产品不同于通常的有形产品，在每一次的营销过中，最侧重的便是营销人员能不能在引导客户进入产品说明前说出：因为我知道你是"这样"的，所以我认为这个产品适合你。

问与答

问： 举出围绕在客户的需求上触发金融产品销售的例子。

答： 因为我知道你是个爱孩子又重视孩子教育的母亲，所以我认为这个子女教育的理财计划适合你。

或是： 因为我知道你很在意股票市场的波动，担心投资会有亏损，所以我认为这个较保守的产品适合你。

当营销人员有能力说出和客户需求相关的"那句话"前，就应该花更多的时间在了解客户、发掘客户的需求这件事情上。通常，客户会为了对自己和家人有利的事情去作改变，但客户更会因为可能危及自己的利益，作出"立即"的改变。为了未来的理想去作理财规划可以称为"明确性需求"，而因为担心利率太低导致自己财富缩水，无法对抗通货膨胀所做出的改变可以称为"隐藏性需求"。这两种需求的创造可以透过客户的谈话和沟通，以问问题的方式引导出来。

如果忽略客户需求的探询过程，在还没有对客户进行认识和了解的建立关系以前就进行产品销售，那么客户会觉得营销人员只是想卖一个他自己想要销售的产品，而不是客户本身需要的产品。当然，这样的结果容易使营销人员面对较多的拒绝问题，也会增加销售的难度！

2. 有效的产品说明是成交的一大关键

在产品的说明上，营销人员必须把握以下三个重点。

（1）产品的特色（features）：简单来说，就是这个产品的条件，其中包含了时间、收益率、风险属性、投资标的、流动性等。

（2）产品的好处（advantages）：指产品可以带给客户的好处。比如说，可以对抗通货膨胀，可以降低投资组合的风险，可以增加报酬，可以让资产配置更完整、更有效率等。

（3）产品的利益（benefits）：指产品本身和客户需求可以联结的优势，也就是说，透过产品本身可以满足客户的特定需求。

3. 不逃避客户的反对意见

客户的抱怨是天使的声音，同样的，客户的拒绝就是购买的初期讯号。作为一个营销人员，心理状态的建立是最重要的，把客户的拒绝和反对意见当成是销售流程的一环，就不会害怕，更不会去闪躲客户的拒绝。要去思考的是，客户反对意见不一定代表他不会购买，而只是不清楚它是不是真的需要拥有这个产品本身。所以，处理反对意见的第一步就是先克服心理障碍。

如透过每周业务会议的时间，针对特定的产品进行分组演练，在演练时要求从客户角度提出拒绝问题，把练习时处理拒绝问题的方式记录下来，编辑成一系列的反对问题话术特辑。然后再将成品与所属销售人员分享。

二、价格策略

和市场上许许多多的产品一样，银行产品的价格也会因产品的不同而不同。银行产品的定价问题，关系到银行产品是否受到消费者青睐，也关系到商业银行在推销金融产品后，能否获得相关利益和一定的市场，是决定商业银行盈利和发展的重要问题。

不同的客户风险不同，对银行的利润贡献不同，如果不同信用等级和不同抵质押担保方式的客户定价差异不明显，在价格中没有充分体现风险因素；优质客户与劣质客户之间、老客户与新客户之间没有明显的价格倾斜，产品价格不具有扶持优质客户、淘汰劣质客户、挽留老客户、培养客户忠诚度的功效，那么银行必然在竞争中处于被动的处境，并逐渐流失优质客户。

（一）对客户贡献度分析和客户产品使用分析

1. 基于客户贡献度和产品使用分析

通过计算存款、贷款以及中间业务的 EVA（economic value added，又称经济增加值）管理，从而计算出该客户的贡献度。在计算存款 EVA 时，主要考虑存款利率、运营成本和资本占用成本，用存款利差与存款日均余额的乘积计算存款 EVA。在计算贷款利率时主要考虑运营成本、风险成本和资本占用成本。

2. 客户使用产品分析

对客户使用产品进行统计、归纳。

（二）通过客户细分采取相应的价格策略

按照盈利能力和产品使用情况的差异，可将客户分为以下三类。

（1）核心（长期）客户。使用多种产品，和银行有长期稳定的关系，银行盈利度好。为银行带来 80% 盈利的 20% 优质客户。

① 客户对银行的产品服务熟悉，运营成本低。

② 银行对客户的风险了解清楚，风险成本低。

③ 客户对价格的敏感性低，愿意购买高利润的辅助产品，客户对银行的依赖程度高，客户流失率低。

策略：考虑优惠政策，提供客户化服务，保持和客户的长久关系。

（2）战略客户。使用单一产品，交叉销售潜力大，银行盈利有增长空间。一般占比 60%。
策略：产品定价的核心是引导和培育战略客户成为核心客户。

① 以核心客户对银行产品使用为模板，深入了解客户生命周期中的需求，寻求潜在的交叉销售机会。

② 以单一产品为引导，采用动态定价，培养和客户多产品、多渠道的关系，建立长期的盈利计划。

（3）非目标客户。以方便为目的，交易频繁，资源占用大，月余额少，银行盈利度差。为银行带来亏损的 20% 最差客户；资源占用率高，排挤优质客户。策略：产品和服务标准化，降低客户对资源的占用，控制运营成本；减少优惠政策；加强市场营销的针对性。

三、渠道策略

分销渠道指商业银行把金融产品和服务推向客户的手段和途径。

在初期的金融服务营销中，分支机构是主要的分销渠道，甚至是唯一的。随着金融业中诸如政策、信息技术、竞争、产品创新等各种因素的变化，金融服务的分销渠道也越来越复杂化和多元化。总的来说，主要包括直接分销渠道和间接分销渠道。

（一）银行直接分销渠道

银行直接分销渠道是指银行将服务直接售给最终需求者，不通过任何中间商。

直接分销渠道能够及时地从与客户的接触中了解客户的需要以及其变化、客户满意与否，从而做出调整，更有针对性地向客户提供个性化的服务。

1. 营业点柜台渠道

柜台渠道是银行直接销售产品和服务的主要场所，分为高柜和低柜。在现今情况，传统柜台仍是一个重要渠道。同时柜台人员可以为一些客户提供他们所需要了解的讯息。

一般来说，高柜主要是办理现金业务，主要是针对个人客户。比如说存取款、同行汇款、办卡、开网银、挂失等业务；低柜主要是办理非现金业务，主要是针对对公客户，一般不与现金打交道，比如开立对公结算账户、办理对公转账业务、投资理财等。

2. 上门服务

一般是对高端客户提供专职的客户经理服务，或者对有困难的客户提供上门服务。

（二）银行间接分销渠道

银行间接分销渠道是通过中间商（或中间设备）来为客户提供产品与金融服务。

1. 自助银行

随着银行卡业务的发展，自助银行已成为衡量商业银行现代化水平的重要标志之一，也是商业银行展示形象、服务社会的重要窗口。以大中城市为重点区域，实现新增自助银行与网点结构调整相配合。

走进任何一家自助银行，你都会发现里面至少有 3 台机器，一般来讲是自动提款机、自动存款机、多媒体查询机、存折补登机、外币兑换机等 12 种。

自助银行不仅能节省银行营业网点开设的成本，还能以其特殊的服务功能和服务效果迅速扩大其影响和服务范围，实现自助银行 24 小时全天候规模化经营。一方面客户可以自由使用和操作自己所需要的服务，而不用在银行里排队；另一方面也可缓解银行的服务压力。

2. 网上银行

随着电子商务引入我国，人们对网上银行和网上支付产生了强烈需求。网上银行业务可以提供转账、外汇买卖、证券业务、在线支付、账户管理、代缴费用、个人理财等一系列功能。首先，网上银行不受时间和空间的限制，能够使银行全天候地与全球任意一个营销对象联系；其次银行可以在网上向全球宣传本银行以提高知名度；再次，网上银行可以简化交易过程。

3. POS

销售终端——POS（point of sale）。作为 ATM 的延续和发展的 POS 是直接装在商店等消费场所里，与银行连接供客户购买产品或服务时自动支付的设备。

POS 机可提升商户品位和形象，帮助商户在激烈的市场竞争中树立优势；银行可以节省人力和物力，减少商户清算现金、交存银行等环节，增加资金周转速度；同时，方便消费者的购物消费结算，方便快捷，并且能刺激大额采购和冲动性购物，增加商户营业额；实现三家共赢。

4. 手机银行

手机银行结合了货币电子化与移动通信的功能，具有手机理财、手机支付及手机电子商务等功能。手机银行不仅能使人们在任何时间、任何地点处理多种金融业务，而且丰富了银行服务的内涵，使银行以便利、高效又较为安全的方式为客户提供服务。例如，荣商银行不断创新，推出了一系列新一代手机银行产品，包括 iPhone 版、JAVA 版、Mobile 版、网页版、WAP 版等，以满足客户的多种需求，倾力打造新一代移动金融生活平台，为客户提供更多形式的服务。

微信银行是手机银行的一种更新。微信 5.0 版本的推出，使得客户可以直接实现线上支付功能，其所蕴藏的巨大商机让各方高度关注。同时使用更为温馨的话语来与客户进行沟通并解决问题。

其次，手机银行须同时经过 SIM（Subscriber Identification Module，客户识别模块）卡和账户双重密码确认之后，方可操作，安全性较好。

手机银行有庞大的潜在用户群；其次，手机银行须同时经过 SIM 卡和账户双重密码确认之后，方可操作，安全性较好；再次，手机银行实时性较好，折返时间几乎可以忽略不计，

5. 电话银行

电话银行是通过电话这种现代化的通信工具把用户与银行紧密相连，使用户不必去银行，无论何时何地，只要通过拨通电话银行的电话号码，就能够得到电话银行提供的服务（如往来交易查询、申请技术、利率查询等）。

开展全国统一的客户服务中心，统一对外服务的形象，有助于进一步协调服务机构的内部管理，为客户提供 24 小时的电话、传真、E-mail 和网上客服等多渠道、全方位现代金融服务的多媒体客服中心和一体化电话银行系统。

四、促销策略

银行促销是指银行为开拓资金融通渠道，扩大资金融通范围，鼓励购买或销售产品和服务所采取的各种刺激手段和方法。

（一）人员促销

人员促销是指商业银行营销人员以促成销售为目的，通过与客户进行言语交谈，来说服其购买金融产品和服务的过程。由于金融产品和服务的复杂性和专业性，尤其是在新的产品和服务不断涌现的情况下，人员促销已成为金融产品和服务销售成功的关键因素之一。

商业银行的促销人员可以是固定人员、流动人员、投资顾问或经纪人。人员促销可以采取座席销售、电话、拜访、研讨会、路演、讲座和社区咨询活动等形式。

1. 柜台服务

银行产品和服务较之一般产品更为专业和复杂，因此营销人员要熟悉银行业务范围、产品和服务特色及交易程序等，否则促销工作难以推动。

（1）"微笑＋站台"是传统的促销模式，服装整洁是最好的介绍函，外表的形态足以构成你在别人心目中的形象，所以柜台服务人员要统一正装工作，展示职业化、专业化。

（2）注重外表的同时还要加强个人的文化素养，要增强服务人员的素质和技能培训，培养热情、真诚的良好气质。在通过与客户的交流中，尽力做好顾客的需求工作，"客户至上"观念贯穿整个营销过程。

2. 客户经理团队

银行客户经理有零售客户经理、信贷客户经理、理财经理、对公客户经理、产品经理和大堂经理等。

银行的客户经理主要是做银行业务的营销工作，包括到银行柜台外进行个人客户的储蓄存款营销；对企业、事业法人单位的对公存款进行营销；对个人贷款，企业、事业法人客户的贷款进行营销；对票据贴现业务进行营销；营销记账式国债、凭证式国债、基金、代理保险等理财业务。

商业银行要选择和培训客户经理，加强其对金融信息的掌握和积累，客户经理团队要分工明确，各司其职。主要应做好以下工作：与客户进行联络与沟通，及时理解客户需求及其需求的变化，为顾客提供个性化的金融服务方案，以及开拓新客户。对于高端客户，客户经理可以为客户"量身定制"各种金融服务。如理财产品组合，提供丰富的外汇、基金、证券专业投资资讯，以及为客户进行中长期的专业理财规划。

（二）广告

1. 广告的含义

广告，即广而告之之意。广告是为了某种特定的需要，通过一定形式的媒体，公开而广泛地向公众传递信息的宣传手段。

2. 金融广告的实施步骤与策略

（1）明确的主题

① 以宣传金融产品为目的

金融产品广告由于金融产品自身的特点，容易引起人们注意，并成为客户的购买理由，以此作为广告宣传的主题，可以起到促销作用。

② 以金融机构形象广告为目的

金融机构形象广告则是为了在广大客户心目中树立有利于金融机构长期发展的良好声誉，以期获得金融客户的信任感与安全感。即通过扩大商业银行知名度，提高其信誉度，给客户留下值得回味的亲切形象，以使客户成为"回头客"。

③ 金融产品广告和金融机构形象广告应互相补充

当金融机构形象广告引起客户的注意和兴趣后，商业银行应趁热打铁，运用金融产品广告及时向客户介绍能为其带来收益的各种金融服务，因为企业形象广告必须以金融产品和服务为其基本内容，而金融产品广告所推出的产品与服务又必须以良好的机构声誉作为前提和保证。

（2）明确对象

为了达到广告效果，商业银行在设计广告和内容时，必须了解分析有兴趣购买产品的个人、家庭或组织的类型，并且要判定谁能作出购买决策。由于对象不同，商业银行在选择广告媒体、进行内容设计时应作相应的调整，如果不区分客户对象（例如以社会公众为宣传对象）或仅在专业刊物上做广告是难以引起目标客户注意的。

（3）提出构思

① 金融广告的构思首先要具有说服力

通过直接指向宣传对象的切身利益，来表明金融产品和服务将使宣传对象获得实际利益。

商业银行通过扼要地阐明其所提供的产品和服务，来使客户有明确的选择。例如，把本地区办理某一金融业务的营业网点地址刊登在广告内，将极大地便利客户的选择。

② 要富有创意

广告效果在很大程度上取决于广告创意。以前，金融界不太愿意采用有新意的广告内容，某些金融界人士甚至认为金融机构必须表现出传统稳重的形象，标新立异的广告宣传会有损于金融机构形象。然而，随着公众兴趣和认识态度的转变，创意性广告已成为塑造金融机构形象的有效手段。现在大多数客户都把创意性广告与企业创新精神等同看待。

示例

美国圣保罗联合银行在《芝加哥论坛报》上刊出一则广告，标题用语是 WHAT GOES UP MUST GO HIGHER（追求高效），并且下面还有一个大字：GUARANTY（保证）。原来美国有一句谚语：WHAT GOES UP MUST COME DOWN，意思"上去的必然下来"。这里却反其意而用之，"上去的必然更上去"，即暗指存款利率上去更上去，而且有"保证"，怎么会不吸引人呢！

③ 要设计好广告语

广告用语是广告的灵魂，应具有较深的内涵，既要含蓄又要独创，才能令人耳目一新。寓意深刻的广告语，能给人留下意犹未尽、回味无穷的美好印象。美国金融机构十分重视广告语，各类金融广告都有生动醒目的标题，借以打动公众。

示例

1．有一则银行广告的标题是：YOUR MONEY HAS NEVER GONE THIS FAR，这句话有类似"积小钱，办大事"的含意，可谓神来之笔。当画龙点睛般极富个性的广告语深深印在客户脑海中时，这些金融机构的形象也就随之铭刻于客户心中了。

2．美国国民银行推出"保值定期储蓄"新产品，它的广告语是："过去不总是将来的预见者"，意思是人无远虑必有近忧。这种存款 18 个月的利率为 5.26%，高于一般的 2 年期利率。这则广告颇有规劝你有备才能无患的深长意味。

问与答

问：以下金融广告策略突出宣传了什么？

1．有这样一则广告：OPEN A CDONCE AND WE'LL PAY YOU TWICE（开一次定期存款，我们付你两次红利）。该种储蓄产品存期 9 个月的利率为 4.7%，外加在开户时先付 0.25% 的红利，到期后你决定续存时，再付一次 0.25% 的红利，以示优惠。

2．在美国旧金山街头有一幅摄影广告，题为：You are in good hands（你在一双手的呵护中）。那是一家保险公司的广告，画面中央是一双稳健有力的男性之手，小心翼翼地捧着一颗心形钻石，背景是一片幽兰，隽永的意境尽在不言中。又如，美国北方信托银行的广告标题是：TRUST NORTHERN，I DO AND YOU SHOULD TOO（相信北方银行，我做你所需要的）。

答：

1．金融产品。

2．宣传金融机构形象（如何满足客户需要的承诺，以示该银行的真诚）。

（4）选择媒体

广告媒体是指广告信息传播的载体。其主要分为印刷媒体，如报纸、杂志、书籍等；电子媒体，如电视、广播等；邮寄媒体，如产品说明书、宣传手册、产品目录，服务指南等；户外媒体和其他媒体。四大媒体是指广播、电视、报纸、杂志，其他媒体是指户外、邮寄等。

（5）评估预算

广告促销活动除了传播信息、吸引客户外，还必须关注广告宣传的成本和收益。由于在产品广告中，这种联系体现得更为显著，因而商业银行大多采用产品广告方式；而在形象广告中，这种联系效应则还难以测定。

（三）营业推广

1. 营业推广的含义

营业推广是企业为了刺激需求而采取的促销措施，即利用各种刺激性促销手段吸引新客户以及回报老客户。

2. 营业推广的主要方法

（1）赠送礼品

赠送礼品是商业银行运用较多的促销方法之一。例如，在吸收存款、办理信用卡以及新设分支机构开业典礼时赠送礼品，或是为了鼓励长期合作而向老客户赠送礼品等。

（2）有奖销售

有奖销售主要用于储蓄、信用卡购物等方面。

（3）免费服务

当金融市场竞争加剧时，为了推广业务、招揽客户，金融机构往往会采取免费服务的促销方法，例如信用卡持有者免付会员费等。

（4）陈列展示

金融机构通过实物展示、展板解说等形式来吸引客户购买。

（四）公共关系促销

1. 公共关系的含义

公共关系促销是通过一系列活动，向客户传递理念性和情感性的银行形象以及金融产品和服务的信息，从而改善银行与客户的业务往来关系，增进公众对银行的认识、理解与支持，树立良好的企业形象。

公共关系促销是一门追求良好企业形象的艺术，其具体包括产品形象、服务形象、员工形象、外观形象的风格与特征。良好的企业形象会给金融机构的发展带来巨大的助力，能为机构赢得更多的客户和市场。

2. 商业银行开展公共关系促销的方法

（1）通过新闻媒体宣传机构形象

商业银行通过与新闻界建立良好关系，将有新闻价值的相关信息通过新闻媒体传播出去，以引起社会公众对金融产品与服务的关注。报纸、杂志、广播、电视等新闻媒体是金融机构与社会公众进行沟通、扩大影响的重要渠道。新闻报道在说服力、影响力、可信度等方面要比商业广告所起的作用大得多，也更容易被社会公众所接受和认同。当然，只有商业银行不失时机地策划出价值高、可予报道的新闻，才能引起新闻媒体的关注，成为传媒追逐的热点。

（2）积极参与和支持社会公益活动

社会公益活动是一种深入承担社会责任的活动，商业银行对公益事业的热情能赢得社会公众的普遍关注和高度赞誉，可以最大限度地增加营销机会，现已成为它们开展公关促销的主要方法之一。

（3）与客户保持联系，相互增进了解

商业银行应主动与客户保持沟通联系，通过诸如个别访谈、讲演、信息发布会、座谈会、通信、邮寄宣传品与贺卡等方法，促进客户对机构的了解，从而使其形象能长期保留在客户的记忆中。这种公关促销活动对维系老客户、吸引新客户具有良好的作用，尤其是对于稳定老客户作用更大。

补充阅读

阿厉克斯的危机公关

因贷款给破产的跨国公司，美国第一商业银行将蒙受巨大损失。在泰勒斯维尔，由于当地分行储户十分担心银行倒闭，遂纷纷前往挤兑存款。当地分行的门口出现了长龙一般的队伍。为了应急，总行决定，将2000万美元的钞票送往泰勒斯维尔。数辆满载美钞的卡车驰往泰勒斯维尔——总行副行长阿厉克斯迅速赶到现场，作了一次漂亮的公共关系宣传。

"女士们、先生们"，他的声音铿锵有力、清晰洪亮，"我知道，你们有人担心我们今晚会停止营业。这没有必要。我现在郑重声明：为便于本行及时办理兑款，我们将延长营业时间，直到把大家的事办完为止。"此时，人群中传出了表示满意的嗡嗡声和自发的鼓掌声。他的这一公关显然赢得了储户的好感。

"然而，我想告诉你们的是，周末你们不能将大笔钱放在身上或置于家中：那是不安全的。因此，我建议你们将从本行取出的存款存入你们选择的另一家银行。为了帮助大家，我的同僚奥塞女士正在打电话与其他银行联系，请他们延长营业时间，以便为大家提供存款服务。"人群中又传出了表示赞许的嗡嗡声。人们从心里感谢这位为他人着想的副行长。

一会儿，阿厉克斯宣布："我被告知，已有两家银行同意了我们的请求。其他的正在联系。"这时，人群中传来了一个男子的声音："您能推荐一家好的银行吗？""可以。"阿厉克斯回答道。"我本人的选择是美国第一商业银行。它是我最了解的一家，也是我觉得最有把握的一家。它开办时间长，且享有良好声誉。我只希望大家都有同样的感觉。"他的声音中带有一点激动的感情色彩。

阿厉克斯的后面站着一对刚兑完现款的老夫妻。那男的接过阿厉克斯的话头说："过去我也这样认为。我妻子和我在第一商业银行的存款时间达30多年。现在觉得贵行有点糟糕，所以把钱取出来了。"

"那又为什么？"

"传言很多。无风不起浪，总是事出有因哪。"

"这里向大家说说真相，"阿厉克斯说，"因为原先贷款给跨国公司，我行所以蒙受损失。但本行可以承受得了，也将承受住。"老人摇摇头。"如果我还年轻，又在供职，也许我会如你所说的去冒险一次。但在那里面的，"他指着妻子的购物袋，"是我们至死所能剩下的所有钱。这笔钱不多，甚至还不及我们当年挣钱时一半顶用。""通货膨胀打击了像你们一样最辛勤工作的善良的人们，"阿厉克斯说，"但不幸的是，你存款的银行将无能为力。""小伙子，那我问你一个问题：你若是我的话，这笔钱是你的，你难道不会像我现在这样做吗？""会，"他坦率地承认，"我想我会的。"老人感到惊讶，"不管怎么说，你还算诚实。刚才我听你建议我们说另一家银行去。我表示赞同。我想我该到另一家去。""等一下，"阿厉克斯说，"您有车吗？""没有。我就住在离这不远处。我们步行去。""不可以这样带着钱走，这样你可能遭到抢劫。我让一人开车送你们到另一家银行去。"阿厉克斯说着就招呼罗兰·文莱特过来。"这是我们的安全部长。"他告诉那对老夫妻。"很高兴亲自开车送你们去。"文莱特说。"你会那样做吗？我们刚刚将钱从贵行取出呀！"老人问道。"这也是我们的服务范畴。"阿厉克斯说，"除此之外，你与我们在一起 30 年了，我们也应该像朋友一样分手才对呀。"阿厉克斯将老人当作老朋友，老人自然高兴了。老人停下了脚步。"也许我们不必分手了。让我再问你一个问题。你已经把真相告诉我了。可你也知道我们年纪大，这些钱对我们意味着什么。我们将钱存在贵行安全吗？"经过短暂的数秒钟的思考，阿厉克斯干脆而又自信地回答道："我保证：绝对安全。""嗨，真见鬼，弗雷达！"老人对妻子说："看来我们是虚惊一场了，我们再把这些钱存回去吧。"老人重新将钱存入银行后，取款的人群很快就散了。银行仅比平时晚了 10 分钟关门。由于阿厉克斯妥善机灵地处理了泰勒斯维尔分行发生的事情，其他分行没有跟着出现挤兑现款的现象。

阿厉克斯这次成功的宣传，挽救了美国第一商业银行。

第三节　营　销　策　划

营销策划是对营销活动的设计与计划，而营销活动是企业的市场开拓活动，它贯穿于企业经营管理过程。因此，凡是涉及市场开拓的企业经营活动都是营销策划的内容。

一、营销策划的含义

营销策划是为了完成营销目标，借助科学方法与创新思维，立足于企业现有营销状况，对企业未来的营销发展做出战略性的决策和指导，它带有前瞻性、全局性、创新性和系统性。营销策划适合任何一个产品，包括无形的服务，它要求企业根据市场环境变化和自身资源状况做出相适应的规划，从而提高产品销售，获取利润。

关于策划。策是指计策、谋略，划是指计划、安排，连起来就是：有计划地实施谋略。通常需组织者因时、因地制宜，集天时、地利、人和于一体，整合各种资源而进行安排周密的活动。好的策划，能环环相扣、前后呼应。策划可大可小，时间可长可短。

营销策划是一种运用智慧与策略的营销活动与理性行为，是为了改变企业现状，达到理想或目标，借助科学方法与创新思维，分析研究创新设计并制订营销方案的理性思维活动。这是为实施营销目标而对营销策略进行实际运用的活动，是营销管理全过程的重要组成部分。

二、营销策划的原则

1. 全局性

营销策划要具有整体意识，从企业发展出发，明确重点，统筹兼顾，处理好局部利益与整体利益的关系，酌情制订出正确的营销策划方案。

2．战略性

营销策划是一种战略决策，将对未来一段时间的企业营销起指导作用。

3．稳定性

营销策划作为一种战略行为，应具有相对的稳定性，一般情况下不能随意变动。如果策划方案缺乏稳定性，朝令夕改，不仅会导致企业营销资源的巨大浪费，而且会严重影响企业的发展。

4．权宜性

任何一个营销策划都是在一定的市场环境下制订的，因而营销方案与市场环境存在一定的相互对应的关系。当市场环境发生了变化，原来的营销方案的适用条件也许就不复存在了。

5．可行性

无法在实际中操作执行的营销策划方案没有任何价值。营销策划首先要满足经济性，即执行营销方案得到的收益大于方案本身所要求的成本；其次，营销策划方案必须与企业的实力相适应，即企业能够正确地执行营销方案，使其具有实现的可能性。

三、营销策划的步骤

营销策划的核心是组合策划的各要素，最大化提升品牌资产，因此，要通过营销策划高效创建强势大品牌。关键要做好以下工作。

1．明确营销目标

策划是为了实现营销目标的计划，因此其目的性是非常强的，因此必须明确营销目标和方向，并且按照这个目标去设计出具体明确的行动方案。

2．收集信息并分析资料

信息是策划的基础，没有信息就不能策划，所以收集信息非常重要。应收集更多高质量、有价值的信息，这对营销策划非常重要。

3．制订准确的策划方案

制订出准确的策划方案，是营销策划的重要部分。在这个过程中需讲究策划方案的创新性，加大创新力度。

4．推出策划方案

策划方案编写完成后，要提交给上级主管或委托客户，由其审议通过。这一阶段的主要任务是：向上级或委托人讲解、演示、推介策划的方案。再好的策划方案，如果不能被对方理解采纳也是无用的，因此推出策划方案也是策划的一个重要环节。

四、营销策划书的基本内容及格式

营销策划书是企业根据市场变化和企业自身实力，对企业的产品、资源及产品所指向的市场进行整体规划的计划性书面材料。

所谓："人要衣装，佛要金装。"一份条理清晰、版面活泼的营销策划书，对于提高说服力和接受度有极大的帮助。营销策划书没有固定的格式，但却有必备的项目或条件，以及构思、表现等方面的技巧。

（一）营销策划书的基本内容

营销策划书要体现的基本内容可概括为 5W、1H、1E。即执行什么策划方案？谁执行策划方案？为什么执行策划方案？在何处执行策划方案？在何时执行策划方案？如何执行策划方案？要有看得见的结论和效果。

营销策划书有如下四个基本要素。

1. 市场环境分析

进行市场环境分析的主要目的是了解产品的潜在市场和销售量，以及竞争对手的产品信息。只有掌握了市场需求，才能做到有的放矢，减少失误，从而将风险降到最低。

2. 消费心理分析

只有掌握了消费者会因为什么原因、什么目的去购买产品，才能提出针对性的营销创意。目前的营销大多是以消费者为导向的，根据消费者的需求来制造产品；但仅仅如此是不够的，还应对消费能力和消费环境进行分析，这样才能使整个营销活动获得成功。

3. 产品优势分析

这里的产品优势分析包括本品分析和竞品分析。只有做到知己知彼，才能战无不胜。在营销活动中，本品难免会被拿来与其他产品进行对比，如果无法了解本品和竞品各自的优势和劣势，就无法打动消费者。营销的目的也是如此，通过营销手段，让消费者了解到本品的优势，进而产生购买欲望是营销活动中重要的环节。

4. 营销方式和平台的选择

营销方式和平台的选择既要考虑企业自身情况和战略，同时还要兼顾目标群体的喜好。

（二）营销策划书的格式

（1）封面。列明以下内容：呈报对象，文件种类，策划名称（策划主题、副标题），策划者姓名及简介（小组名称，成员名称：单位、职称和姓名），策划制作年、月、日，编号及总页数。

（2）目录。

（3）策划目的（前言）。

（4）内容的简要说明（策划摘要）。

（5）策划内容的详细说明（策划的背景、动机，环境分析，目标，营销策略等；是策划书的正文部分，表现方式应简单明了，使人容易理解，形式：文字、照片、图片、统计图或表等）。

（6）策划费用预算。

（7）策划实施时的步骤说明以及计划书（时间、人员、操作等的计划表）。

（8）策划的预期效果（使用资源、预期效果及风险评估）。

（9）对本策划问题症结的想法。

（10）可供参考的策划案、文献、案例等。

（11）如果有第二、三备选方案，列出其概要。

（12）实施中应注意的事项。

注意：当项目相对简单时，有（1）～（6）项就可以了。如果为了实施简便，可把（7）和（8）加进去。如果要更详细地说明，（9）～（12）就有必要加进去。

补充阅读

于洪区永安村镇银行营销策划书

营销策划：于洪区永安村镇银行长江支行市场部

主策划人：陈玉璞、韩宗英

目　　录

序文···1

于洪区永安镇银行长江支行发展现状和前景预测···········2

于洪区永安村镇银行长江支行的竞争分析·················4

于洪区永安村镇银行长江支行的营销策略·················7

于洪区永安村镇银行长江支行营销预期目标···············8

于洪区永安村镇银行长江支行营销效果评价及建议·········9

与辽宁金融职业学院合作营销活动时间安排···············9

营销成本控制···10

控制应变措施···10

附录···10

序文

目前，存款利率即将放开，存款保险制度就要出台，客户对利率会更为敏感，人们的风险意识也在增强，银行竞争将更加激烈，中小银行面临更大挑战。

为应对中国金融市场的制度规则、行为方式及利益格局的变化，转变于洪区永安村镇银行长江支行经营方式，提高核心存款规模，扩大渠道营销力度，增强经营的稳定性，为实现总行提出的建设社区银行的长远目标打下扎实基础，我们特制订本营销方案。

1. 本方案的指导思想是通过营销活动的调查、分析、实施、评价、总结，支行统一设计调查提纲，找出成功可复制营销模式，以此与周边社区建立长效机制，提高周边社区居民在于洪区永安村镇银行长江支行存储行为的黏性。

2. 本方案主要涉及内容和解决以下问题：

（1）于洪区永安村镇银行长江支行发展现状和前景预测；

（2）于洪区永安村镇银行长江支行的优势劣势及机会、威胁分析；

（3）于洪区永安村镇银行长江支行的营销策略；

（4）于洪区永安村镇银行长江支行与大学生的营销活动方案。

于洪区永安村镇银行长江支行营销

策划书

一、于洪区永安村镇银行长江支行现状和未来前景预测

（一）沈阳市于洪区永安村镇银行长江支行地理位置

沈阳市于洪区永安村镇银行长江支行坐落于陵西街道的中心区域。

陵西街道位于皇姑区黄河大街以西，怒江北街以东，泰山路以北至三环的区域范围内，下辖21个

社区，总人口 20.7 万人，是于洪区人口最多的街道，也是最靠近市区的区域，经济、交通相对发达。（见图 11.4）。

图 11.4　于洪区永安村镇银行长江支行地理位置

沈阳于洪区永安村镇银行长江支行自成立以来，在短短的 3 年时间里，立足于洪，深入到乡镇，面向三农，服务小微企业、个体工商户及城乡居民，充分发挥"小、快、灵、优"——"支持小微、办事快捷、政策灵活、服务优质"的经营特色。办理各项存贷款、资金结算、现金管理、委托代理等业务，以及为客户提供个性化、专业化的金融服务。

（二）沈阳市于洪区永安村镇银行长江支行存在现状

沈阳于洪区永安村镇银行长江支行方圆 1000 米的区域，有 5 家商业银行：建设银行、盛京银行、农商银行、交通银行、工商银行，且集中分布在于洪永安村镇银行长江支行附近。

多年来这些银行已经积累了大量的现实客户和忠诚客户，并且，其业务多数限于储蓄、结算、信用卡等，与长江支行业务雷同，规模相近，同质化严重，分流了长江支行的储蓄、结算、信用卡等常规业务。

截至 2014 年 7 月 31 日，长江街支行时点存款合计 39 121 万元，其中对公存款 29 901 万元，占全部存款的 76.4%；个人存款 9220 万元，占全部存款的 23.6%；借记卡发卡 1664 张，占计划发卡数的 16.6%；POS 机布放 15 个，占全年计划数的 1.9%。从以上数据可以看出，储蓄存款稳定性差，增长乏力，占全部存款的比重偏低，存款质量不高，存款结构亟待调整改善；个人储蓄存款的工作薄弱也从渠道建设的滞后表现出来，特别是发卡量和 POS 机布放量较少，直接影响着个人储蓄存款的规模。

（三）沈阳市于洪区永安村镇银行长江支行未来前景

机遇和挑战并存，优势和劣势同在，永安村镇银行凭借"因事而异""因人而异"的灵活机动的经营理念、金融服务上的信贷成本优势，始终坚持"老百姓的银行、小微企业的银行、民营企业的银行"的定位，成本和服务的优势必将使其在银行业的竞争中突围而出，成为银行界的"巨无霸"。

二、于洪区永安村镇银行长江支行竞争分析

（一）优势分析

相比大型银行机构可以依靠现有的规模、技术以及物理营业网络节点保持发展优势，中小银行经营管理体制、经营方式、特色服务等方面更"接地气"，沈阳于洪区永安村镇银行由知名的商业银行发起设立，具有非常成熟的城乡金融服务经验；而股东在沈阳经济区总部银行的独特背景，让于洪永安村镇银行对本地区公众和企业的特点了如指掌；由于民营资本的参股，使其与民营经济、小微企业更加贴心、更加理解它们的需求；有于洪区政府的注资，与当地政府的关系更紧密，能享受当地政府的政策扶植；而坐拥于洪区 CBD 和行政中心，又处于市区内繁华地段的地理优势，让于洪永安村镇银行迅速辐射于洪全境，链接沈阳财富动脉，成为城乡金融服务业的重要力量。

1. 信息优势

（1）信息搜集深度上的优势。于洪区永安村镇银行坐落在于洪区，和与其有着业务往来的中小企业或其他潜在客户处于同一地区，有着相同的金融环境，因此在信息收集的时间和空间上都占有优势。另外由于处于同一地区，银行客户经理也有可能与客户的利益相关者有着密切关系，了解程度较深，业务关系稳定；银行除可通过正常途径获取企业经营信息外，还可以利用客户经理的丰富人际关系从企业获取更有价值的"软信息"，从而为银行的信贷决策提供强有力的依据。

（2）信息激励优势。银行客户经理在经营目标的驱动下，或由于与目标客户的利益相关者存在人脉关系，其工作积极性高，能主动搜集到含金量较高的企业信息。

2. 效率优势

于洪区永安村镇银行是一级法人单位。在战略决策经营、思路上具有自主权。总行就在于洪区，无论多复杂的决议都不用出市区。比大银行更具有经营灵活、对市场变化反应快、决策迅速的特点。对资金需求迫切的企业来说能形成强大吸引力。

3. 地域优势

从网点设置上看，大型银行在规模较大的城市都设有分支机构，其目标客户也基本锁定在盈利能力较强、具有一定规模的大公司，而很少顾及农业和偏远的乡村地区。于洪区永安村镇银行走进社区，利用其灵活的机构设置更好地为居民服务，赢得了基层老百姓较高的美誉度。

4.费用优势

于洪区永安村镇银行在服务收费上相对于大型银行要低很多，相对较低的资金占用，更有利于客户的资金运转，因此大大提高了中小银行对客户的吸引力。

（二）劣势分析

1. 规模劣势

于洪区永安村镇银行注册资金 10 000 万元，资金规模较小，无法有效满足大型集团客户的资金需求，从而很大程度上对这些优质客户忍痛割爱。

2. 金融创新能力弱

较大型的新产品开发基本需要采取外包给专业公司的方式，使得单位开发成本高，一旦新产品的市场未达到预想的规模，就会出现较大的新产品开发风险。上马一个项目成本太高，譬如银行卡业务，而由于业务规模小网点少，开发银行卡业务的成本无法分摊，只能自己承担，因此不敢创新银行产品。

（三）机会分析

1. 地方政府的支持

政府是于洪永安村镇银行的股东之一，为促进于洪区地方经济发展，于洪区政府很希望于洪区永安村镇银行不断发展壮大，因此，于洪区永安村镇银行容易得到于洪区政府相应的保护和支持。比如于洪区政府掌握的资金大多存于于洪区永安村镇银行，比较优质的基础设施项目贷款由永安村镇银行来实施，于洪政府可以干预控制的金融服务项目如代发工资、代收水电费等也大多落户于于洪区永安村镇银行。

2. 农村资金供给不足

建设新农村的任务概括起来主要有两项：一是推进现代农业建设，二是大力发展农村公共事业。

两项建设事业的顺利进行，都需要大量资金的投入。农村资金供给不足，但是农村金融却又有广大的前景，正好为于洪区永安村镇银行提供了更广阔的空间与机会。

3. 国家扶持中小企业

2013 年 11 月，党的十八届三中全会正式提出"发展普惠金融，鼓励金融创新，丰富金融市场层次和产品。"这是党中央在正式文件中首次使用"普惠金融"概念，这是政策表述的重大调整和进一步的突破。在中国经济发展进入新常态时期，打造大众创业、万众创新和增加公共产品、公共服务是经济发展的新引擎，无论是国家层面还是地方层面，相关主管部门陆续出台了构建众创空间、扶持小微企业发展的新政策。

村镇银行的发展得到了国家政策的大力扶持，目前监管部门已出台多项政策支持其发展，并且初步形成了财税和金融政策相结合、正向激励的扶持政策体系，有效调动了村镇银行支农的积极性。

于洪区是辽宁省第一个经济区新型工业化综合配套改革试验区。政策的扶持为于洪区永安村镇银行提供了为中小企业服的空间，迎来难得的机遇。

（四）威胁分析

1. 传统的优势业务领地被分割蚕食

于洪区永安村镇银行毗邻的建设银行、交通银行设立了专为中小企业服务的机构，正在分走本来属于于洪区永安村镇银行的市场。此外，于洪区永安村镇银行还要面对国家倾力支持的农商银行的"围剿"，传统的优势业务领地面临着被蚕食的尴尬境地。

2. 银行业竞争的日益加剧

于洪区永安村镇银行在毗邻的建设银行、交通银行、农商银行的夹缝中生存，加之建设银行、交通银行、农商银行频频致力于产品和服务创新，加剧了竞争的激烈态势。

3. 业务范围狭窄

于洪区永安村镇银行的主要业务是服务于于洪区，对于洪区中小企业发放贷款，其业务进展对于洪区地方经济的依赖性很大，其经营业绩也很容易因于洪区地方经济变动而出现大幅度波动。

三、营销策略

通过对外部环境和内部环境的分析，得出以下结论：要想抓住机遇，迎接挑战，就要明确目标市场，准确定位，通过宣传、培训等策略使潜在客户变为现实客户，最终成为忠实客户，使目标客户熟知"永安银行"，感受到"可靠的银行""身边的银行""服务好的银行"。

具体策略如下。

（一）明晰目标市场，准确把握市场定位。

以长江街方圆 1000 米的社区居民为主要对象，以于洪区居民为主要潜在目标客户。加强对这些群体的宣传，普及储蓄知识、理财知识、金融安全知识，宣传永安银行理念，提供特色服务。

1. 宣传（小册子、POP 宣传栏、画廊、宣传单、海报、电子设备、QQ 群、挂架）

2. 特色服务

（1）结婚换新钱、小贩换零钱。

（2）提取现金（30 万元以下不预约）。

3. 冠名参加居委会的活动（文化节、邻居节、重阳节等）

（二）采用用个人网上银行优惠的政策吸引客户，比如降低交易的费用、积分换奖品或现金等。使更多人通过网银的便利和方便而更多地了解永安银行。

（三）在营业点的休息区、等待区投放有关永安银行的宣传资料、相关介绍，以及在永安银行办理业务的具体步骤、优惠政策、理财知识等。加大在营业点的宣传和推广力度。

（四）加强和学校的合作，让学生接受和推广永安银行的银行产品，参与到永安营销活动中。

（五）举办形式多样的促销和宣传活动，比如储蓄存款幸运抽奖、储蓄有赠品、免年费、免交物业费（目标社区）、对老年广场舞队赞助服装等活动。

（六）加强和主流媒体的合作，加强宣传，比如与网络、电视（注意电视台的选择和时段的选择）、报纸（专业化的和大众化的）、杂志（大众杂志和金融财经类专业杂志）和广播等媒体的合作。

四、预期目标

通过以上行动达到以下目标。

1. 宣传面更广

本次宣传覆盖陵西街道 21 个社区及社区周边企业及个体工商户，社区居民包括常住人口、流动人口、退休人员、上班族、生意人。直接接触人数在 10 万人左右。

2. 培训人数更多

（1）每个小区计划直接培训 10 名协办人员，全街道共培训 210 人，分 7 次培训完毕。

（2）到各社区，利用社区活动中心，培训民间团体领头人或骨干，按每个社区 10 个团体，一个团体培训 3 人，共培训 630 人。

3. 各项指标完成更好

（1）存款

通过营销，累计带动存款 1.5 个亿，计划 2015 年上半年带动存款 5000 万元，下半年带动存款 1 个亿。

（2）贷款

通过社区推荐、房产抵押形式带动社区周边企业、个体工商户、社区居民小微贷款 5000 万元，实现利息收入 500 万元。

（3）POS 机

通过社区周边商户安装 POS 机 200 个。

（4）开卡

通过营销，确保社区居民开卡 10 000 张。

（5）开户

通过营销社区周边商户，力争开立对公账户 1000 个。

通过支行的特色服务、通过客户的切身体验及客户的口碑传播，让居民切实感受到社区银行的魅力。让目标客户熟知"永安银行"，并立刻联想到"于洪区的银行""可靠的银行""身边的银行""服务好的银行"，给居民带来最多实惠的银行。

五、效果评价及建议

根据社区居民的硬性指标完成情况，结合日常检查记录，分阶段对各社区的营销效果做出评估，发现存在的问题，调整营销策略，由小区负责人提出具体改进措施和建议，并组织实施。（见附录 3、附录 4）

六、与辽宁金融职业学院合作营销活动时间安排（见表 11.1）

自 4 月 11 日至 5 月 24 日

表 11.1　活动时间安排

内容＼时间月	1	2	3	4	5	6	7	8	9	10	11	12
培训	■	■										
宣传			■	■	■	■	■	■	■	■	■	■
POS	■	■	■	■	■	■	■	■	■	■	■	■
银行卡	■	■	■	■	■	■	■	■	■	■	■	■
准备	■	■										

七、营销成本控制（见表 11.2）

表 11.2　营销成本控制

印刷费	1000 张×0.1 元	100 元
条幅费	50 元／幅（宽 1 米×长 5 米）	50 元
租车费	550 元／台×2 台×10 次	1100 元
人工费	20 元／天×100 人×5 次	10 000 元
指导费	100 元／天×5 天	500 元
策划费		1000 元
其他		200 元
合计：人民币贰万元整		20 000 元

八、控制应变措施

此策划每周由各执行负责人作一小结，并针对实施中遇到的问题和风险采取相应的应变措施。

九、附录

附录 1：营销结果评价表

附录 2：营销活动反馈表

附录 3：大学生活动方案

附录 4：陵西街道社区通讯录

附录 5：员工与社区联系表

附录 6：各社区管辖小区名单

附录 7：按人群营销方案宣传实施表

附录 8：陵西街道基本情况调查

附录 9：陵西街道社区情况统计表

附录 10：陵西街道位置图

附录 11：陵西街道责任区划分

附录 12：宣传及培训内容

沈阳市于洪区永安村镇银行长江街支行

二○一五年三月三十日

本章小结

　　商业银行市场营销是银行以金融市场为导向，利用自己的资源优势，通过各种营销手段，把银行产品和服务销售给客户，以满足客户的需求并实现银行盈利目标的一系列活动。

　　市场细分是指商业银行依据客户需求的差异性和类似性，把金融市场划分为若干个客户群，区分为若干个子市场。市场细分是目标市场选择的基础，目标市场范围确定后，商业银行就要在目标市场上进行定位了。定位就是找位置，就是为自己的产品树立特定的形象，使之与众不同，在目标市场顾客群中形成一个印象。

　　商业银行的营销策略包括产品策略、价格策略、促销策略与渠道策略。营销策划是对营销活动的设计与计划，而营销活动是企业的市场开拓活动，它贯穿于企业经营管理过程。因此，凡是涉及市场开拓的企业，经营活动都是营销策划的内容。

参 考 文 献

[1] 郭颂平. 2003. 保险营销[M]. 北京：高等教育出版社.

[2] 夏英. 2004. 市场营销案例[M]. 北京：机械工业出版社.

[3] 岳忠宪. 2006. 商业银行经营管理[M]. 北京：中国财政经济出版社.

[4] 韩瑾. 2007. 商业银行经营管理[M]. 杭州：浙江大学出版社.

[5] 王红梅. 2006. 商业银行业务与经营[M]. 北京：中国金融出版社.

[6] 邢天才. 2004. 商业银行经营管理[M]. 大连：东北财经大学出版社.

[7] 王培忠. 2002. 市场营销学案例教程[M]. 北京：经济科学出版社.

[8] 陈静. 2011. 商业银行业务与管理[M]. 北京：北京交通大学出版社.

[9] 甘当善. 2009. 商业银行经营管理[M]. 上海：上海财经大学出版社.

[10] 庄毓敏. 1999. 商业银行业务与管理[M]. 北京：中国人民大学出版社.

[11] 王淑敏. 2004. 商业银行经营管理教程[M]. 北京：北京交通大学出版社.

[12] 陆静. 2011. 商业银行业务与管理[M]. 北京：清华大学出版社.

[13] 刘毅. 2006. 商业银行经营管理学[M]. 北京：机械工业出版社.

[14] 李琰. 2011. 商业银行经营管理[M]. 北京：清华大学出版社.

[15] 戴国强. 2011. 商业银行经营管理学[M]. 北京. 高等教育出版社.

配套资料索取示意图

说明：学生和普通读者注册后可下载**学习资源**；**教学用资源仅供教师下载**，**教师身份**、**用书教师身份**需网站后台审批，审批后可下载相应资源；教师加"关注"后新增资源有邮件提醒（咨询邮箱 13051901888@163.com）。

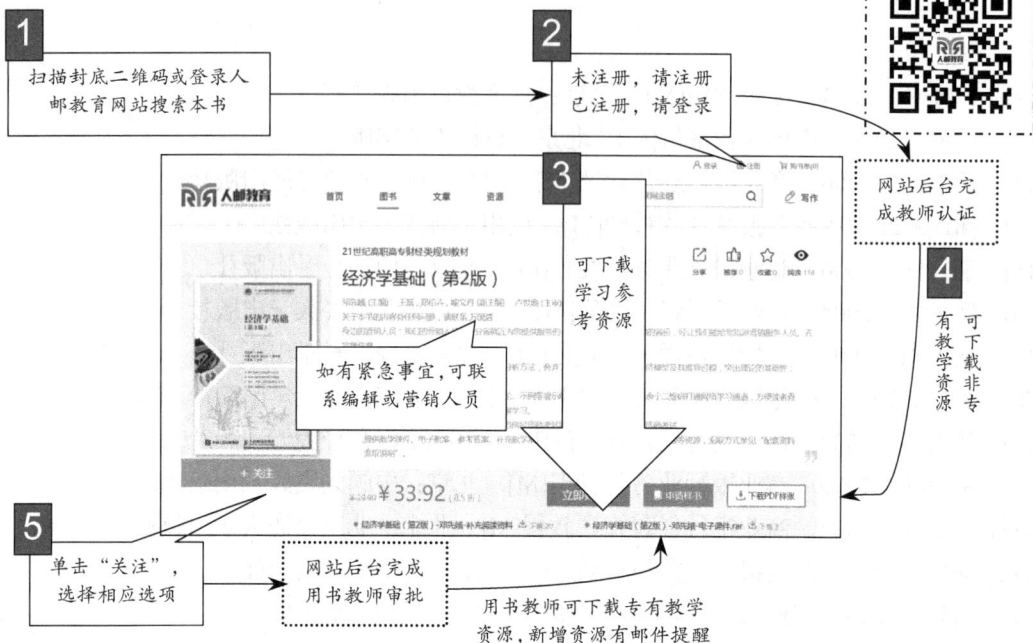

扫一扫，登录
人邮教育网站
www.ryjiaoyu.com

1 扫描封底二维码或登录人邮教育网站搜索本书

2 未注册，请注册
已注册，请登录

网站后台完成教师认证

3 可下载学习参考资源

如有紧急事宜，可联系编辑或营销人员

¥33.92

4 可下载非专有教学资源

5 单击"关注"，选择相应选项

网站后台完成用书教师审批

用书教师可下载专有教学资源，新增资源有邮件提醒

部分 21 世纪高职高专财经类规划教材推荐

书名（作者）	书　　号	特点简介
管理学基础（第 2 版）（季辉）	978-7-115-38656-4	正文内有丰富的课堂互动栏目；二维码链接网络学习资源；提供课件、视频教学案例、习题答案、试卷、阅读资料等
管理学基础（李海峰）	978-7-115-39378-4	提供课件、教案、教学体会、实训说明、文字与视频案例、参考答案、习题集、试卷、阅读资料等，作者开通了教学博客
人力资源管理（第 2 版）（吴少华）	978-7-115-44162-1	40 余二维码链接新闻、案例等；案例阅读与分析、实战演练等形式促进边学边练；提供课件、教案、实训指导、答案、案例和试卷等
电子商务基础（白东蕊）	978-7-115-40043-7	涉及物联网、互联网+等新内容；二维码链接网络学习资源；提供课件、实训指导、文字与视频案例、试卷等
公共关系理论与实务（吴少华）	978-7-115-38147-7	大量采用 2013 年、2014 年案例；二维码链接案例、视频等网络资源；提供课件、教案、答案、案例和试卷等
采购管理（张晓芹）	978-7-115-38155-2	提供实训软件、实训指导、实训资料；二维码链接网络学习资源；提供课件、大纲、参考答案、试卷等
经济学基础（第 2 版）（邓先娥）	978-7-115-42219-4	数百实例讨论连接理论与生活；百余二维码打通网络学习通道；提供课件、答案、阅读资料、教案、文字与视频案例、试卷等
经济学基础（第 2 版）（杨洁）	978-7-115-39770-6	二维码链接丰富网络资源；提供课件、教案、习题答案、文字与视频案例、试卷等

书名（作者）	书　号	特点简介
会计基础与实务（第3版）（杨桂洁）	978-7-115-42694-9	获山东省潍坊市第二十次社会科学优秀成果二等奖；满足会计从业资格考试要求；原始凭证单独成册，方便裁剪；二维码展示在线视频等学习资源；提供课件、教案、答案、试卷等
财务会计（第2版）（贾永海）	978-7-115-39292-3	提供课件、教案、教学做一体化训练参考答案；学练结合，重点突出课堂练习及课后实训环节，配有"教学做一体化训练"
财务会计——含会计准则与小企业会计准则（贾永海）	978-7-115-34493-9	同步介绍《企业会计准则》与《小企业会计准则》核算规范；集教、学、做于一体，突出仿真和互动；提供课件、教案、答案、试卷等
成本会计（上、下册）（第2版）（徐晓敏）	978-7-115-39201-5	提供课件、教案、习题及实训答案、试卷；实训部分单独成册，方便使用
会计综合实训（第2版）（甄立敏）	978-7-115-30148-2	校企合作开发，根据企业会计的实际情况布置教材内容；凭证单独成册；提供课件、教案、答案、电子备份文件等
财务报告编制与分析（第2版）（赵威）	978-7-115-37583-4	二维码打造立体化阅读环境，校企合作开发，部分资料来自企业；提供课件、教案、教学案例集、习题答案、试卷等
财务会计报告分析（韩德静）	978-7-115-42465-5	知识+例题+课堂练习+分析实例+案例+课后习题+实训；二维码打造立体化阅读环境；提供课件、大纲、答案、试卷等
会计电算化（财务链·供应链）（沈清文）	978-7-115-36450-0	实训操作选用制造企业案例，拓展训练选用流通企业案例；提供课件、大纲、教案、习题答案、备份账套、试卷
国际贸易实务（第3版）（张燕芳）	978-7-115-44060-0	通过二维码可查询运费、税费等，还可查看真实业务单据高清照片；提供课件、教案、答案、补充习题集、教学案例、试卷
国际贸易单证实务与操作（第2版）（徐薇）	978-7-115-25009-4	提供课件、答案、试卷等资料；扫描二维码可查看部分单证原图；实例展示与知识巩固、实训操作相结合
报检与报关实务（第2版）（熊正平）	978-7-115-30917-4	随时更新的法规、贴近实际操作的高清单证实物照片，均可通过扫描二维码获得；提供课件、教案、视频案例、答案和试卷等
商品基础知识与养护技能（于威）	978-7-115-44647-3	百余组课堂讨论、案例分析；八个自学实训+两个综合实训；九十余个二维码链接网络资源；提供课件、实训资料、答案、试卷等
经济法实务（第2版）（王琳雯）	978-7-115-35654-3	根据2014年实施公司法、消法等修订；结合会计、银行、证券等从业资格的考试要求；提供课件、教案、答案和试卷等
经济法概论（刘磊）	978-7-115-31183-2	内容图表化、案例故事化，实践与实训源于工作实际；提供课件、教案、答案和试卷等
金融法理论与实务（第2版）（罗艾筠）	978-7-115-35124-1	"十二五"职业教育国家规划教材；省级精品资源共享课程配套教材；提供课件、教案、答案、文字与视频案例、实训指导、试卷等
人际关系与沟通技巧（龙璇）	978-7-115-41966-8	数十组实训寓教于乐；近百实例开启思考讨论大门；五十余二维码拓展网络空间；提供课件、大纲、实训指导手册、答案、补充教学案例集等
金融基础知识（第2版）（韩宗英）	978-7-115-35666-6	"十二五"职业教育国家规划教材；以故事提升学习兴趣，以通俗降低学习难度；提供课件、教案、答案、试卷、视频案例等
证券投资实务（孟敬）	978-7-115-43069-4	二维码拓展学习通道；学练结合提高学习效果；涵盖证券从业资格考试知识点；提供课件、文字与视频案例、试卷等
保险基础与实务（第2版）（徐昆）	978-7-115-35125-8	"十二五"职业教育国家规划教材；校企合作开发，与职业资格证书考核内容和专业岗位要求相衔接；提供课件、文字与视频案例、答案、试卷和实训资料等

配套资料索取示意图